本项研究得到国家社会科学基金重点项目
"中华民国新闻史研究"（13AXW003）资助

南京师范大学民国新闻史研究所丛书（第一辑）
新闻史人物研究系列 ｜ 倪延年 主编

记者与学者：
新闻人黄天鹏研究

曹爱民　著

南京师范大学出版社

图书在版编目(CIP)数据

记者与学者:新闻人黄天鹏研究 / 曹爱民著.
—南京:南京师范大学出版社,2018.10
(南京师范大学民国新闻史研究所丛书.第一辑,新闻史人物研究系列)
ISBN 978-7-5651-3555-2

Ⅰ.①记… Ⅱ.①曹… Ⅲ.①黄天鹏(1905—1982)—人物研究 Ⅳ.①K825.42

中国版本图书馆CIP数据核字(2017)第263368号

丛 书 名	南京师范大学民国新闻史研究所丛书(第一辑)
主　　编	倪延年
书　　名	记者与学者:新闻人黄天鹏研究
作　　者	曹爱民
责任编辑	于丽丽
出版发行	南京师范大学出版社
地　　址	江苏省南京市玄武区后宰门西村9号(邮编:210016)
电　　话	(025)83598919(总编办)　83598412(营销部)　83598297(邮购部)
网　　址	http://www.njnup.com
电子信箱	nspzbb@163.com
照　　排	南京理工大学资产经营有限公司
印　　刷	南京玉河印刷厂
开　　本	787毫米×960毫米　1/16
印　　张	16.5
字　　数	287千
版　　次	2018年10月第1版　2018年10月第1次印刷
书　　号	ISBN 978-7-5651-3555-2
定　　价	45.00元

出 版 人　彭志斌

南京师大版图书若有印装问题请与销售商调换
版权所有　侵犯必究

序　言

　　新闻史是新闻事业发生、发展和变化的历史。新闻史学是研究新闻事业发生、发展和变化的社会现象及其规律的科学,属于专门历史学的范畴。新闻事业主要由新闻信息、新闻人、新闻媒介及新闻活动等要素构成。对新闻事业要素发生、发展和变化历程的研究是新闻史研究的基本内容。《南京师范大学民国新闻史研究所丛书》(第一辑)就是由 4 种研究民国时期新闻史人物的专著组成的专题性学术丛书。

一

　　"十朝都会"南京是孙中山 1912 年元旦领导创建的中华民国临时政府的首都,从 1927 年 4 月 18 日起成为蒋介石国民党集团主导的"中华民国国民政府"(1946 年 11 月"国民大会"后改称"中华民国总统府")所在地。① 由于特殊的政治地理位置,南京成为民国时期的政治经济文化中心。1924 年 4 月 1 日开始发稿的国民党中央通讯社 1927 年 5 月移至南京,国民党中央广播电台 1928 年 8 月 1 日在南京开始播音;几经变迁的《中央日报》也于 1929 年 2 月 1 日正式在宁出报,其他新闻媒介也纷纷在南京创办或靠拢。自 1927 年至 1937 年的十年间及抗日战争胜利后的数年间,南京及周边地区的新闻事业得到较快的发展,成为民国时期中国新闻事业的中心地带,因而也成为民国时期新闻事业相关文献史料收藏和保存比较集中的地方,在研究民国时期新闻史方面具有不可多得的地理和文献优势。

　　南京师范大学在中国高等教育史尤其是高等师范教育史上是一所具有百余年历史和重要影响的学校,其历史可上溯至 1902 年由清末名臣张之洞奏请

---

① 日本侵略军 1937 年 11 月 12 日攻陷上海,民国南京政府国防最高会议 1937 年 11 月 16 日"议决迁都重庆"。1946 年 5 月 1 日,国民政府颁布凯旋令,"定于 5 月 5 日国民政府自陪都重庆凯旋南京"。

创办的"三江师范学堂"。南京师范大学的新闻专业教育起源于国家教育部于1964年批准的在当时的南京师范学院政教系设立的新闻专业。后因国家暂时经济困难停止招生。1977年恢复高考时在中文系招收新闻专业本科生。1995年成立了由新闻系、广播电视新闻系、广告学系、现代教育技术学系组成的新闻与传播学院,2012年增设网络与新媒体系。经过几代人数十年的努力,南京师范大学新闻与传播学院毕业的学子遍布大江南北、北上广深。2001年获准设立新闻学和传播学硕士学位授权点,2006年获准设立新闻学二级学科博士学位点,2018年获准设立新闻与传播学一级学科博士学位授权点,被学界同行专家誉为"进入全国新闻教育第一方阵"。

2012年5月新闻与传播学院成立民国新闻史研究所。在此基础上,学校于2014年4月成立民国新闻史研究所。南京师范大学民国新闻史研究所是国内第一个以民国时期新闻史为研究对象和主题的学术研究机构,拥有本校在职教师和中国人民大学、中国传媒大学、华中科技大学、中央民族大学、暨南大学、南京大学、上海大学、湖南师范大学、华南师范大学、南京政治学院、新华通讯社等单位的民国新闻史专家相结合的研究队伍;同时也是一个立足国内、面向世界的开放互动型专业研究机构,分别于2014年、2015年、2016年和2018年承办,由中国新闻史学会和南京师范大学联合主办的第一、二、三、四届"民国新闻史高层论坛",从第一届开始就有来自新加坡和我国台湾地区的学者主动撰文、踊跃参会进行学术交流,此后的数届则有来自法国、英国及我国台湾地区、香港特区的学者参加学术交流。国家社会科学基金重大项目"中华民国新闻史"秘书处设在民国新闻史研究所,并编印信息通报性内部刊物《民国新闻史研究动态》,同时在组织第一、二、三届"民国新闻史高层论坛"过程中,研究所编辑出版了以应征论文为主要内容的《民国新闻史研究:2014》《民国新闻史研究:2015》和《民国新闻史研究:2016》年度学术集刊。

南京师范大学百余年深厚的文化底蕴,新闻与传播学院几代人数十年的治学传统,以及海内外众多专家的鼎力支持和赐教,为南京师范大学民国新闻史研究所开展研究活动提供了重要支持和保障。

二

研究民国新闻史应该也必须把当时的新闻史人物、新闻媒介、新闻事件及新闻活动放到特定的社会环境里进行认识和分析,才能比较客观地认识和评价民国时期的新闻史人物、新闻媒介及新闻史人物在媒介上说过的话和在新闻活动中做过的事。民国时期社会环境的主要特点是：

1. "两半"社会性质依旧。中国半殖民地半封建的社会及国家（政府）运作形态定型于清末。孙中山领导创建了民国南京临时政府，虽然标志着中国封建君主专制王朝的终结和资产阶级共和政体的诞生，但仍然没有能改变中国半殖民地半封建的社会性质。孙中山在《对外宣言书》中声明："凡革命前清廷与各国所订条约、所借外债、所认赔款及让与各国或个人之种种权利，民国均予以承认、保护。"抗战胜利后，美国在中国设有军事顾问团，派遣数万海军陆战队驻扎中国上海、青岛、天津、北平和秦皇岛等地。国民党政府与美国政府（含驻华美军）签订的《中美警宪联合勤务协定》《中美友好通商航海条约》和《中美空中运输协定》"友好互惠"协定，使美国人仍实质享有治外法权和各种特权：美国商品在中国享有与中国商品征税、销售同等的待遇；美国船舶可在中国"开放之一切口岸、地方及领水内"自由航行；美国军舰在"危难"时可开进中国任何不开放的"口岸、地方或领水"；美国飞机可在中国领空随意飞行，并在上海"及以后随时同意之地点"作"非交通性的停靠"。可见当时的中国政府虽然是存在的，但美国人是不能得罪的。

2. 国民党处于强势地位。由于在推翻清朝统治斗争中的历史贡献，中国同盟会主导了民国南京临时政府的成立和运作。中国同盟会在民国北京政府及其众议院、参议院乃至全国政坛中仍是重要政治力量。在"二次革命"、成立护法军政府和非常大总统府、在苏联支持下和共产党合作开展反帝反封建"大革命运动"等重大事件中，国民党都一直掌握着中国政治运动的主导权。国民党新军阀首领蒋介石成立民国南京政府后，以"孙中山继承者"自居占据政治道德优势，借助庞大的军警宪特建立了"一党为大"的政治体制和运行机制，在国际上成为"中国政府"和中华民族的代表，并由于中华民族在世界反法西斯战争中的重要贡献，在"二战"结束后成为联合国五个常任理事国之一。因拥有全国社会、行政和自然资源。无论是在抗战时期还是抗战后国共谈判中，国民党都长期处于强势和执政的地位。

3. 共产党处于弱势地位。"大革命"运动中，共产党员是以"个人身份"加入国民党的，"整体和个体"与"主导和参与"关系十分明显。"国共合作"抗日应是平等的，但蒋介石在"庐山谈话"中说，"对于国内任何派别，只要诚意救国，愿在国民革命抗敌御侮之旗帜下共同奋斗者，政府无不开诚接纳，咸使集中于本党领导之下而一致努力"。一是"政府开诚接纳"，二是"集中于本党领导之下"，完全是"政府对民众""领导党对被领导党"姿态。抗战胜利后，毛泽东应蒋介石三次邀请到重庆进行国共谈判签署的是《政府与中共代表会谈纪要》，国民党是"政府"方，中共是党派"代表"。直到解放军展开战略反攻后，这种情况才开始改变。

4. 外国势力影响中国政治。民国时期对中国政治局势影响最大的是资本主义的英美、军国主义的日本及社会主义的苏联。日本在民国时期对中国进行了长达十四年的武装侵略，扶植的汉奸政府为虎作伥。中华民族在付出巨大代价后，终于把"日本鬼子"赶回了老家。蒋介石国民党集团重要官员的主要教育和从政背景加之第一夫人家族的特殊影响，使国民党政府成为"二战"结束初期美国对外援助的主要接受者。作为报答，国民党政府成为美国对抗苏联的"铁杆随从"，中华民国成为美国军队的最大驻外国及战后剩余商品的倾销市场。社会主义苏联是既复杂多变又直接影响中国政局的重要力量。列宁领导的苏联先后于1919年7月25日和1920年9月27日发表两次"对华宣言"，宣布"俄国历届政府同中国订立的一切条约无效，放弃以前夺取中国的一切领土和中国境内的一切俄国租界"等权利，积极支持国共合作反帝反封建"大革命"。国共分裂蒋介石转向英美后，苏联因与共产党意识形态一致而支持共产党。抗战时期，苏联既和日本订有《苏日中立条约》，又和民国南京政府保持外交关系；对抗战胜利后中共军队在东北地区的军事行动又给予重要的帮助。

5. 舆论影响政治走向。民国时期的民心及舆论力量来源，第一是辛亥革命运动尤其是五四新文化运动后日益普及的知识分子群体及上层精英人士认可并追求的民主、自由、平等、法治等西方资产阶级观念；第二是存在于中国社会底层民众之中的社会应公平合理，人与人平等相待，没有政治压迫和经济剥削，民众享有人格尊严和安定生活，外敌入侵时一致对外以维护国家领土完整和民族生存的传统文化精神；第三是世界各国主持正义人士反对强国欺凌弱国、侵犯别国主权和损害领土完整，反对侵略战争和支持反侵略战争的立场和呼声。这些方面的民心和舆论力量都对当时的国家政治生态产生了重要的影响。

上述各方因素，无一不对民国时期活跃在新闻界的各色人物产生明显而直接的影响，既成为他们表演人生"活报剧"的舞台或背景，也是我们研究民国时期新闻史人物应该考虑的时代或社会因素。

三

在构成民国时期新闻事业的新闻人、新闻内容、新闻媒介、新闻活动等诸要素中,新闻人是具有主观能动性并制约其他因素的核心因素。评价民国时期新闻史人物或新闻媒介,既不能割断其与阶级阵营、政党意识和学术派别的关系,也不能回到"以阶级斗争为纲"的研究模式,更不能落入"历史虚无主义"的陷阱,应坚持历史唯物主义和辩证唯物主义基本立场和观点,从不同维度进行评价。

首先是"国家观念"的维度。"国家"除了具有"阶级的统治机关"的政治涵义外,还指"有疆域、人民、独立地位和主权的不同地区的政治实体",而且在大多数人看来,"政府"和"国家"是两个不尽相同的概念,爱"国"不等于爱"政府"。只要新闻史人物或其掌握的新闻媒介的新闻活动有利于国家政治进步、经济发展及国防巩固,即对于"国家"有促进或补益作用,就应该肯定他们的历史性贡献。用"国家观念"衡量,多数民国新闻史人物的新闻活动都应该得到肯定——至少在客观上为"国家利益"尽了"书生报国""新闻救国"的责任。

其次是"民族利益"的维度。"民族利益"是指"一个民族在政治、经济、文化教育、语言、宗教、风俗习惯等各个方面利益的总和"。维护"民族尊严"是保护"民族利益"的重要内容。在外敌入侵、民族存亡的考验面前,大多数民国时期新闻人恪守"威武不能屈、富贵不能淫"的民族气节和坚持反对外敌侵略的新闻活动应得到充分肯定。

再则是"社会道德"的维度。新闻传播活动属于上层建筑领域的活动。新闻史人物只要在其新闻活动中宣传弘扬中华民族历史发展中形成的崇敬文明、注重秩序、尊重多元、平等待人、与人为善、乐于助人、尊老爱幼、崇尚节俭等主流传统社会优良道德,并以其实际行动和效果对社会良好道德风貌的形成发挥积极意义,利于正常社会秩序的形成和稳定,就应该予以积极的肯定。

最后是"行业贡献"的维度。"行业贡献"是指新闻史人物对新闻基础理论、专业实践及行业技术等社会性进步做出的贡献。用"行业贡献"的标准衡量,所有在民国时期对新闻行业的人才培养、技术进步、实践经验、新设备和技术的引进及应用等方面具有开拓意义和促进作用的言论行为都应得到肯定。

另外还有"阶段表现"的维度。"阶段表现"是指在对新闻史人物进行评价时,应对其不同历史阶段中的新闻活动的"是"或"非"进行阶段区别性的记载和评价。我们认为,即使对大革命失败后与党分道扬镳,后来成为"托派"领袖,并亲自创办"托派"报刊鼓吹"二次革命"且拒不认错的陈独秀,也应客观评价其在共产党创建前创办《安徽俗话报》和《新青年》所发挥的积极作用,客观评价他在参与创建共产党并在共产党成立后领导创办《向导》等中共机关报并初步形成中共党报体制等活动中的历史性贡献。

四

南京师范大学民国新闻史研究所是全国新闻史学界及其他领域民国新闻史研究专家学者的共同学术平台。其研究对象涵盖民国时期新闻事业的全部要素，包括新闻史人物研究、新闻媒介研究、新闻事件研究、地方新闻事业研究及其他专题性研究等多个方面。其研究成果将以《南京师范大学民国新闻史研究所丛书》的形式陆续出版。现在呈现给读者诸君的就是4种以民国时期新闻史人物为研究对象和主题的著作组成的《南京师范大学民国新闻史研究所丛书》(第一辑)。

首先，就研究对象而言，4种著作研究的对象即传主有一个"共性"，即都与"民国时期"有关。无论是胡道静、黄天鹏，还是马星野和林语堂，他们的新闻活动主要是在民国时期。他们各人的经历和奋斗，从不同的侧面反映了在那个特定时代环境下不同经历和个性的新闻人所走过的人生道路及特定社会环境在每一个新闻人身上打下的"时代印记"。

其次，这些著作研究的4位传主的人生道路和思想轨迹都经历了不同的转变。胡道静的新闻活动从积极主张抗日转向追求政治民主。黄天鹏从汕头报馆福建特派记者起步，后官至"国大代表"兼任宪政督导委员会委员。马星野从新闻学教师到实际主持中央政治学校新闻系，又成为《中央日报》社长，其新闻思想经历了从"西方新闻专业主义"到"国家民族至上"的"三民主义"，再到"蒋公语录"阐释下的现代大众传播思想的发展历程。林语堂则经历了先是"横眉怒对"北洋军阀刀枪的"语丝派"，后转为提倡"幽默""闲适"但对现实进行明讽暗批的"论语派"，又在抗战时期成为积极"抗日派"的转变过程。当然各位传主转变的轨迹又各具"个性"。

再则，这4位作者都是年轻的新闻史研究者，都在高等学校从事新闻传播教学研究，也都是南京师范大学新闻与传播学院培养的新闻史学方向博士。他们在攻读博士学位期间仍要完成规定的教学研究工作量；或在学习时担任学校管理部门负责人；或在学习时继续讲课当辅导员的同时还当了妈妈；或是因脱产读书而必须外出兼课以减轻经济压力；等等。但欣慰的是他们都克服了困难，如期完成了学位任务。他们能够专注特定新闻史人物"打深井"，尽可能搜集相关史料并认真研读，探讨他们所处社会环境与人生道路的关系，解剖"这一个"人物的人生轨迹、新闻经历、思想变化、贡献和遗憾，力图考证展现一个比较客观、真实和完整的"他"。

最后,"人是各种社会关系的总和"。又因这些著作研究的是"民国时期"新闻史人物,而这些年轻的著者们却不可能有机会亲身经历和体会民国时期新闻史人物所处的"那个"时代,加之各人学术积累和对研究对象认识程度的差异、不同研究对象相关文献史料搜集和研读难度的不同,当然也受到导师学识水平的局限,所以收入《南京师范大学民国新闻史研究所丛书》(第一辑)中的这些著作难免有多方面的不足。好在他们是一群年轻人,且是一群有志于学术的年轻人,相信他们会通过不断努力达到不断完善的目标。

是为序。

倪 延 年
二〇一八年九月三十日于师大随园
南京师范大学民国新闻史研究所

目 录

第一章 黄天鹏的人生历程 ……………………………………… 1
第一节 家世与影响：家学的熏陶 …………………………… 2
一、黄天鹏的家世渊源 ……………………………………… 2
二、黄天鹏的出生年份考 …………………………………… 4
三、黄天鹏家世对他的影响 ………………………………… 7
第二节 辗转与探寻：从普宁到北京(1905—1928) ………… 9
一、普宁求学 ………………………………………………… 9
二、涉足报界 ………………………………………………… 11
三、步入新闻学术界 ………………………………………… 11
第三节 彷徨与革新：离上海又返上海(1928—1936) ……… 16
一、上海办刊编报 …………………………………………… 16
二、离沪赴日留学 …………………………………………… 17
三、重返上海新闻界 ………………………………………… 19
第四节 拼搏与转折：从重庆回南京(1937—1949) ………… 23
一、参与重建"新闻长城" …………………………………… 23
二、从事新闻专业教育 ……………………………………… 27
三、筹建文化出版事业管理委员会 ………………………… 29
四、当选为国民大会代表 …………………………………… 30
第五节 坚持与梦想：从大陆到台湾(1949—1982) ………… 31
一、继续新闻教育和新闻学研究 …………………………… 32
二、担任"新闻记者出生的民意代表" ……………………… 34
三、考察指导东南亚侨报 …………………………………… 35

第二章 以革新新闻业为基点：黄天鹏新闻实践活动研究 …… 37
第一节 初入报界，立志革新 ………………………………… 37

一、学生时代的报刊活动 ································ 37
　　二、进入《申报》，尝试改革 ···························· 39
　　三、离开《申报》，事出有因 ···························· 42
第二节　《时事新报》十年 ·································· 45
　　一、组办新闻讲习班 ···································· 46
　　二、改革报纸版面 ······································ 50
　　三、采写系列调查报道 ·································· 51
　　四、主编《青光》副刊 ·································· 53
　　五、离开《时事新报》 ·································· 57
第三节　主持《重庆各报联合版》工作 ······················ 60
　　一、不惧生命危险，坚持"联合版"正常出版 ············· 62
　　二、积极协调关系，提高"联合版"工作效率 ············· 63
　　三、努力增加发行，扩大"联合版"社会影响 ············· 64
第四节　黄天鹏新闻实践活动的主要特征 ···················· 66
　　一、以革新新闻业为出发点 ······························ 67
　　二、因兴趣而投身新闻界 ································ 68
　　三、勇于承担历史使命 ·································· 70

第三章　以建设中国式新闻学为目标：黄天鹏新闻学术活动研究 ······ 73
第一节　倡建北京新闻学会 ·································· 73
　　一、北京新闻学会的创建背景 ···························· 73
　　二、北京新闻学会的创建和发展 ·························· 75
　　三、北京新闻学会与北京大学新闻学研究会之比较 ·········· 77
第二节　创编新闻学术刊物 ·································· 80
　　一、主编北京新闻学会会刊《新闻学刊》 ·················· 80
　　二、将《新闻学刊》改组扩大为《报学月刊》 ·············· 87
　　三、黄天鹏所办新闻学刊物的主要特点 ···················· 91
　　四、黄天鹏所办新闻学刊物的历史贡献 ···················· 93
第三节　整理出版新闻文献资料 ······························ 100
　　一、进行新闻学书籍和作品的编目工作 ···················· 100
　　二、编辑出版中国新闻学研究文集 ························ 103
　　三、主持与计划编写新闻学研究大型丛书 ·················· 106

四、编辑出版个人新闻作品集 …………………………………………… 111
　第四节　构建新闻学科体系框架 ……………………………………………… 113
　　一、侧重新闻规律探讨的新闻理论研究 ……………………………… 113
　　二、重在总结实际经验的新闻实务研究 ……………………………… 120
　　三、梳理新闻业发展理路的新闻史研究 ……………………………… 123
　第五节　创建全国性新闻学术研究中心 ……………………………………… 128
　　一、黄天鹏组建复旦大学新闻学研究室缘起 ………………………… 128
　　二、复旦大学新闻学研究室的筹建及其运作 ………………………… 131
　第六节　开中国新闻学史分期研究的先河 …………………………………… 134
　　一、计划编撰《中国新闻学史》 ……………………………………… 134
　　二、"五阶段说"与"四阶段说"之比较 …………………………… 135
　　三、三种不同时域下新闻学史分期之比较 …………………………… 138
　第七节　黄天鹏新闻学术活动的特征 ………………………………………… 141
　　一、明确的学科目标："建设中国式的新闻学" ……………………… 141
　　二、坚定的路径选择：专业化建设与普及推广并重 ………………… 143
　　三、科学的史料意识：注重史料收集与整理 ………………………… 144

第四章　以新闻本位为中心：黄天鹏新闻思想研究 ……………………………… 147
　第一节　黄天鹏的新闻学科思想 ……………………………………………… 147
　　一、新闻学是研究新闻纸学理的科学 ………………………………… 147
　　二、建设"中国式的新闻学" ………………………………………… 152
　　三、建设"新时代的新Journalism" …………………………………… 155
　　四、建设"崭新而完美的新闻学" …………………………………… 159
　第二节　黄天鹏的新闻理论观点 ……………………………………………… 163
　　一、新闻定义中的"事实"具有四种属性 …………………………… 164
　　二、报纸是公共利益代言人 …………………………………………… 167
　　三、新闻记者应专业技能与职业修养兼备 …………………………… 173
　　四、社会大众应普及新闻教育 ………………………………………… 178
　　五、政府组织应"尊重、扶植和善待新闻界" ……………………… 183
　第三节　黄天鹏新闻思想的特征探析 ………………………………………… 189
　　一、受"西方新闻学"思想的影响非常明显 ………………………… 189
　　二、以"新闻专业主义"为中心的新闻本体意识 …………………… 191

三、注重"新闻记者伦理" …………………………………… 193
第五章　黄天鹏在中国新闻史上的地位和影响 …………………… 195
　第一节　政治视角：对国家和社会有强烈责任感的新闻人 ……… 195
　　一、大胆针砭社会时弊 ……………………………………… 195
　　二、积极主张奋力抗日 ……………………………………… 197
　　三、努力倡导民主政治 ……………………………………… 198
　第二节　专业视角：中国新闻学科体系的积极建构者 …………… 200
　　一、最先提出"建设中国本位新闻学"的目标和路径 ………… 200
　　二、促进了新闻学研究的学术化和专业化 ………………… 203
　　三、填补了新闻教学和研究的诸多空白 …………………… 206
　第三节　价值视角：未能实现其新闻理想的悲情人物 …………… 206
　　一、新闻专业主义追求遭遇尴尬而"罢笔" ………………… 207
　　二、新闻理想停留在"设想层面"而留下遗憾 ……………… 209
　　三、转上仕途使学术理想成"黄粱梦" ……………………… 210
　第四节　新闻人黄天鹏对当前新闻学研究的启示 ………………… 211
　　一、应建构具有"中国特色"的新闻理论体系 ……………… 211
　　二、应"理性看待"新闻专业主义 …………………………… 212
　　三、通过"新闻普及化"促进新闻专业化 …………………… 214
　　四、应以"己严人宽"态度对待新闻批评 …………………… 215

结语　新闻人与"黄粱梦" ………………………………………… 217
附　录 ……………………………………………………………… 220
　一、黄天鹏生平大事记(1905—1982) ……………………………… 220
　二、黄天鹏新闻学著述全览 ………………………………………… 223
　三、黄天鹏参与创办或主编的报刊简表 …………………………… 232
　四、《新闻学刊》1—8期以及第1、3期增刊的目录 ……………… 233
　五、《报学月刊》1—4期内容要目 ………………………………… 240

参考文献 …………………………………………………………… 243
后记 ………………………………………………………………… 249

第一章　黄天鹏的人生历程

黄天鹏,名鹏,字天鹏,又名黄一天,别号天庐、逍遥居士,曾用笔名有黄粱梦、黄黄、黄钟、天庐生、天天、红禅、梦、新史氏等。黄天鹏在青少年时期就对新闻产生了浓厚的兴趣,后来师从徐宝璜、邵飘萍,学习新闻学,投身报界,做过记者、编辑、总编辑等,创办过报纸、期刊及通讯社,从事过新闻教育工作,出版多种新闻学著作,发表百余篇文章。黄天鹏"与戈公振、谢六逸等学者志同道合,相互砥砺,有丰富的新闻实践和学术建树……黄承继前人思想,吸收同侪成果,热衷学术研究和编撰工作,多富有前瞻性思想和有责任感的论断,对新闻业的发展裨益匪浅"[①],他在中国新闻史上具有独特的地位和影响。

早期,黄天鹏历经了清末、民国临时政府、北洋政府、南京政府等各个时期。这些时期,中国社会爆发了辛亥革命、国民革命、国共内战、抗日战争、解放战争等。政局动荡不堪,社会发生巨大变革,新闻业也随之快速发展起来,新闻教育和新闻学术研究也开始逐步兴起。在这样一个大变革时代,黄天鹏满怀理想,毅然选择了以新闻为职业。在历史的浪潮里,他时而处于时代的浪尖之上,时而又陷于历史的旋涡之中,但他始终力所能及地不断努力探寻自己的人生之路。1949年,黄天鹏随国民党去了台湾,除继续从事新闻教育外,主要从事宪政和侨务工作;1982年3月24日因心肌梗死在台北病逝。

黄天鹏是民国时期著名新闻学者、报刊活动家和新闻教育家,是中国新闻学科体系建构的积极探索者。黄天鹏人生经历丰富,从国内到国外,从大陆到台湾,从中华人民共和国成立前到中华人民共和国成立后,经历了迥异的社会环境。他的一生也在一定程度上代表了与他经历相近的那一代知识分子群体的人生历程和信念追求。

---

① 刘建明,等.中国媒介批评史[M].福州:福建人民出版社,2011:348-354.

第一节　家世与影响：家学的熏陶

黄天鹏出生于官宦世家，既接受了传统文化教育，也受到了西方新学的熏陶。从小家庭环境和所接受的教育对黄天鹏以后走上新闻之路，从事新闻工作产生了重要影响。

一、黄天鹏的家世渊源

黄天鹏是广东省普宁县（今普宁市）流沙镇马公栅村人。国内多数书刊凡介绍黄天鹏出生地时，村名大多写为"马栅村"。其实马栅村这一名称是1950年才有的。1950年之前，该村称"马公栅"，因清朝初年该地的租户潮阳县人马大德葬于村东北而得名。

马公栅村位于大南山北麓，黄、罗、冯、戴、郭、杨、李、张诸姓氏杂居，其先祖都是明清年间从福建或从福建先移居粤东后再分支迁居于此。黄天鹏出生地流沙镇的黄氏分创始祖是燕林公。马公栅创村历史不长，但人文鼎盛，名人辈出，仅民国时期考上黄埔军校的就有六位。著名人物除黄天鹏外，还有曾任国民党第二次代表大会代表、丰顺县县长、南昌起义"流沙会议"后接应过周恩来的黄伟卿和泰国著名侨领黄子明等。

黄天鹏出生的马公栅村，现在还保留有黄天鹏的故居"升益居"。"升益居"为具有潮汕传统的"四点金"建筑格局。在"升益居"北侧有一幢旧式二层楼房，名曰"观山楼"，楼下有一厅二房；后面的小庭院，是黄天鹏小时读书、玩耍的地方。

黄天鹏兄弟四人，他排行第三。黄天鹏家族先世曾在福建一带做官，后南迁潮州。祖父"云曹公"黄邦彦以耕读传家，后来建有祠堂。祠堂门匾"云曹黄公祠"是黄天鹏在北京读书时请名家书写的。祠内还有清末进士、号称"岭南近代四家"的曾习经及其老师梁鼎芬等名人题写的对联。

图1-1 黄天鹏祖祠的门匾

　　黄天鹏父亲黄毓才是清末举人,但"耻仕进之屈膝","少有揽辔澄清之志,壮志儒冠"。他团结乡邦,惠施亲朋,济困周急,客满融座,①在乡民中素有口碑。黄毓才还因痛恶清朝的专制横暴而倾向民族革命,他捐资倾囊,数次赞助革命党的起义,后成为同盟会会员。广州黄花岗起义爆发,他曾参加过围攻督署的战役。

　　黄天鹏母亲庄世光"雅好诗词,尤嗜吟咏",素有"才女"之称。②她出身名门,是普宁县城武功庄镇邦将军的孙女。庄镇邦是庄起凤次子,而庄起凤则是清道光十五年(1835)的武进士,历任海门守备。庄镇邦被封为武显将军后,也曾巡视海疆。"自抚闽任次返里,以秦境(应为"镜"——笔者注)贻之曰'明镜高悬,暗室不欺',因题所居观山楼畔书屋曰明镜轩,读史治经,以古为镜。"③庄起凤家"一门四进士,六子五登科",在当地传为佳话。

---

① 中国宪法学会.黄代表天鹏先生暨德配卢议员小珠夫人七秩双庆序[M]//黄天鹏.天庐论丛——黄天鹏先生执教四十年纪念文集.台北:黎明文化事业股份有限公司,1981:361.

② 中国宪法学会.黄代表天鹏先生暨德配卢议员小珠夫人七秩双庆序[M]//黄天鹏.天庐论丛——黄天鹏先生执教四十年纪念文集.台北:黎明文化事业股份有限公司,1981:362.

③ 黄天鹏.西来佛金刚法会——记班禅活佛献戒林主席遗事[M]//天庐论丛——黄天鹏先生执教四十年纪念文集.台北:黎明文化事业股份有限公司,1981:347.

图 1-2　台湾媒体对黄天鹏母亲庄世光九十一岁寿辰的报道

二、黄天鹏的出生年份考

根据黄天鹏本人记述,他的生日是农历二月十七日,①但关于出生年份,他没有明确交代过,诸多文献也说法不一。李秀云在《留学生与中国新闻学》

---

① 黄天鹏的《新闻记者外史·自序》落款日期为 1931 年 2 月 17 日(农历),并注明写于大寿日上海寓所。其生日另见于《天庐论丛》书末收录的《黄代表天鹏先生暨德配卢议员小珠夫人七秩双庆序》等。

一书中也认为有关黄天鹏出生年份的准确时间还有待于进一步考证。①

（一）关于黄天鹏出生年份的四种说法

1. "1904 年"说

台湾新闻史学者郑贞铭著《百年报人（1）》、散木著《乱世飘萍：邵飘萍和他的时代》、李喜所主编的《留学生与中外文化》及李秀云的《黄天鹏缘何走上新闻之路》一文等皆持该说。

图 1-3　黄天鹏

2. "1905 年"说

黄寿年《三十年代的新闻学者黄天鹏》、黄羑章《黄天鹏——我国现代新闻学的勇敢拓荒人和默默耕耘者》、刘百忠《著名新闻学者黄天鹏——简介其一生为我国的新闻及宪政事业奉献》、张育仁《重庆抗战新闻与文化传播史》、甘险峰《黄天鹏的新闻生涯》及《普宁县人物传》、揭阳信息网中关于黄天鹏的生平介绍等持该说。

3. "1908 年"说

这是学术界比较普遍的观点。刘季洪《天庐论丛》序中说："今年值先生七十大庆，故旧门人发起征集诗文为寿。"②该序写于民国六十七年（1978）十一月。阮毅成的序："他今年与夫人卢小珠女士，七秩双庆。"③该序文写于民国六十七年（1978）十二月。还有天庐先生祝寿小组的《黄代表天鹏先生传略》和陈纪滢的序以及《民国人物大辞典》《民国人物小传》等皆持该说。

4. "1909 年"说

该说在如《中国大百科全书·新闻出版》《中国新闻实用大辞典》《中华文

---

① 李秀云.留学生与中国新闻学[M].天津：南开大学出版社，2009：287.
② 刘季洪.刘序[M]//黄天鹏.天庐论丛——黄天鹏先生执教四十年纪念文集.台北：黎明文化事业股份有限公司，1981：8.
③ 阮毅成.阮序[M]//黄天鹏.天庐论丛——黄天鹏先生执教四十年纪念文集.台北：黎明文化事业股份有限公司，1981：9.

化通志·艺文典·新闻志》等中出现,潮汕地方史研究专家陈荆淮也认同此说。

(二) 关于黄天鹏出生年份的辨析

1. "1908年"说和"1909年"说与黄天鹏早年著述及人生经历不符

黄天鹏自己称之为处女作的《新闻与新闻记者》成书时间为1922年。根据《新闻记者生活的回顾》一文的记载,作者是在被派到福建厦门做特派员的时候写作此书的。若按照"1908年"说,作者写作此书只有14岁;依"1909年"说,作者只有13岁。这些似乎不合常理,且和黄天鹏自己所说"17岁进入报界"也不一致。而黄天鹏在《寒窗的回忆》等多篇自传性文章中明确说道,他"16岁离开家乡"到外地求学,在汕头当了三年访员后才前往福建厦门求学的。在那里,他根据自己的报馆经历以及阅读松本君平和休曼的新闻学著作后的学习心得写作了《新闻与新闻记者》。由此推算黄天鹏写作《新闻与新闻记者》应该在19岁左右。

2. "1908年"说在文献中存在多处矛盾

"1908年"说出现在1949年后的中国台湾地区。1981年台湾出版的《天庐论丛》中关于黄天鹏出生年份的介绍都是1908年,这也是后来"1908年"说的主要依据。但"1908年"说有多处自我矛盾。

如《天庐论丛》中陈纪滢的《陈序》写于1978年,文章一开头就说"老报人黄天鹏先生今年七十整寿",但是文中又说"民国二十年秋"黄天鹏"才二十五岁",[1]明显矛盾。如果按中国的虚岁记数法,后一种说法似乎倒更接近于"1905年"说。《天庐论丛》中类似的矛盾还有多处。

3. 本书主张"1905年"说的理由

笔者认为"黄天鹏出生于1905年"的说法较为合理。依据如下:

(1) 黄天鹏早年自传性文章中的原始记载。《新闻记者的故事》中《自叙》一文的落款时间是1930年10月30日。文中说:"我从十七岁混入报界,一混到现在整整十个的年头。"[2]按作者1905年出生算,传统计算年龄

---

[1] 陈纪滢.陈序[M]//黄天鹏.天庐论丛——黄天鹏先生执教四十年纪念文集.台北:黎明文化事业股份有限公司,1981:15.

[2] 黄粱梦(黄天鹏).新闻记者的故事[M].上海:联合书店,1931:2.

的方法是将出生当年也算上的,这样黄天鹏十七岁进入报界,具体时间也就是1921年,当年算上,到1930年正好十年。此外,《新闻记者生活的回顾》写于1931年2月17日,文中也说:"再过二三年我是三十岁的人了,我想写一部《新闻记者之生涯》来做纪念,也许还有一读的价值罢。"① 这和1905年的说法也吻合。

(2) 黄天鹏自言属相是"蛇"。黄天鹏在《逍遥夜谈选》的《蛇与女人》一文中说:"自己是蛇年出世的,蛇在我是生命上的纪念。父亲特地制了一只蛇节的戒指。我也逢人爱说白娘娘的故事。"② 在1904年、1905年、1908年、1909年等年份中只有1905年是蛇年。

(3) 黄天鹏的亲属在文中主张"1905年"说。虽然《天庐论丛》一书中的多篇文章都表明黄天鹏是1908年出生,但是黄天鹏的侄子黄寿年以《天庐论丛》一书的内容为主要史料发表的多篇文章并没有采信"1908年"说,而是主张"1905年"说。

基于以上分析,我们采用"1905年"说。③ 由此推断,黄天鹏出生于1905年3月22日,农历2月17日。

三、黄天鹏家世对他的影响

中国向来就有书生报国的传统。黄天鹏的家族历史及从小所受的家庭环境熏陶,对他"要谋有所贡献于人群"④的志向有着重要影响。

(一) 奠定了坚实的传统文化基础

黄天鹏幼时书斋的座右铭是"十载寒窗苦,马上锦衣回"。母亲不愿他继承父亲学武,决心让他多读书,就常拿这句座右铭来训诫他,希望他能以外祖

---

① 黄天鹏.新闻记者生活的回顾[J].读书月刊,1931(6):106.
② 天庐(黄天鹏).蛇与女人[M]//逍遥夜谈选.上海:广益书局,1933:90.
③ 后据黄天鹏家人证实,黄天鹏出生年份确切为1905年。1975年七十大寿时,蒋介石病重,无人敢庆寿。1978年,蒋经国当选台湾地区领导人,会议闭幕时,恰逢黄天鹏生日。因七十三岁生日不便大肆庆祝,所以众友人纷纷要求为黄天鹏补办七十大寿,最后就演变成《天庐论丛》所载的祝寿之词。《天庐论丛》出版时,出于政治方面的考虑,未作修改。后来,又由于一些家庭原因,黄天鹏的出生年份就改为了1908年。
④ 黄天鹏.新闻记者生活的回顾[J].读书月刊,1931(6):99.

图1-4 黄天鹏故居

家"进士第"的人物为榜样,学优而仕,重振家族的声望。这种做官而后光宗耀祖的教育观念,虽然在当时已经不合时宜,但却为黄天鹏打下了坚实的旧学基础。

黄氏家族中长辈常说:"天鹏资质一般,却贵于勤,因勤能补拙。"① 后来,黄天鹏也常以韩文公"业精于勤而荒于嬉"的哲理和"焚膏油以继晷,恒兀兀以穷年"的勤奋刻苦精神自勉和教育、督促族中晚辈。正是由于勤奋,三四岁时,母亲教他认读《三字经》,几天后"乾为天,坤为地",他便能朗朗上口了。到了五岁换读《诗经》,母亲对他的要求更加严厉,每天要读几首,第二天还要逼迫着他逐一背诵出来。但这为他后来写作新闻报道能够文笔优美、涉笔成趣奠定了文学基础。

(二) 树立了远大的政治抱负与救世情怀

父亲曾多次勉励他,"读书不忘救国,救国更需读书"。② 到台湾省亲时,他的母亲也曾用外曾祖父巡抚海疆的故事勉励他光复国土,继承先志。"天下兴亡匹夫有责"的文人抱负从小便深深扎根于黄天鹏心中。这为他后来立志要把"笔刀"当"宝刀",做一个有责任感的新闻记者,并为他胸怀政治理想与救世情怀,积极投身于民族抗战和新闻宣传活动之中奠定了思想基础。

---

① 黄寿年.忆叔父黄天鹏[M]//普宁县政协文史资料研究委员会编.晋宁文史(第1辑),1987:41.

② 天庐先生祝寿小组.黄代表天鹏先生传略[M]//天庐论丛——黄天鹏先生执教四十年纪念文集.台北:黎明文化事业股份有限公司,1981:355.

(三)培养了阅读书报的习惯

小时候,黄天鹏家里藏书很多,但他对那些过于陈旧的诗书不感兴趣。有一日,在父亲晒书时,他发现了《水浒传》《西游记》《红楼梦》等小说,犹如哥伦布发现新大陆一般兴奋,便瞒着母亲如饥似渴地读起来,真正体会到了读书的趣味。不久,黄天鹏从城里亲戚送的礼物中无意发现了用来包东西的旧报纸,细细读来,他感觉副刊上的奇闻轶事比小说更新奇、有趣千万倍。从此,他便养成了读报的习惯。

黄天鹏曾感叹说:"这十多年的旧式教育,有几本书在我现在的职业——新闻记者上有很大的影响。第一是《左传》的议论,在当时是很好的时论名作;第二是司马迁的《史记》,这是最佳的新闻记事文的模范;第三是《聊斋》的幽默与隽味,这种作风运用在副刊上是很有风趣的。我脱胎了这几种神笔,融化在现代的精神里面,便成了一种新闻文了。"[①]后来,他对《诗经》很多地方可以背诵,《史记》很多地方可以默写,在行文时有左右逢源的乐趣,也是和这时期下的苦功密切相关。

第二节 辗转与探寻:
从普宁到北京(1905—1928)

黄天鹏从小便颇具才识,九岁能写文章,蜚声于地方文苑。他经常为当地报刊撰稿,还曾向梁启超学习报章著述。同时,他也深受"五四"新思潮的洗礼,从而萌生了书生立志报国的志向。他在不断探求新知的过程中,也不断提高了对新闻事业及新闻学的认识和理解。

一、普宁求学

20世纪初,不断涌动的社会新思潮波及了广东普宁这座小城。黄天鹏从家塾进入了学堂,就读于马公栅村的村办公益高等小学堂,该学堂前身即当地有

---

① 天庐(黄天鹏).寒窗的回忆[M]//逍遥阁随笔集.上海:女子书店,1932:107.

名的普宁三都书院①。该书院始建于清道光十年(1830),由普宁知县陈凤图倡议创办。1906年,三都书院改为高等小学堂,1912年后改称公益高等小学堂。

图1-5 中华人民共和国成立后的三都书院

潮汕人认为,当地的文化发展和教育始于韩愈时代,是韩文公开启了此地的教化之门。三都书院尽管改为高等小学堂,但中厅、后楼仍然供有韩文公像。黄天鹏学习勤奋刻苦,初露头角,他的习作《韩昌黎守潮考》考证了韩愈在潮州治理地方政务,治水兴学的一些政绩,1921年2月该习作由天声出版社出版,1929年再版,书后附有韩文公传记。在学堂里,新教科书虽然比经史子集有趣,但黄天鹏更喜欢的,还是学堂里购买收藏的汕头和上海等地的报纸。他当时不但喜欢"瀛谈""志异"类文字,也开始关心起时局来,越来越注意新闻报道方面了。后来他回忆这段时间的经历时说:"这时报纸成了我唯一的伴侣,为新知识的粮食。"②

---

① 现该校旧址尚存,名为普宁市占陇镇三都中学。1926年秋,该校有众多学生参加了"大革命"运动,1930年又因大量学生参与革命活动,并和军警发生冲突,被县政府下令停办。1947年黄天鹏回普宁竞选国大代表时,还曾探望学校师生,并在该校设置"天鹏奖学金"。

② 黄天鹏.新闻记者生活的回顾[J].读书月刊,1931(6):97.

二、涉足报界

在黄天鹏数十年的人生道路旅程中，广东汕头和福建厦门是他人生之路的两个重要起点城市。

1920年，黄天鹏离开普宁到汕头金平区鮀江附近的学校读书。12月，在粤军驱逐西南军阀后，孙中山从上海到广州重组军政府，途经汕头并发表演讲，黄天鹏以学生代表的身份到会聆听。后来经由胡汉民和邹鲁介绍，他在广州拜见过孙中山。这些经历，使得黄天鹏与国民党高层有着密切的关系，对他后来的人生之路也产生了重要影响。

也还是在1920年，他到汕头一位亲戚开设的报馆里做起了通讯员，虽然只撰写一些简单的稿件，却从此开始了他的新闻记者之路。由于在都市中受"五四"思想的影响，他经常阅读新闻、关注时事，课外时间大都在书报室里面消磨。学校里的老师看他对报刊有如此浓厚的兴趣，便让他做了校刊的编辑。

1922年暑假后，黄天鹏又到了厦门美华书院学习西文，并兼做汕头原来那家报馆的福建特派记者。一边读书一边在报馆兼职的生活非常辛苦，但黄天鹏却对报馆的工作有很大的热情。他每夜在报馆当编辑，早晨起来精神还没恢复，便跑到课堂上课，而且课堂所得的知识，他也能运用到报馆实际工作中。这一时期，他创作了处女作《新闻与新闻记者》，这可以算作他新闻学术研究的开端。后来，黄天鹏因婚姻问题与家里人产生意见分歧，在林仲翁先生鼓励下，他从厦门北上京城以扩展学识，从此走上了人生发展的新平台。

三、步入新闻学术界

黄天鹏刚到北京时是个名不见经传的小人物，经过努力拼搏，不久便成了当时新闻界的一颗新星，实现了他人生之路的第一次跨越。

（一）力排众议选修新闻学

1925年，黄天鹏北上京城求学，途中在上海停留了三天。望平街一带几个大报馆雄伟的建筑及报摊上排列的大大小小的报纸，使他异常的兴奋和留恋。由于是违背祖父要他弃学从商的意愿而负笈北游，所以家里切断了他的经济来源，到了北京后他不得不卖文度日。

早在1923年，北京平民大学正式设立报学系，并将报学系列为该校三大学系之一,也成为国人创办的第一个大学新闻系。当时平大校长汪大燮特聘我国早期著名新闻教育家、新闻学者徐宝璜为该系系主任。徐宝璜也是中国大学史上第一位新闻系主任。黄天鹏平素就很敬仰徐先生的才学,1925年,黄天鹏进入北京平民大学报学系学习新闻学后,成为徐宝璜、邵飘萍的得意门生,也成了"中国最初新闻教育的第一班的学生"①。这一时期黄天鹏过着半工半读的生活,白天背着书包去课堂,夜间在报馆做编辑。

他开始选修新闻学时,有很多亲友不赞成。黄天鹏曾追忆说:"潮州学风喜谈法政,予初入都力排众议,随性所近专治新闻,忆乡丈贻书相规,良多阅历之言。书曰:'大学科学若干,精一均足鸣时,惟业新闻,恐非安身立命之道。往事若苏报邹之陷于缧绁,时报远生之及于奇祸,足为后事之戒。'予笑置之。后兼攻政经之学,两无所得,而文凭到手,走而谋生,果也不犹,追忆丈言,泪辄盈睫。"②这段话不但道出了当时新闻记者的艰难处境,也饱含了黄天鹏的感伤之情。后来,在"岭南近代四家"之一曾习经引见下,黄天鹏拜访了梁启超。他也因"为报章撰述,辄多论政匡时之作,有揽辔澄清之志,任公为书南海先生撰联'天地皆春色,乾坤一草庐'张之"。③ 黄天鹏故自取名号曰"天庐"④。

梁启超、徐宝璜、邵飘萍都是当时新闻界大家。师出名门无疑为黄天鹏后来的新闻生涯奠定了重要基础。

(二)创办北京新闻学会并主编《新闻学刊》、筹备科隆报展中国馆

1927年1月1日,黄天鹏和友人合作创办北京新闻学会,随后刊行《新闻学刊》,并将该刊作为鼓吹报业革命、宣传新闻学术的机关。《新闻学刊》是当时国内唯一的纯粹新闻学术刊物,在国内乃至国外都有一定影响。

1927年,德国科隆万国报纸博览会开始筹建。主办方对于中国展品满怀深切希望。6月8日,《益世报》的《国际报业展览会明年在德国开会·函请中国报界加入》一文刊载的国闻通讯社的电讯表明,驻京德国使馆毕参赞已致函北京外交部,邀请我国新闻界参加,并对博览会的组织者和参展物品要求等进

---

① 黄天鹏.复旦新闻学系毕业同学赠言[M]//新闻学演讲集.上海:现代书局,1931:223.
② 天庐主人(黄天鹏).天庐谈报[M].上海:光华书局,1930:65.
③ 天庐先生祝寿小组.黄代表天鹏先生传略[M]//黄天鹏.天庐论丛——黄天鹏先生执教四十年纪念文集.台北:黎明文化事业股份有限公司,1981:355.
④ "天庐"是黄天鹏众多笔名之一。

行了介绍。谢东发、胡国伟等旅欧人员也纷纷驰书告之国内。但因局势动荡,政府和报界都无暇顾及,社会上对新闻学研究兴趣也不高,结果举办方始终未能收到相关回复。

1928年,博览会召开在即。鉴于中国是东方古国,缺乏中国展品不太合适,于是举办方开始另外寻找解决途径。当时负责筹备中国馆的德国佛郎克府大学①中国学院院长卫礼贤和该院中国教师丁文渊开始向国内征集展品。但是应征者寥寥无几,只有上海商务印书馆、中华书局寄来一些书画展品。

后来,德国佛郎克府大学中国学院又专门致函《新闻学刊》曰:

敬启者:

敝学院代Koln万国新闻博览会筹备中国部,惟惜为时过促,势难向各报馆征求,伏维贵社素以推广中国新闻学为事,想于此事,必能得蒙诸君子之赞助,兹不揣冒昧,仅求执事代集中国各日报杂志以及传单等物,愈多愈妙,如需保险,则该款可由敝处担任。惟为时过促,尚乞即日由西伯利亚陆续寄下为感! 征集各报,会后自当完全寄奉,决不有误。

专此即请《新闻学刊》社主笔先生大鉴。

德国佛郎克府中国学院谨启
四月四日②

附 告:

博览会内容:(一)报纸,(二)杂志,(三)印书工业以及图书上之美术,(四)工业组织与机器以及零件附件,(五)报界总会,(六)世界各地之德国报纸,(七)报纸及交通用具,如火车,汽车,飞机等皆属之,(八)报纸与美术之关系,(九)广告与报纸之关系,(十)报学,(十一)纸张,(十二)照片底片。(各国报纸另辟专馆陈列)。③

《新闻学刊》社接函后,立即集中全力征集了省、市、区,包括县级在内的共

---

① 佛朗克府大学或译为佛郎克德大学,即现在的法兰克福大学。
② 万国新闻博览会征求出品[J]. 新闻学刊,1928(1):15.
③ 黄天鹏. 中国第一本新闻学杂志[M]//天庐论丛——黄天鹏先生执教四十年纪念文集. 台北:黎明文化事业股份有限公司,1981:33-34.

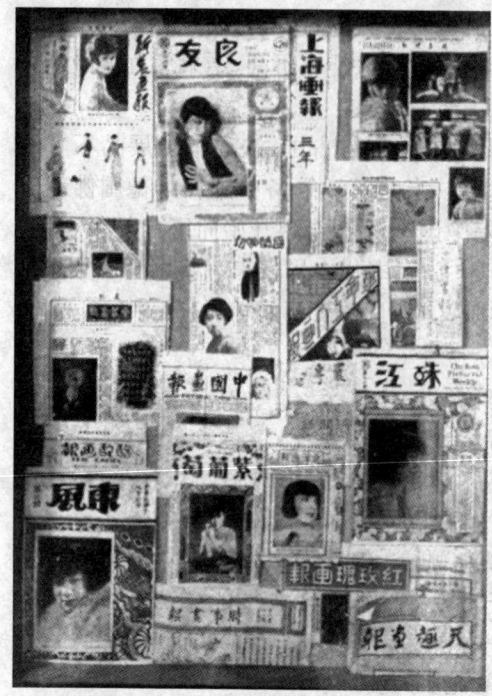

图1-6 德国科隆万国报纸博览会
展出的中国期刊（1928）

计三百多种报纸杂志。①虽然在此之前时任日内瓦国际联盟秘书厅秘书的夏奇峰已将《新闻学刊》第1—4期寄交戈公振代送展览会，但黄天鹏还是另将《新闻学刊》全份连同自己珍藏多年的木刻版《京报》及《内阁公报》《华字日报》等珍本都寄送了去。加上德国当地博物馆所藏的佛像、甲骨、瓦当、铜活字及佛郎克府大学中国学院所印的书报等，第一个中国馆总算在万国报纸博览会上建立起来了。《新闻学刊》也成为中国馆唯一的全份新闻学术期刊。中国报业"能够参展，也是中国新闻界走上世界的一次机会，有利于世界各国了解中国新闻事业的状况"②。

那么德国佛郎克府大学中国学院又是通过什么渠道联系上《新闻学刊》的呢？由于作为报展活动亲历者的戈公振在《纪德国世界报纸博览会》一文中并无记载，黄天鹏也语焉不详，最终出现了三种不同说法。

胡道静认为：博览会方面乃托德国佛郎克府中国学院院长卫礼贤博士代为筹备中国馆；又以柏林中国通讯社主任廖焕星先生熟知中国报界情形，亦托搜求。当时黄天鹏先生在北平办《新闻学刊》，中国学院乃专函托为代集。③

方汉奇认为：德方委托在青岛传教多年的德国佛郎克府大学中国学院院长卫礼贤博士代为筹办中国馆，由柏林中国通讯社主任廖焕星协助，并托在北

---

① 戈公振参加报展时，记载报名的有259种。另据《勤工俭学运动》载，参展的还有胡国伟的法文版《中国新闻学》。
② 马光仁.上海新闻史（一八五〇——九四九）[M].上海：复旦大学出版社，1996：587.
③ 胡道静.在展览会里的中国报纸[M]//报坛逸话.上海：世界书局，1946：75.

京主编《新闻学刊》的黄天鹏帮助搜集。①

马光仁则认为：该会筹备组通过德国的中国学院院长卫礼贤博士征集展品，委托他代为筹备中国馆。他一方面通过在该院任教的中国教师丁文渊向国内征集展品……另一方面又通过在德国柏林的中国通讯社主任廖焕星协助代为觅求展品。廖焕星通过在北京主编《新闻学刊》的黄天鹏帮助搜集。②

笔者认为马光仁的说法较为妥当。夏奇峰在给黄天鹏的信中曾说，《新闻学刊》是寄交戈公振代送展览会的，并让告知《申报》王伯衡如果收集到展品，要直寄柏林中国使馆转交展览会。这说明展品主要是通过转交的，中国学院直接联系黄天鹏的可能性不大。黄天鹏也曾说，《新闻学刊》是应国际联盟文化交换，参加万国博览馆的。③而廖焕星恰在1926年被任命为国民党中央常务委员会驻反帝大同盟全权代表，并当选为同盟执行委员、国际秘书处秘书。在廖焕星联系黄天鹏后，中国学院又致函以表达重视之意也就理所当然了。

黄天鹏除了创办学会、编辑学刊外，还兼做北京《晨报》等报馆记者，与他人合办通讯社，主编普宁夏令大会会刊《洪阳》。该刊以改造农村为宗旨，鼓励农村青年从事地方建设，并附有乡土文献和先贤传记等。"全刊十几万字，论文三十几篇。又有文艺，有游记，有真情流露的民歌，有谈东瀛风情的通讯，印刷也极别致美观"，被称之为"岭东普宁青年新运动的标帜"。④1928年8月，黄天鹏又在北京主编了《全民日报》的业务刊物《新闻周刊》第1—3期。

北京时期是黄天鹏新闻人生的第一个高峰。黄天鹏的这些报刊活动，不仅创造了个人事业的辉煌，也为其后来的新闻活动积累了丰富的经验。

---

① 方汉奇.中国新闻事业编年史（中册）[M].福州：福建人民出版社，2000：1100.
② 马光仁.近代上海新闻界的对外交流[M]//林克.上海研究论丛（第19辑）.上海：上海社会科学院出版社，2009：143.
③ 黄天鹏.中国第一本新闻学杂志[M]//天庐论丛——黄天鹏先生执教四十年纪念文集[增加——黄天鹏先生执教四十年纪念文集].台北：黎明文化事业股份有限公司，1981：33.
④《新闻学刊》第3期广告，1927年8月.

第三节　彷徨与革新：
离上海又返上海(1928—1936)

民国时期，上海是中国当时的经济中心，也是媒体最为发达的城市之一。黄天鹏南下上海，本以为可以大展宏图，有所成就，但是现实却将梦想击得粉碎，他最终又不得不远走日本。直至1930年回国，他才在上海定居下来，将自己所学的新闻理论和实践结合，在多个领域做出了突出贡献，成为当时中国新闻界最为活跃的人物之一。

一、上海办刊编报

1927年底，黄天鹏回广东老家处理事务，1928年初回到北京。当时正值北洋政府做最后挣扎时期，新书林负责人、《新闻学刊》创办者之一的张一苇"因为某项稿件得罪了当局，便被捕了"①。《新闻学刊》被停刊，其他人员遭北洋政府追捕，黄天鹏也被监视了好几天。被迫离开北京，四处流亡，经历了"东南西北，像野鬼觅食一般游荡"②后，黄天鹏来到了上海。1928年6月，他被聘任为《商报》驻京通讯员后又回到北京。8月19日，黄天鹏与北平新闻界和文化界名流徐宝璜、成舍我、胡政之、张季鸾、张恨水等81人发起，在中山公园举行了邵飘萍、林白水二位先烈的追悼大会。同年9月，在编辑完成《新闻学刊》第五期后，黄天鹏前往上海，受聘于《申报》。

此时的黄天鹏以"文章报国"自勉，除担任《申报》要闻版主编外，还为《良友》画报撰写时事述评。可现实使他很失望，"上海报纸的内容和物质也不过是一个扩大的北京报罢了"③。且因报馆内部新旧观念冲突，他只好把身心投入到《报学月刊》上，以使精神有所寄托。

---

① 黄粱梦(黄天鹏).张一苇的文字狱[M]//新闻记者的故事.上海:联合书店,1931:116.
② 天庐(黄天鹏).编辑后记[M]//新闻学刊全集.上海:光华书局,1930:404—405.
③ 黄天鹏.新闻记者生活的回顾[J].读书月刊,1931(6):105-106.

二、离沪赴日留学

如果说北京求学和上海办报分别是黄天鹏新闻人生之路的第一次和第二次重大变化的话,那么赴日留学则是其第三次重大变化。赴日留学一方面使他对西方新闻事业和新闻学有了更多深切了解,为他后来从事新闻活动提供了参照和重要动力;另一方面也使他对日本的侵略野心有了较早的发觉和警惕,激起了他更强烈的忧国忧民意识。

1929年10月28日至11月9日,太平洋国际学会①在日本西京召开第三次年会。在汪英宾等帮助下,黄天鹏以《申报》特派记者身份前往参会。

日本明治神宫外景　　　　　　　　日本东京外苑风景

日本东京皇城二重桥　　　　　　　　日本西乡南洲铜像

图1-7　黄天鹏在日本留学期间拍摄的一组照片

---

① 太平洋国际学会是一个以亚太地区政治、经济、社会、外交、文化、民族等问题为关注内容的国际性民间学术团体,主要致力于社会调查研究、会议讨论及出版书籍等。该会1925年成立,每两年召开一次年会。太平洋学会第三届年会因为议题与中国密切相关,尤其是涉及领事裁判权、东北等中国对外关系中的热点问题,因而会前和会后在中国都受到了空前的关注。《中国评论周报》《中央日报》《大公报》《时事新报》等对此进行过报道。

图1-8　1929年黄天鹏(右一)在日本与教育考察团团长刘季洪等人合影

黄天鹏去日本的出发时间是1929年9月13日，名义是"赴海外考察新闻事业"，同行的还有几位青年记者。当时的《申报》报道说，他们"拟在东京及巴黎专攻报学。闻黄氏将在日本小作勾留重游旧地，访问师友，并观光近二三年来日报之进步。然后转赴美洲，绕道欧洲，考察政治经济社会状况，尤注意于英美德日各报编辑之比较及馆中之设备管理等。沿途经过观察所获，仍为国内大报通信，以报告国人。黄氏在申所办报学杂志，光华书局继续刊行，由留申社友负责，照预定计划进行，按期刊登黄氏世界报业视察记"①。

在日本期间，他作为《申报》的海外记者，参观过多家报馆，并将太平洋国际学会开会事宜及日本政情以特约通讯方式发给中国新闻学会主办的中国新闻社，复印后供《申报》等国内报刊采用。太平洋国际学会会议结束后，黄天鹏留在日本东京新闻研究所学习新闻学。② 学成毕业，其硕士论文是用日文写作的《支那の新闻事业》，也即后来在国内出版的专著《中国新闻事业》。

这一时期，黄天鹏经常交往接触的有三人：一是清末考察过宪政的汪伯棠，即汪大燮，他也曾是北京平民大学的校长。二是戊戌变法运动的政治领袖梁启超，他晚年在清华大学讲学。三是"五五宪草"起草人张怀九，曾任北平朝阳大学校长。③ 他们对黄天鹏这一时期的政治思想都有很大影响。

---

① 黄天鹏赴日视察报业[N].申报,1929-09-14.
② 黄天鹏个人档案记载其毕业于日本早稻田大学新闻学专业。也有一些史料认同这一说法，其中的缘由还有待于进一步考证。
③ 黄天鹏.武昌起义—法家——六十年来法治运动领导人张怀九[M]//天庐论丛——黄天鹏先生执教四十年纪念文集.台北:黎明文化事业股份有限公司,1981:315.

黄天鹏去日本前曾去拜访汪伯棠。汪氏在清末民初历任政坛显要,掌理外交事务多年,为当时政府耆宿,深悉国内外政情秘闻。他告诫黄天鹏说,要学习国际政治,应注意国家边祸;革新政治在国内固在建设宪政,对外要务重在研讨国境边防。国家历来外患总在北方,环视邻邦:日本蓄意侵略东北,俄国人正占据外蒙内窥,英国人假道印度经略西藏,都成国家隐忧。① 这些远见卓识,为黄天鹏后来敏锐地觉察和揭露日本的侵略阴谋无疑起到了重要指导作用。

1930年,考虑到中日关系日趋紧张,东京已成为亚洲政治之重镇,黄天鹏还和秦介子、王世英、陈弘光等我国留日新闻界有志人士成立了东京新闻社,并设置有经理部,以诚意、敏捷、忠实、亲切为信条,为国内外报馆提供通信、电报、摄影及新闻一切材料,以辅助国内新闻事业之发展,东京新闻社受到广泛关注,社务也极为发达。②

三、重返上海新闻界

1930年到1937年,是黄天鹏新闻人生之路发生重大变化的第四个阶段。无论是在新闻实践、新闻学术研究还是在新闻教育方面,他都是当时的显赫人物。

(一)《时事新报》的名记者

1930年5月③,黄天鹏回到上海,适逢张竹平、汪英宾接办《时事新报》。汪英宾考虑到黄天鹏新闻实践经验丰富且研究新闻学多年,后来就请他担任该报通讯部主任,以函授和办讲习班等方式培训该报分散于全国各地的通讯员和记者。

1931年"万宝山事件"发生后,黄天鹏等三人受命组成上海记者团赴东北考察。8月7日,他们自上海启程,12日抵达奉天,14日视察抚顺,然后与辽宁各法团代表一起赴朝鲜,9月初南返。黄天鹏将事件前因后果及实地

---

① 黄天鹏.西来佛金刚法会——记班禅活佛献戒林主席遗事[M]//天庐论丛——黄天鹏先生执教四十年纪念文集.台北:黎明文化事业股份有限公司,1981:345.
② 东京新闻社之新发展[N].申报,1930-02-25.
③ 一说为7月,但据1930年6月24日,黄天鹏在《记者周报》刊出的《悼徐伯轩先生》一文中提到:"昨月,予自海外归来",由此推算,黄天鹏从日本回国时间应为5月。

视察经过写成特写报道在报纸上刊载。这些特写报道在社会上引起很大的反响,黄天鹏也因此成为《时事新报》的名记者。考察结束后,他又把这些报道附照片,还有《筹边十策》,通过陈城和吴铁城转呈国民党中央。1932年,国际联盟派李顿调查团来中国调查日本侵犯东北("九一八"事变)和进攻上海事件("一二八"事变)时,曾将该考察报告正式列为参考资料。黄天鹏也因此被国民党元老吴铁城、张群看重,后成为吴铁城的幕僚,受到国民党高层重视。

《时事新报》是一家著名的政治性和学术性报纸。该报从创立之初至上海解放前夕停办,无论是在办报队伍还是报纸内容方面,都有着明显的民主宪政传统。黄天鹏在《时事新报》期间就采写了多篇有关宪政运动的报道。1933年,他奉命调往南京采访《中华民国宪法》起草一事,和负责人张知本经常接触。张知本说,法治和舆论是民主政治两大柱石,"宪草"应博采和周询国人的意见,舆论界也应该密切合作,以推动起草一部根据五权宪法遗教并适合国情舆情的宪法。[①] 为此,黄天鹏在《时事新报》"南京通信"和《东方杂志》上专门发表了多篇报道,引起社会广泛关注。

(二)复旦大学新闻系名教授

早在1929年秋,上海复旦大学就把新闻学专业从中国文学科中独立出来,正式成立了新闻系。初创时期,其师资力量奇缺,黄天鹏便在回国途中就接到了复旦大学新闻学系主任谢六逸的邀请函。下半年开学时,黄天鹏即在复旦大学新闻系执教,担任报馆管理课程教授。

"复旦新闻系的新课程,尔时尚试办中,既少成例可援",黄天鹏"参照日本的课程和当时新闻界的急需,提出具体的意见,新闻课程于讲授理论之外,注重实习的工作,使毕业学生有实际应用的技能,尤其写作的能力,以应职业上的需要"。[②] 为此,他主张新闻系的课程应分为基本知识、新闻专门知识、辅导知识、实际知识四部分。在教学方针上,黄天鹏认为:第一,选修新闻专业的学生应具有专科以上的基本知识,尤其是要有良好的国文基础;第二,要传授学生新闻事业的专门知识,使其具备新闻从业者的一般技能;第三,对于毕业的学生,要求富有历史、地理、政治、经济及社会的知识,有主持舆论、指导社会的

---

① 黄天鹏.武昌起义一法家——六十年来法治运动领导人张怀九[M]//天庐论丛——黄天鹏先生执教四十年纪念文集.台北:黎明文化事业股份有限公司,1981:321.
② 黄天鹏.新闻教育四十年(台湾)[J].中外杂志,1979(1):74.

图 1-9　1930 年黄天鹏带领复旦大学新闻系学生参观《申报》留影

能力。一、二年级学生以攻读基本知识及辅导知识为主,或先选修专门知识如新闻学概论、中外新闻史等一两门课程。三年级学生才专攻其他涉及专门知识的课程,并注重评论、采访、通讯的写作。四年级学生要注重实习、参观和采访,学生要与社会多接触,由实际知识得到实际的经验才能够适应社会的需要。黄天鹏的这些"意见和计划,校方大致采纳"[①]。

黄天鹏非常注重学生实践能力的培养,常率领学生参观《申报》等报馆并开展一些新闻实习活动。1933 年春,张知本任立法委员,在南京起草《中华民国宪法草案》。黄天鹏假期便率领学生来南京旅行、参观报社,并进行新闻采访实习,经秘书长梁寒操介绍,黄天鹏得到张知本的接见。各大报纸对此事纷纷报道,轰动一时。

在黄天鹏的倡议下,复旦大学新闻系在 1930 年成立新闻学会后,又于 1931 年成立了新闻学研究室,并由黄天鹏担任研究室所长。黄天鹏为学生陶良鹤的《最新应用新闻学》、郭箴一的《上海报纸改革论》、杜绍文的《新闻政策》等书作序,鼓励他们开展新闻学研究。杜绍文等后来也成为民国时期的著名新闻学者。

---

① 黄天鹏.新闻教育四十年(台湾)[J].中外杂志,1979(1):74.

复旦大学新闻系开办不久就办学成绩斐然,得到社会人士的好评和赞许。"这最大的原因,还是在乎师生的合作","因为谢主任与黄天鹏诸教授爱同学实不啻手足、子女。所以,黄教授所担任的《报馆组织》一科,积极地拟主办一种小规模的报纸,使同学们取得办报的经验与常识。同时,也可趁此机会来练习,预备将来供职国内各大报馆里的应用。像这种热诚的教学在其他学校的教授中实在不易多见"。①

执教复旦大学新闻系期间,黄天鹏还兼任上海沪江大学新闻学教授、新世纪函授学社新闻系主任。上海新世纪函授学社由国内著名学者柳亚子、林语堂、章衣萍、赖南天等创办,成立后,入学者甚为踊跃。后因各界的要求,其又开办了新闻学科,"以最新式最精密之科学方法、函授新闻学之理论及实际之训练,以养成新闻专门人才、发展新闻事业为宗旨"。② 黄天鹏后来编写有《新世纪函授学社新闻学科讲义》。

进入《时事新报》后,黄天鹏还曾前往戈公振任所长的中国报学社杭州报学讲习所上课,讲授《新闻文学之建设》和《中国报业之今昔》等课程。

(三) 时为新闻学研究成果最富者

黄天鹏一生笔耕不止,在上海先后编写出版了 29 种新闻学著作,"成为现代新闻学界学术成果最丰硕的人"③。

这一时期,黄天鹏虽然任复旦大学新闻学系教授,并进入《时事新报》,也曾任申时电讯社总编辑④和《大晚报》记者,但大部分精力还是用在新闻学书籍的编著上。他曾自述说:"总计中国所有新闻学书廿余册中,我却编著了十几种。现在市场上流通的,经过我手制的占了十分之八,在量上自然可观,而质上我是十二分的惭愧,没有什么有力的贡献,不过在沉寂的新闻界能够引起国人的注意和认识,而发生了研究的兴趣,这一点上我是引为自慰的。"⑤笔者经过研究和考证后认为,黄天鹏存世、亡佚和有记载的新闻学著作共计 64 种(详情见附录 B),其中有证可考已出版的有 30 种,现存 21 种。这 30 种新闻学著作,绝大部分是在 1930 年至 1934 年间出版的。

---

① 彬. 趣味盎然的每周谈话[N]. 申报,1930-11-17.
② 新世纪函授学社之新闻学科[N]. 申报,1932-04-04.
③ 方汉奇,李矗. 中国新闻学之最[M]. 北京:新华出版社,2005:315.
④ 1928 年张竹平创办申时电讯社,起初由何亚平兼任总编辑,后由黄天鹏继任。
⑤ 黄天鹏. 新闻学入门[M]. 上海:光华书局,1933:76.

第四节 拼搏与转折：
从重庆回南京(1937—1949)

在20世纪40年代前，黄天鹏主要是通过"办报议政"来实现自己的政治理想和抱负的。其后，他也和蒋廷黻、胡适、傅斯年、马星野等人一样，在当时文人从政的浪潮中，从"议政"走向"执政"，成为"学者从政派"中的一员。尽管他的新闻记者之路走到了终点，人生道路发生了第五次重大变化，但他仍然在国民党体制内从事新闻专业教育和文化事业管理，为新闻业鞠躬尽瘁，因而仍兼有"新闻人"的身份特征。这一阶段最突出的贡献就是他在大后方抗战最艰难的阶段主持《重庆各报联合版》的出版和发行。

一、参与重建"新闻长城"

为了迫使国民党投降，1939年5月3日至4日，日寇派出敌机疯狂轰炸重庆。由于各大报馆过于集中，结果导致新闻界在这场浩劫中损失惨重。报馆集中的上下半城之间的新街口有《中央日报》《时事新报》，铁板街有中央社，武康街有《国民日报》《新华日报》；在下半城有《大公报》《新蜀报》《商务日报》等。5月3日、5月4日的日寇大轰炸中，这些地方落弹最多，火光遍地，报馆被炸，设备被毁。工作人员有的殉难，有的失散。《时事新报》和《国民公报》损失较小，《新华日报》报馆因不在闹市区也未受大的损失，其他各报均陷于停顿状态，连国民党的《中央日报》也只能采取临时托《国民公报》代印的方式坚持出版，以"联合版"形式保持各报正常出版的做法再次被提上日程。

早在1938年9月，国民党中央颁行的《节约运动大纲》就要求，"各日报联合出版，各种杂志尽量合并"。从当时实际情况看，出版联合版可以缓解战时资源的紧张，敌机轰炸时也便于人员疏散。但不可否认的是，国民党也想借各报出"联合版"的机会来消灭异己，统一思想，尤其是限制中共《新华日报》的出版和发行,以达到他们所谓"一个主义"和"一个舆论"的目的。① 日寇大轰炸后的5月5日,重庆各报负责人集商对策,最后决定按当局要求,各报疏散到郊外,同时决定发行联合版。

5月6日,中国新闻界团结抗日的空前创举《重庆各报联合版》在敌人的炮火声中诞生了。各报负责人为联合版委员会委员,互推《中央日报》程沧波为主任委员,《时事新报》黄天鹏为经理委员会主任委员并担负实际的责任工作,《大公报》王芸生为编辑委员会主任委员(王芸生辞职后为刘光炎)。各报总经理、总编辑分别参加各委员会工作。他们工作的第一天,就利用《国民公报》原有设备编印出了一中张,且封面第一条广告就是《中央日报》《时事新报》《大公报》《扫荡报》《新民日报》《西南日报》《商务日报》《国民公报》《新蜀报》发刊联合版启事。

> 兹因水电交通及印刷发生障碍,并奉最高当局手谕,重庆各报自今日起一律停刊,暂由各报发行联合版,每日出版一中张或一大张。联合出版时间内,各报订户均暂时停止送报,由各报联合发行另售;广告暂由各报营业处代收。

联合版的发刊词,说明了发刊的旨趣。发刊词全文如下:

《重庆各报联合版》发刊词

> 重庆各报联合版,今天开始发刊。这个联合版参加的分子,是重庆全体日报,联合版发刊的日期,在重庆大轰炸后的第二日,我们有几点意见,愿公告于读者。
>
> 第一,最近敌机的狂炸重庆,是抗战开始后敌人兽行表现最野蛮残酷的一幕。敌人这一次轰炸重庆,目标全在平民及商业区域,敌机轰炸之不足,还继以烧夷,敌人残害中国人民之不足,还任意向外国侨民及在华外交机关扫射及投弹,敌人毁灭我们商业机关之不足,还尽量毁灭我们的文化事业。重庆这次敌机的狂炸,我们同业的牺牲

---

① 罗承烈,刘正华.国民党反动派对重庆新民报的迫害[M]//中国人民政治协商会议四川省委员会文史资料研究委员会编.四川文史资料选辑(第25辑).成都:四川人民出版社,1981:97.

惨重,我们联合版的发刊,在将来的中国报业史上,永久是惨痛悲壮的一页。中国现在与未来的新闻记者,决不忘(记)这个联合版发刊时的惨痛环境。

第二,联合版所表现的精神,最显著的是团结。文化界本来最难团结的,中国抗战后,全国集中于一个主义,一个目标,辛苦奋斗。我们团结一致,多半是敌人帮助我们的,敌人对我们多压迫一分,我们的团结便加深一层。重庆的报界,现在本是集合京沪津汉的精英,今天集合在一个组织下面发行联合版,在人力物力方面,比以前格外能充实,我们对抗战的宣传,比以前格外能尽责,我们这次报界的联合组织,自信对业务上将更有进步,对读者更可尽我们的责任。

第三,敌人对我们的各种残酷手段,我们的问答,是加紧我们的组织,我们要拿组织的力量,去破碎敌人的一切阴谋诡计。敌人这几天对重庆轰炸的罪行,处处表示他们的愚蠢,他们用这种手段压迫我们,只有促成中国各阶层社会的有组织的抵抗和反攻,重庆新闻界的联合组织,就是一个显例。我们相信重庆的民众,经这次大轰炸,虽然受到人生最大的痛苦,但是大家敌忾愈深,抗战决心益坚,这是必然无疑的。重庆这几天的环境太悲壮了!重庆的新闻界,在各种悲壮的经历中,更谋加紧我们的组织,展开我们奋斗的阵容,联合版是这种精神的一个表现。①

5月7日,共产党在国统区的公开机关报、重庆《新华日报》上登载启事:

本报即时参加重庆各报联合版,在联合版出版期内,本报暂行停刊,所有时论专论,均改载《群众周刊》,本报订户暂行改送《群众周刊》,长期广告一俟恢复刊时补登,事关紧急情况,并遵最高当局手谕,敬希各界见谅是幸。②

至此,《重庆各报联合版》的"联合者"由原来的九家增加到了十家。不同政见的政党、团体以及民营的新闻报纸,在团结抗日的大旗下结成了新闻界的

---

① 《重庆各报联合版》1939年5月6日创刊号,参见张之华.中国新闻事业史文选(公元724年—1995年).北京:中国人民大学出版社,1999:434.
② 方汉奇.中国新闻事业通史(第2卷)[M].北京:中国人民大学出版社,1996:652.

图 1-10 黄天鹏(前排右二)与《重庆各报联合版》同仁合影

抗日民族统一战线,共同铸造起团结抗敌的"新闻长城"。

后来,由于联合版的出版实际上影响了各报的广告经营和言论独立,并且共产党在国统区的言论独立权也因参加联合版受到国民党限制,因此各方都从不同的角度纷纷要求各报恢复独立出版。

在各方的强烈要求下,重庆各报联合版委员会第十四次会议最终决定,联合版8月12日工作结束,8月13日各报分别复刊,恢复出版。8月15日,联合委员会又召开第十五次会议即最后一次会议,决定结束联合版后,委员会改设办事处,保留少数办事人员。因纸价及催收欠款等,办事处延至10月初才完全结束工作。

《重庆各报联合版》停刊后,黄天鹏应中央政治学校新闻专修科之邀做了专题演讲——《中国报纸联合发刊的试验》,演讲后文稿交予《新闻学季刊》发表,并向联合版委员会做了工作报告,全面总结和汇报了《重庆各报联合版》办理经过。

《重庆各报联合版》于1939年5月6日出版。黄天鹏临危受命,从5月6日至8月12日的99天中,"联合版"未曾中断一日。这是对敌人做出的英勇不屈的斗争,是新闻界坚持长期抗战精神的写照,也是把握抗战最后胜利的基本要素,在报业史和抗战史上都写下了最辉煌的一页。①

回顾联合版的工作,黄天鹏曾感叹:"这些秀才兵实在不易带,各报意见分歧,事权又不能统一,能够维持出版,已经不容易了","办了短短的三个月,在我十多年的新闻生涯,实在是最艰难最棘手的一段。"②这也从侧面说明了黄天鹏在各报联合出版工作中所发挥的特殊作用和所做出的突出贡献。

二、从事新闻专业教育

黄天鹏晚年曾说:"我对于新闻事业一门,向有兴趣,也曾一再专心从事新闻教育工作,但过去服务报社所遭人事纠纷与政治的困扰,使我几度离开新闻工作的岗位。这二十多年,对新闻教育却始终未曾绝缘。"③从中可见黄天鹏对新闻教育工作的挚爱和无限眷恋。在重庆时期,黄天鹏的新闻教育活动可以分为两个阶段。

(一) 第一阶段:供职《时事新报》期间兼职在多所学校讲授新闻学课程

在重庆的这段时间,黄天鹏曾经应邀在马星野任系主任的中央政治学校新闻系主讲《报馆组织与管理》课程。国民党中宣部在政治学校办新闻事业专修班,潘公展任主任,他也邀黄天鹏给该班讲授《新闻写作》这一课程。除此以外,黄天鹏还在中央大学政治系主讲《新闻学》,在国文系主讲《新闻文学》。在讲课中,他注重对学生实践能力的培养,尤其注重新闻写作及杂志编辑法的教学。在各校的教学实践中,他还非常注意用正确的新闻学术史观来引导学生认识新闻自身的历史。④ 1942年,他在《四十年来中国新闻学之演进》一文中,将中国新闻学的四十年发展历史概括为四个阶段,并提倡用历史眼光来看待新闻学的发展。

---

① 黄天鹏.中国报纸联合版的试验——重庆各报联合版的创办[M]//天庐论丛——黄天鹏先生执教四十年纪念文集.台北:黎明文化事业股份有限公司,1981:102.
② 黄天鹏.中国报纸联合版的试验——重庆各报联合版的创办[M]//天庐论丛——黄天鹏先生执教四十年纪念文集.台北:黎明文化事业股份有限公司,1981:102.
③ 黄天鹏.新闻教育四十年(上篇)——中国新闻教育的创办与变迁[M]//天庐论丛——黄天鹏先生执教四十年纪念文集.台北:黎明文化事业股份有限公司,1981:55.
④ 张育仁.重庆抗战新闻与文化传播史[M].重庆:重庆出版社,2009:318.

（二）第二阶段：离开《时事新报》后从事军队新闻人才培训

《重庆各报联合版》停刊不久后，黄天鹏离开了《时事新报》，应国民党军委会政治部部长陈诚邀请担任部报（政治部管辖的报纸，也即军报）委员，主持军报指导工作，同时兼政治部主任。在此期间，他曾五次到前线视察。

国民党军委会政治部内设部报委员会，其职能除管理指导军报之外，还承担军队新闻人才的培训任务。抗战时期形势危急，条件艰苦，开展军报工作急需大批新闻干部，部报委员会就在中央训练团设新闻研究班，训练新闻专门人才，抽调军中从事政工宣传的人员，并征集有志于新闻工作的青年，予以专门训练。黄天鹏奉调负责主持教务。中央训练团新闻班第一期在沙坪坝开学，对干部训练有完整计划，主要是精神训练和政治训练，新闻专业课程的设置和新闻专科差不多，只增加了战时采访和战时应变知识。第二期迁到复兴关上课，党政课程和党政班合在一起上，增加军报的实习机会。第三期改为军中文化工作人员训练班，新闻班仍列为一个系，课程不变。

此时，黄天鹏还应邀在新闻班讲授出版事业这一门课程，讲解士兵读物及期刊、壁报之类如何编辑印行，尤其侧重讲解文字写作技巧。课程讲完后，系里召开了二次研究会议，制定了编印士兵读物的办法。黄天鹏的《建立军报的体系》一文对这段时间的工作有较多记录。

图1-11 1943年黄天鹏访问胡汉民夫妇

抗战胜利前夕，国民党开始准备新闻界的复员工作。《扫荡报》社大力扩充以应复员的需要。黄天鹏接到政治部调他去兼任《扫荡报》社总编辑的派函，他尽管最终未能到任，但仍就新闻人才培养提出了一些建议："关于人才的储备，除已训练的干部外，还要延揽在新闻界具有成就的人士合作。新闻记者大都具有特立独行的性格,多少有点读书人的习气,在这复员阶段,量才尺度要放宽点才能多有成就。"①

抗战胜利后,军委员会政治部改为国防部新闻局,继续开办新闻研究班。黄天鹏经常给学员讲课,有时还参加业务研讨活动。在一次业务研讨会上,黄天鹏提出了主张军报系统化与企业化、加强军报体系建立和管理工作等观点。

黄天鹏的这些工作,对军队新闻人才队伍的培养起到了重要的作用。对黄天鹏在军报工作中的突出表现,政治部第三厅厅长郭沫若赠诗云:"圣人四十已不惑,欧谚言从四十始,天鹏今日兼有之,表里通澈乘风起。重天健翮逍遥游,况有孟光共白头。文辞华汉壮山岳,笔削严谨成春秋。慧福双修道已闻,即不百年亦何忧,丈夫忧先天下耳,须更甕牖之子如公侯。凤凰鸣矣朝阳升,为人当争第一流。"②

三、筹建文化出版事业管理委员会

1937年,国民党五届三中全会通过的新闻政策称:"奉行总理遗教,建立三民主义之文化为其最高理想,其目标为:(1)发扬民族精神,厉行对外国策,以完成民族之独立。(2)增进国民智识,充实政治能力,以实现民权之使用。(3)改良奢侈风俗,努力经济建设,以促进民生之发展。其方法为施行有效之统制,分别给予切实之扶助或严厉之取缔,并于必要时收归国家经营之。"③

1941年,国民党中央为实施国父印刷工业计划,曾拟设专管机构。后来,中央宣传部为统一出版事业管理,在部内附设中央出版事业管理委员会,由黄天鹏负责筹建。委员会职能是统一管理国民党内出版事业,实施党的出版政策,使党办和民营的出版事业都能够协同一致发展。1942年,出版事业管理委员会正式成立,黄天鹏以中央秘书处代表的身份出任委员兼

---

① 黄天鹏.军事新闻教育的新阶段——从重庆复兴关到台北复兴岗[M]//天庐论丛——黄天鹏先生执教四十年纪念文集.台北:黎明文化事业股份有限公司,1981:79-80.

② 黄天鹏.军事新闻教育的新阶段——从重庆复兴关到台北复兴岗[M]//天庐论丛——黄天鹏先生执教四十年纪念文集.台北:黎明文化事业股份有限公司,1981:82.

③ 黄天鹏.中央出版政策及其实施[M]//天庐论丛——黄天鹏先生执教四十年纪念文集.台北:黎明文化事业股份有限公司,1981:84.

执行秘书。

黄天鹏在负责筹办中央出版事业管理会期间,曾对"国父印刷业遗教"有详细的研究,做出了分区实施计划,并著有《国父印刷工业计划之研究》①一书和"总理实业计划表解"。1943年,他发表的《中央出版政策及其实施》一文即是根据"国父印刷业遗教",提出印刷出版业要发扬固有文化传统,介绍世界新知,以适应文化建国所需要的建议。这一研究使他对新闻事业的文化属性有了更多的认识。

四、当选国民大会代表

国民党在南京建立国民政府后,借训政之名,行专制之实。因而,训政也就越来越遭到有识之士的批评。紧接着"九一八"事变爆发,民众要求结束训政,还政于民,随着全国人民共同御侮的呼声日渐高涨,"宪政"运动也由此兴起。

重庆时期,黄天鹏在国民党中央训练团和中央政治学校新闻系主讲过政治和法律课程,还写了《中国政治制度》等与"宪政"有关的书,发表了相关的文章。其中《中国政治制度》是根据他在大学的讲稿内容修订而成,1938年由中国出版社出版。该书上篇叙述历代政治制度之变迁与特点,并略论其得失兴亡;下篇叙述民国以后的政治制度,尤其行宪后叙述较详,在当时有一定影响。

抗战胜利后,黄天鹏定居南京,受命视察复员区工作,又兼在中央印务局总管理处供职。此时,国内外形势又一次发生急剧变化。在多方压力下,国民党一边打着"和平建国、实行宪政"的幌子,一边以召开国民大会进行抵制和欺骗人民。

1947年,国民党召开六届三中全会,讨论结束训政,准备行宪事宜。这一时期,黄天鹏正供职于中央印务局,由他负责主编了一套"宪政丛刊"。其中《中国制宪史略》是他根据在中央训练团主讲的宪法讲义修订而成,主要叙述我国制宪的经过,现行宪法的主要精神与特点,书末附宪法的有关解释。《行宪法规汇编》收载有宪法及各种选举罢免法、府会组织法以及宪法的制定、"宪政"的准备和实施等内容。他还主编了一套"国民丛刊",包括《孙文学说》《民权初步》《军人精神教育》《三民主义》《建国大纲》《五权宪法》《实业计划》《大学》《中庸》《礼运大同篇》《党史概要》等12种。

---

① 《国父印刷工业计划之研究》又名《总理印刷工业遗教之研究》。

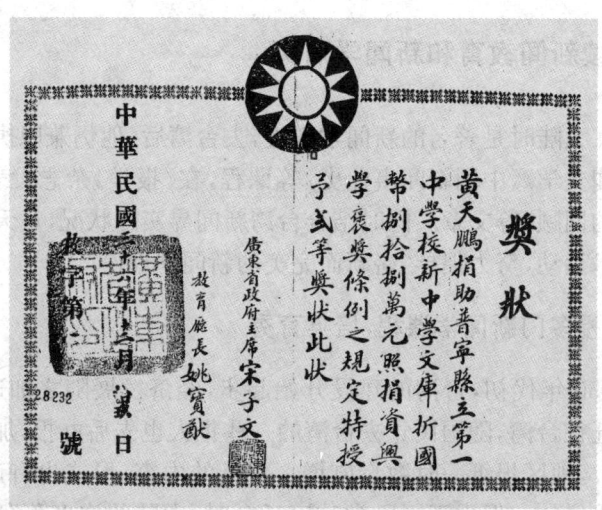

图1-12 黄天鹏在普宁参选国大代表时获得的捐助奖状

黄天鹏的这些研究和社会活动,在宪政建设和研究方面有一定影响,因而成为圈内的知名人士。1947年11月,国民党南京政府依照"行宪法规",进行国民大会代表选举。由于黄天鹏早年参加革命并加入国民党,加之与高层关系密切,抗战期间在多项党政军活动中又表现突出;最后,由国民党中央提名,黄天鹏在原籍广东省普宁县当选为国民大会代表,走上了从政之路。

第五节 坚持与梦想:
从大陆到台湾(1949—1982)

黄天鹏后半生是在台湾度过的,主要从事新闻教育、宪政等工作。20世纪六七十年代,他三次奉命率团到欧美和东南亚各国访问,访察侨情,指导侨报工作。1981年其出版的《天庐论丛——黄天鹏先生执教四十年纪念文集》一书包括新闻论丛、宪政论丛、侨务论丛、春秋别记共四大部分,被看作是他对人生之路的一个全面回顾和总结。

一、继续新闻教育和新闻学研究

黄天鹏在大陆时是著名的新闻学教授,去台湾后,他仍兼职执教于多所大学,讲授《新闻文学》《中国新闻事业史》等课程,在《报学》杂志发表《中国新闻教育廿五年的回顾》等文章。同时结合台湾新闻界实际状况,黄天鹏继续提倡开展新闻学术运动,努力倡导"崭新而完美的新闻学理论"。

(一)教授多门新闻学课程,培英育秀

20世纪50年代初,台湾的建设开始起步,经济发展随之加速。其后,大陆一些媒体迁往台湾,随国民党去台湾的一些报人也先后办报,加之台湾本地报纸,使得台湾地区报纸一时数量剧增。报纸的内容、形式也有许多新变化,新闻人才需求增加。但由于国民党政府迁台时,大陆的许多著名新闻科系并未随迁,而台湾各院校则均未设置新闻系。因此,黄天鹏等一些老报人、新闻学者便纷纷投身于新闻教育,并培养出了一批新闻学专业人才。

当代著名台湾新闻学者和教育家郑贞铭是台湾政治大学新闻研究所硕士毕业生,他毕业论文答辩时,黄天鹏恰担任答辩委员。台湾政治大学新闻系的两任主任戴华山、祝振华,也都曾经是黄天鹏在政工干校时的学生。他的学生楼榕娇出版《新闻文学概论》一书时,黄天鹏也为其校订、写序。

这一阶段,黄天鹏先后兼任台湾中央大学、台湾政治大学、台湾师范大学、台湾中国文化学院、台湾政工干校、台湾世界新闻专科学校(世新大学)等院校教授,讲授《新闻学》《校雠学》《新闻事业史》等课程。他用自己的切身经历和感受,鼓励学生并对新闻人才的培养建言献策。

在台湾政治大学新闻教育座谈会上的《新闻教育应有中心的体系》演讲中,他说:"本人是中国新闻教育初期的最早学生,早年从事新闻各部门的工作很久,中年后虽然担任党政军工作和服务中央民意机关,但仍兼各院校的新闻课程,可说是生活在新闻事业范畴内,我对这一行有深切的感觉和无限的依恋。"[①]

---

① 黄天鹏.新闻教育四十年(下篇)——自由中国新闻教育的复兴[M]//天庐论丛——黄天鹏先生执教四十年纪念文集.台北:黎明文化事业股份有限公司,1981:65-66.

图 1-13 黄天鹏(前排左五)与台湾政治大学教授们合影

台湾师范大学与侨委会合办华侨新闻专修科,黄天鹏在华侨新闻事业训练班上曾提出"弘扬中国传统文化和现阶段的基本国策;发挥新闻记者为自由、为正义的奋斗精神;加强新闻纸的教育效能"等意见①。师范大学华侨新闻专修科学生毕业时,他还用了史家的"四识"作为赠言相勉。

(二) 关注学科前沿,加强新闻理论建设

到了台湾,黄天鹏仍没有放弃自己钟爱的新闻事业和新闻学术研究,一直密切关注媒介形态的新变化和新闻学理论的新发展。

1952年,黄天鹏曾筹划和台湾新闻界老报人举行座谈会性质的集会,谈谈新闻学术意见,讨论新时期新闻学的新理论建设问题。1953年,黄天鹏在《中国新闻学之发展》一文中认为,要根据国父"保持吾民族独立地位,发扬吾国固有文化,且吸收世界文化而光大之"的遗训,择善取长,以建设我民族健全久远之文化基础;要本"三民主义"之原则,以文化力量建立全国民众精神上之国防;要对于一切文化事业,绝对负起保育扶持之责任,以督促指导奖励及取缔等方法,除莠培良促成协同一致之发展。只有遵循这些原则来建设新的新

---

① 黄天鹏. 新闻教育四十年(下篇)——自由中国新闻教育的复兴[M]//天庐论丛——黄天鹏先生执教四十年纪念文集. 台北:黎明文化事业股份有限公司,1981:74.

闻学,新闻事业所造成的新文化,才能更好地尽其服务人群的责任。①

1954年,国民党当局在台湾政治大学成立新闻学研究所,提出把新闻事业视为武器,要求新闻研究主要是为此提供合法性论述,强调配合政治形势。研究者都是国民党文宣大将,如谢然之、曾虚白、王洪钧、徐佳士、余梦燕、郑南渭等。当时与当局文宣及媒体已经不很亲近的黄天鹏则没有获得进入主流话语圈的机会。②。

1956年前后,黄天鹏在台湾世界新闻专科学校的一次题为"建设中国新闻学术的基本理论"的讲话中,继续呼吁要加强新闻学术研究,要有自己的一套系统的理论。20世纪60年代初,台北新闻记者公会开办记者讲习班,黄天鹏以古代史家的"四识"来勉励现代记者。黄天鹏在我国台湾中国文化学院新闻系主讲《中国报业史》课程时,曾两次补充课外教材,一本是《弘扬中国文化应建立史统》,另一本是《中华民国新闻事业六十年》。

随着台湾当局与其他地方的新闻教育交流频繁,传播学理论研究在岛内开始萌芽。黄天鹏紧跟学术发展,曾预言大众传播学将对新闻学造成巨大影响,认为"电化媒介带来了传播事业的革命,尤其是电视的兴起又加速了传播事业的革新,新闻报道除音响外,更具备现场的形态","为大众传播新闻而外,创造了视听的绩效,尤其卫星传播技术日新月异,预料必更有辉煌的贡献"③。

从1928年杭州新闻记者公会新闻讲习班开始,到1974年中华民国总工会干部新闻讲习班结束,黄天鹏从事新闻教育多年,为中国新闻教育的发展做出了重要贡献。

二、担任"新闻记者出生的民意代表"

晚年时,黄天鹏常常将自己的工作和记者相类比,以表达自己一生的志向和理想。他说:"我是新闻记者出生的民意代表",④"倘若说议会(议员)和舆

---

① 黄天鹏.中国新闻学之发展[M]//天庐论丛——黄天鹏先生执教四十年纪念文集.台北:黎明文化事业股份有限公司,1981:4,15-16.

② 林丽云.台湾传播研究史:学院内的传播学知识生产[M].台北:巨流图书有限公司,2004:66-67.

③ 黄天鹏.新闻教育四十年(下篇)——自由中国新闻教育的复兴[M]//天庐论丛——黄天鹏先生执教四十年纪念文集.台北:黎明文化事业股份有限公司,1981:75.

④ 黄天鹏.新闻教育四十年(下篇)——自由中国新闻教育的复兴[M]//天庐论丛——黄天鹏先生执教四十年纪念文集.台北:黎明文化事业股份有限公司,1981:73.

论(记者)是支持民主政治的两大柱石,我的工作无论在民意代表或新闻教育工作岗位,也许有殊途同归的献替。"①从这个意义上来说,黄天鹏认为担任国民大会代表,从事宪政工作也就犹如他新闻记者生涯的延续,都是为争取自由权利、建设民主社会,也都是为他心目中"新闻的新时代"理想的实现而努力。

黄天鹏到台湾后,担任国民大会代表,并和张知本、郑彦棻等人创办"中国宪法学会",黄天鹏任常务理事兼秘书长,主编会刊《宪政时代》,宣称以学术立场研讨宪法精义,以弘扬国父孙先生之遗教。他对于宪法有多年的研究,在每次国民大会中都有提案。"民国五十五年临时会,他接第四次大会连任主席团主席。仍一本新闻学术研究,导致政治进步之旨,迭有建白。"他"比任中央民意代表,于弘扬宪法,倡行法治而外,辄多论政之作,主张以五权宪法为民主宪政的建设中心,鼓吹宪政之实施及弘扬民主之精神,坚守民主的阵营,遵循着正规的法统",②促进民主建设。

"黄氏多年从事新闻事业之经验,以及盱衡世界民主国家的趋势,其言论不但不落入窠臼作一般泛泛之论;抑且深入浅出,譬喻周详,引人入胜,故影响深远。"③

三、考察指导东南亚侨报

20世纪五六十年代,由于美国的"新亚洲政策",很多国家或明或暗陆续与中国政府建交,东南亚华侨也和大陆接触密切,台湾当局方面感到局势非常紧张。于是,他们将侨务方针确定为:分区改进侨团组织;扩大侨社国民外交,维护侨胞权益;辅导侨社增设华文教育,推行中华文化复兴运动;辅导华商发展现代企业,鼓励投资及贸易。这一切其最终目的,就是争取台湾在外交方面的主动权。

黄天鹏是侨乡子弟,深谙各地侨情,"对于侨务问题,时有切肤之感"④。

---

① 黄天鹏.新闻教育四十年(上篇)——中国新闻教育的创办与变迁[M]//天庐论丛——黄天鹏先生执教四十年纪念文集.台北:黎明文化事业股份有限公司,1981:55.
② 刘百忠.著名新闻学者黄天鹏——简介其一生为我国的新闻及宪政事业奉献[J].广东文献,2005(4):42.
③ 陈纪滢.陈序[M]//黄天鹏.天庐论丛——黄天鹏先生执教四十年纪念文集.台北:黎明文化事业股份有限公司,1981:21.
④ 黄天鹏.侨务行政应恢复原建制[M]//天庐论丛——黄天鹏先生执教四十年纪念文集.台北:黎明文化事业股份有限公司,1981:241.

十几年间,他五任侨务委员会顾问,每次会议多有提案供采用,并多次出访,加强和改进侨务工作。

1963年,黄天鹏奉命率团到欧美和东南亚各国访问,顺便考察东南亚侨报。越南华文报纸主要集中在西贡堤岸,经常发行的有早晚报十几家,有的还很有规模。黄天鹏应邀参加越南《新报》社创办的新闻研究班,并发表演讲,作了题为"海外新闻从业员的时代任务"的报告。他以自己的经历勉励记者说:"'新闻记者'是一种最自由、最辛苦也最快乐的职业。我是中国新闻教育初期的学生,出国学习也学这一门。新闻记者是我的本行,抗战发生后为保卫国家才投笔从戎,三十多年来在党政军担任各种职务,最使我留恋的,还是'新闻记者'这一行。所以我们要有敬业乐群的专业精神,为新闻史写下卓越的一章,海内海外比美。"①他建议当地华文报附出越文版,后被华文报采纳。

在新闻研究班上,黄天鹏借用给台湾师范大学华侨新闻专修科毕业生赠言,与新闻研究班上的学员共勉:

> 因为今日的新闻,就是明日的历史。新闻记者就是古代的史官,所以要具有史家的"四识"。什么是"四识"呢?就是"史才""史学""史识""史德",以现代术语来说,做一个优秀的新闻记者:一、要有天赋的才情,下笔千言,文不加点,倚马可待。二、要有广博的学问,上自天文,下至地理,无所不通。三、要有高瞻的见识,慎思易辨、见解正确、判断无误。四、还要有高尚的品德,记载立论,有责任感,一文一字,均有益社会人群。具有这四种才德,才是全才的记者,也可说是训练记者的鹄的。②

---

① 黄天鹏.新闻教育四十年(下篇)——自由中国新闻教育的复兴[M]//天庐论丛——黄天鹏先生执教四十年纪念文集.台北:黎明文化事业股份有限公司,1981:74.

② 黄天鹏.新闻教育四十年(下篇)——自由中国新闻教育的复兴[M]//天庐论丛——黄天鹏先生执教四十年纪念文集.台北:黎明文化事业股份有限公司,1981:73-74.

第二章 以革新新闻业为基点：
黄天鹏新闻实践活动研究

黄天鹏早年就开始从事新闻活动,有着丰富的新闻实践经历。一开始,他看到新闻界的不足,就开展批评,尝试改革。后来他又接触西方新闻思想,并结合中国新闻界的实际状况和借鉴西方新闻事业发展的先进经验,注重和倡导新闻事业的革新,努力推动新闻事业的发展,开创新闻事业的新时代。

第一节 初入报界,立志革新

1921年,黄天鹏在汕头做报馆访员,开始了他的记者生涯。1929年,他因故离开《申报》,这一时期是黄天鹏新闻记者生涯的第一阶段。

一、学生时代的报刊活动

出于对新闻的特殊兴趣,黄天鹏在学生时代就开始了他的办报活动,足迹遍及汕头、厦门、北京三地,主要是担任报馆编辑和访员。

(一)在汕头做访员走上新闻记者之路

1920年,黄天鹏离开故乡普宁到汕头读书,学名为黄鹏。他一边读书,一边在亲戚开办的报馆里做访员,投一些关于学生文艺、教育消息之类的稿件,这是他从事新闻记者职业的真正开始。汕头报业历来十分发达,民国初年,汕头更是报馆林立,有《观潮》《沱江潮小报》《大风报》等。因史料所限,黄天鹏当时做访员的是哪家报馆,暂时还无从查证。

黄天鹏当时在汕头做访员的情形,张一苇曾这样在书中记载道。

他课余的时候,便独自跑到各热闹场所去游逛,有时遇到新发生的事情,如获珍宝似的,立刻回到学校内,写出来投到报馆。第二天同学还没有起床的时候,他已立在校门口,等候送报的了。有一天在深秋的时节,树叶都辞别了树枝,带着伤感的样子,飘零遍地。地面披了一层薄霜,他立在学校门口,四下里张望,鼻子冻得红红的,但他非等到他要买的那张报,否则是不肯回校的。他拿报到手,旁的不先看,急迫地翻到本埠新闻栏,看有他那篇稿子没有。假如登出来了,他便手舞脚蹈,心内乐得不知如何方好。倘若没有登出,他便垂头丧气,一声不响地回到房里,同学便以向日调笑他的口调说:"报迷!你那篇新闻又登出来了罢?"他对新闻的嗜好,一天深似一天。他以为操笔墨的工作,做新闻记者的生涯,实有无穷的快乐,尤其是精神的快乐。他便不顾一切地毁誉甘苦,继续地努力干下去了。①

每当有作品刊登在报纸上时,黄天鹏会比在学堂里得了"贴堂文"或"第一名"还要兴奋。当时他还是在校学生,社会活动多有不便,于是他就把学名"黄鹏"改成了"黄天鹏",并一直沿用下来,后来就很少人知道他原来的学名了。②暑假里,他也不回家,在汕头补习英文,一有时间则到报馆去帮助编辑们整理和校对稿子。

(二)初识新闻学即大胆开展报纸批评

1922年暑假,黄天鹏从汕头转学厦门美华学院。一方面继续求学,另一方面仍担任报馆的通讯员,同时作为汕头报馆派驻福建的特派员。在美华学院图书馆,他读到松本君平的《新闻学》和休曼的《实际应用新闻学》等书后,因不满意暮气沉沉的"老枪记者",就结合自己报纸工作经验,对当时报纸流弊进行批评,引起了笔战。在厦门期间,他还曾有一篇通信得罪了当道者,因而受到警告,为此他只得北上。

到了首府北京,黄天鹏在北京平民大学读书之余,兼做报馆的通讯员和编辑。他感到京城的报纸在物质方面不及上海,而编制方面却较上海精彩得多,社论纪事也往往出自名家之手。因此闲暇之时,他便把许多在京城中不能发

---

① 黄天鹏. 新闻记者生活的回顾[J]. 读书月刊,1931(6):100-101.
② 黄天鹏. 新闻记者生活的回顾[J]. 读书月刊,1931(6):100.

表的新闻,还有一些政治的秘闻异事,整理成特约通信稿提供给几个有关系的报馆。这些很有系统而且又经过他传统文学方法组织的材料,竟然很受一些人的欢迎。然而稿酬毕竟非常有限,他又兼做一些报馆的投稿工作,稿件大半使用的是笔名。有些他很卖力的稿子,感觉内容也不错,结果还是给退回来了。后来,他和几个大报的主笔认识了,他们请他写些稿子,他就把从前退回的稿子略微修改后再投过去,居然刊出了。对方还来信说,稿子很好,请他源源不断地赐稿,这些都让他哭笑不得。

后来,黄天鹏还在报馆担任编辑。他本以为京城报纸肯定会先进很多,但看到的却是北京报馆积习深重,也是盛行"老三件":剪刀、糨糊和红墨水。编辑只需将桌上堆放着的稿件,比如访稿、投稿、通信社稿及来信等逐一翻读,可以采用的就剪下来,用糨糊粘贴一下,最后用红笔勾画,整张报纸的编制就算完成了。这些墨守成规的做法,让他颇感失望和不满。

二、进入《申报》,尝试改革

20世纪20年代末,我国平津一带的报纸仍保持以新闻编排与学术论文及副刊为重的风格,而当时的国际商业中心上海的报纸则大相径庭。它们迎合经营和市民意识需要,着重于刊登广告与娱乐新闻,有时甚至为了迁就广告客户要求而不顾及新闻版面的完整,商业气息浓厚。

图2-1 黄天鹏在《申报》编辑部

(一) 主编《申报》要闻版建议采用综合编辑法

1928年9月,黄天鹏从北京来到上海。正值《申报》协理汪英宾刚从美国学习新闻学归来计划革新《申报》,加上潘公展离开《申报》到上海市政府任社会局局长之职。在汪英宾引荐下,黄天鹏拜见了《申报》总主笔陈景韩。陈景韩对他送阅的文章很欣赏,谓有"史家笔调"。黄天鹏因此进了《申报》并担任要闻版主编,主要负责电讯编辑,补了潘公展的空缺。当年《申报》电讯以长江分为南北,"南方以南京为中心,长江以南属之;北方以北京为重镇,长江以北属之。编南京电报之胡仲持兄说:'你从北京来,就编京津电报吧!'北京电报本来是他编的,编南京的是潘公展"。①

《申报》是当时全国第一大报,但是版面编排还是很保守,稿件都是采用地域分类编辑法,相关新闻"散见于要闻版、国际版、本市版或通信各版中,例如记载双十节国庆纪念,国府举行庆祝大典,是登在要闻版,而驻美大使馆招待使节,则见诸国际版。本市庆祝盛况却又刊载在市闻版,如此将同一性质之新闻,散见各版,散漫无章,读者阅读亦感不方便"。②

黄天鹏担任《申报》要闻版主编期间,曾向陈景韩和汪英宾建议,将地域分类编辑法改为按稿件内容分类的综合编辑法。这是类似专题式的编辑方法,"以新闻之事件为单位,同一事件,不论其由何地发来,皆把它综合起来成为一条新闻,此种编辑法首创于美国,因此又称为美国编辑法"。③ 1927年3月,天津《大公报》在国内最先使用这种编辑方法,主要是对日本报纸编排方式的效仿。④ 黄天鹏对综合编辑法的认识可能来源于早期新闻学书籍尤其是日本的新闻学著作的影响。而且,来《申报》工作前,他也曾去过日本,读过一些日本报刊,考察过一些日本报馆。

黄天鹏试图将这种先进的报刊理念引入《申报》,将同一性质的新闻,不分

---

① 黄天鹏.一代报人潘吴兴——申报百年来之复兴人物潘公展[M]//天庐论丛——黄天鹏先生执教四十年纪念文集.台北:黎明文化事业股份有限公司,1981:338.
② 楼榕娇.新闻文学概论[M].台北:学生书局,1979:83.
③ 刘元剑.新闻学讲话[M].上海:乐华图书公司,1936:91.
④ 陈志强."综合编辑法"与中国近代报纸新闻的转换[J].中国出版,2009(11月下,12月下合刊):116-118页.

国内外,编辑在一起刊载,并注重组版艺术,但是他的建议未获采纳,①使得《申报》失去了一次提升新闻品质的机会。到 30 年代,综合编辑法在上海报纸上日渐盛行后,《申报》才开始采用这种编辑方法,但已明显落伍了。

(二) 投身报业做"完全的新闻记者"

新闻记者的生活非常清苦,但是黄天鹏却兴致勃勃,因为他从清苦中感受到了乐趣。他的志愿就是"继续遵守着平生的信条,有充分的学养,有丰富的经验,有高尚的人格,始终做个完全的新闻记者"②。

上海报馆的编辑工作和北京的有很大不同,主要表现就是:上海报纸印刷机械精良,印报时间大为缩短;消息又很多是通过电报传递的,所得消息越新、越快,新闻价值就越高。电讯主编属于内勤工作,黄天鹏每晚七八点到报馆办公,把上海各大报尤其是与《申报》竞争激烈的《新闻报》《时报》等内容比较一下,看看哪一消息是自己所独有的。对于同样的消息,他则看别家报纸是怎样取材、编制标题的,比较谁优谁劣。"最忙的时候是午夜后,各地电讯陆续飞来,这时脑要想、眼要看、手要写,才能胜任。看完大样,已是凌晨五点左右了。"③他有时甚至在报馆过夜,伴着隆隆的机器轰鸣声酣然入梦;有时忙到下午一点多钟才吃午饭,搞得疲惫不堪。但这些实际的工作和繁重的训练不仅使黄天鹏从中获得了丰富的办报经验,而且培养了他艰苦耐劳、不挠不屈的精神,同时也给他留下了深刻的记忆。

> 回忆往事起来,黄金时代的青春,我已把她埋葬在故都的黄尘中了。剩下来的又流连着异邦的花草。而最使我感念的还是春申江上的望平街头。那时我还年轻,每晚在热闹繁华的南京路上,从士女如云的蕆(秽——笔者注)中,挤进了屹立五六十年的巍楼,剪刀糨糊红笔度着深宵,等到一张报纸的完成,已是晨鸡报晓的辰光了。在疏星晓月中钻着归程,由清冷的望平街折入四马路……路旁早间红灯绿酒的楼阁,清歌妙舞的台榭,才一转瞬间就像死一般的沉寂。啊啊!

---

① 黄天鹏.新闻教育四十年(上篇)——中国新闻教育的创办与变迁[M]//天庐论丛——黄天鹏先生执教四十年纪念文集.台北:黎明文化事业股份有限公司,1981:39.
② 黄天鹏.新闻记者生活的回顾[J].读书月刊,1931:112.
③ 黄天鹏.新闻记者生活的回顾[J].读书月刊,1931:112.

这种栉风沐雨的新闻记者生涯,已把我促进"哀乐的中年"了。①

然而,新闻记者也有新闻记者的乐趣。黄天鹏认为,新闻记者有三知:一是易知。新闻纸是社会的缩影,新闻记者是社会的耳目。上自天下大事,下至里巷琐闻,新闻纸无所不包,新闻记者无所不知,甚至政海秘闻、名人轶事以及社会黑幕,新闻记者都较容易获悉。二是先知。社会上新闻事件发生了,第一个知道的常常便是新闻记者,登到报上,然别人才知道。还有一种消息不能立即见报的,如政治、军事等方面的内容,还要等到适当的时候才可公布。不能发表的国际秘密、公案内幕等,新闻记者不但可以先知,而且有独占先知的幸福。这是做别种事情所不能享受的酬报。三是多知。新闻记者接触的人物多,了解社会深。上自达官贵人,下至贩夫走卒,上中下各阶层人物都交往,可以体验种种人生,增加各种阅历,扩充视野。②

三、离开《申报》,事出有因

1929年8月至9月间,黄天鹏从《申报》辞职前往日本留学。关于黄天鹏从《申报》辞职赴日留学的原因,学术界对此却有很大分歧。

(一)因北洋政府追捕而流亡日本学习新闻学的说法存在时间混乱

有学者认为:1928年因国民党人在《新闻学刊》编辑部所在地"新书林"召开秘密会议,被北洋军阀政府警察厅查封,黄天鹏遭到通缉,被迫流亡日本,先在东京新闻研究所学习,后转入早稻田大学新闻系。此间他一方面读书,另一方面作了大量调查,了解日本新闻事业发展情况,广泛搜集新闻学资料。③台湾中国宪法学会的《黄代表天鹏先生暨德配卢议员小珠夫人七秩双庆序》也记载,黄天鹏当年是"以《新闻周报》(周刊——笔者注)为掩护,实革命工作之进行……事发而东渡日本,学成而专治新闻"。④这类记载还有多处,不再一一

---

① 黄梁梦(黄天鹏).新闻记者的故事[M].上海:联合书店,1931:2-3.
② 黄天鹏.新闻记者生活的回顾[J].读书月刊,1931(6):111-112.
③ 马光仁.近代上海新闻界的对外交流[M]//林克.上海研究论丛(第19辑).上海:上海社会科学院出版社,2009:151.
④ 中国宪法学会.黄代表天鹏先生暨德配卢议员小珠夫人七秩双庆序[M]//黄天鹏.天庐论丛——黄天鹏先生执教四十年纪念文集.台北:黎明文化事业股份有限公司,1981:362.

罗列。对上述观点，我们认为在时间上存在明显混乱。黄天鹏确因北洋政府的追捕而流亡日本，但是时间却是1928年，而留学日本学习新闻学则是1929年，是他从《申报》辞职以后的事情。

根据黄天鹏在《新闻学刊》中的《别来无恙》一文记载：1928年他因北洋军阀追捕，"从此而津而沪而宁而日，东南西北，像野鬼觅食一般地游荡"。① 他在《西来佛金刚法会——记班禅活佛献戒林主席遗事》一文中也说："北伐前岁，我在北京军阀铁蹄下逃遁至日本。"②"北伐"一般认为是1926年至1928年底。此外，《佛国听经记》是记述黄天鹏在日本考察佛经的事情，该书名最早出现在1929年6月出版的《报学月刊》第四期上。该期《卷末杂记》也提到黄天鹏去日本是"旧地重游"。③ 这些至少可以说明1929年6月前黄天鹏应该去过日本。

再如《别来无恙》一文所述，黄天鹏是在1928年初从广东回到北京的，因张一苇被捕，他受到监视，被迫离京南下。同时有文献表明，8月，他和徐宝璜、成舍我等还发起并参加了邵飘萍和林白水的追悼大会，说明这时他又已回到了北京。由此推断，黄天鹏是在1928年初至8月间逃亡日本的。因在逃亡期间北京安国军政府大元帅张作霖被炸身亡，北洋政府垮台，他不久就又回到了北京。

根据《新闻讲话——在上海新闻学会欢宴席上》一文等确凿史料，黄天鹏是1928年9月，在北京编辑完成《新闻学刊》第五期后，应聘到上海担任《申报》要闻版主编。去日本留学主攻新闻学则是他在《申报》辞职后1929年初秋后的事情。黄天鹏也曾说过："我因急于南返参加革命工作，又兼治政治经济专科，结业南下，等到北伐成功，才到日本继续研究新闻学。"④

由于此前因惧"北京军阀的铁蹄"逃亡日本和从《申报》辞职赴日留学这两件事相隔时间很短，只有一年多时间，所以导致后人的有些史料将不同时间发生的这两件事混在了一起。

---

① 黄天鹏.别来无恙[J].新闻学刊,1928(3):2.
② 黄天鹏.西来佛金刚法会——记班禅活佛献戒林主席遗事[M]//天庐论丛——黄天鹏先生执教四十年纪念文集.台北:黎明文化事业股份有限公司,1981:345.
③ 天庐(黄天鹏).卷末杂记[J].报学月刊,1929(4):107.
④ 黄天鹏.新闻教育四十年(下篇)——自由中国新闻教育的复兴[M]//天庐论丛——黄天鹏先生执教四十年纪念文集.台北:黎明文化事业股份有限公司,1981:39.

（二）黄天鹏因写有批评《申报》标题的文章被迫辞职赴日留学

黄天鹏在《一代报人潘吴兴》一文中说："报学杂志（笔者注：即《报学月刊》）刊有一篇《论新闻分类和综合编辑法的得失》，引用报纸标题，其中论及《申报》，编辑部有人疑心是我用别名写的，以我为同仁之一尤其是主编，有意见不妨向陈总主笔或张总编辑甚至史馆主提供，不宜另外批评。馆方既不满意，我只有辞职，经英宾、君豪诸兄的调处，以太平洋学会正在日本开会，这时公展先生希望我参加市党部工作，我志在远游，只有婉谢。"①

1975 年，黄天鹏又曾在《新闻教育四十年（上篇）》一文中说："在（笔者注：即《报学月刊》）第四期里面有篇谈到《申报》的编辑和标题，馆主史量才先生读后，很不满意，有人告诉他是我写的，城门失火，被逼辞职，适太平洋学会将在西京召开，《申报》给我个特派员名义，会后就留在东京读书。"②

台湾著名新闻史学者朱传誉也认为："因（笔者注：即《报学月刊》）第四期有黄氏批评《申报》标题文字，黄氏被迫辞离《申报》，赴东京，《报学月刊》随之而停。"③

根据黄天鹏本人的叙述和旁人的考证，可见黄天鹏是因写作批评《申报》标题的文章招致馆主史量才不满而辞职并前往日本的。

（三）黄天鹏批评《申报》标题的文章应是《新闻之标题》一文

尽管黄天鹏本人和朱传誉都明确说是因在《报学月刊》第四期上发表的文字导致他辞职。但笔者翻遍《报学月刊》第四期，并未查到《论新闻分类和综合编辑法的得失》一文或者是直接批评《申报》标题的文字。倒是在《报学月刊》第三期上发现了一篇署名为"阙如"的《新闻之标题》，而且文中确实引用了《申报》1926 年 4 月 25 日第 13 版、15 版的两个标题：《英庚款委员团消息》《昨有条银与军用样品运宁》，认为这两个标题"不能提示新闻中最重要的事实，缺乏对读者的吸引力"，尤其是第一个标题"最落陈腐的窠臼，最是要不得；因为这

---

① 黄天鹏.一代报人潘吴兴——申报百年来之复兴人物潘公展[M]//天庐论丛——黄天鹏先生执教四十年纪念文集.台北：黎明文化事业股份有限公司,1981：338.
② 黄天鹏.新闻教育四十年（上篇）——中国新闻教育的创办与变迁[M]//天庐论丛——黄天鹏先生执教四十年纪念文集.台北：黎明文化事业股份有限公司,1981：39.
③ 朱傅誉.中国新闻事业研究论集[M].台北：台湾商务印书馆,1988：208.

个题目,可以算得丝毫没有提示,不妨天天拿来用,用至百数十次也不必更改的。如是编辑员固然省力了,可是读者受苦至于不可胜计!"①

根据以上史料,我们认为黄天鹏批评《申报》标题的文章应该是发表在《报学月刊》第三期,而不是黄天鹏和朱传誉所说的《报学月刊》第四期,这篇文章的准确题目是《新闻之标题》,而不是黄天鹏所说的《论新闻分类和综合编辑法的得失》。有学者认为,《报学月刊》第四期《论新闻分类和综合编辑法的得失》一文在再版时被删掉了。笔者认为这种说法并不合理,《报学月刊》第四期的《卷末杂记》中的一段文字可以作为佐证。黄天鹏写道:"这期印好递到读者之前,编者已流浪到樱花三岛了。旧地重游,大概总可以带点新鲜的东西回来,为本刊换个新的口味。七月份的本刊暂停一期,(本刊定例寒暑停刊)八月归来照常出版,自第二卷(即第五号)起,外观内观,又是另一番新局面了。"②这说明在《报学月刊》第四期出版前,黄天鹏就已经决定去日本了。只不过当时他并没有决定留日学习新闻学,而是以《申报》特派记者的身份采访报道在日本召开的太平洋国际学会第三次年会,所以说"八月归来照常出版"。但是会后他没有按计划回国,而是决定留在日本学习新闻学。

《天庐论丛》中《新闻教育四十年(上篇)》一文关于"批评文章是在《报学月刊》第四期"的内容写于四十六年后的1975年,对年逾七十的黄天鹏来说,出现一些记忆差错也是可以理解的。朱传誉的《中国新闻事业研究论集》出版时间是1988年,他之所以也认为是第四期,应该是受黄天鹏《新闻教育四十年(上篇)》一文的影响。

第二节 《时事新报》十年

1930年底,黄天鹏进入《时事新报》,历任通信部主任、要闻编辑、副刊主编、总经理协理、总经理、总编辑等职。他厉行改革,注重将新闻理论运用于报业实践,为《时事新报》的发展做出了重要贡献。

---

① 阙如(黄天鹏).新闻之标题[J].报学月刊,1929(3):63.
② 天庐(黄天鹏).卷末杂记[J].报学月刊,1929(4):107.

一、组办新闻讲习班

图2-2 30年代的黄天鹏

《时事新报》与沪江大学合办新闻讲习班，目的是对有志于新闻事业的青年及在职新闻人员进行培训。新闻讲习班后来又发展成为新闻专修科，成为最早的报馆与大学合办的新闻教育机构，开辟了一种理论与实践相结合的教学新途径，为培养新闻专业人才、改变从业人员结构做了初步尝试。

（一）新闻讲习班创办的背景和过程

新闻讲习班是《时事新报》老板张竹平为实现他的"报业集团托拉斯"之梦而创办的。新闻讲习班首倡者是张竹平，实际负责人是黄天鹏。

1927年，史量才收购《时事新报》，为避免外界猜疑，交与《申报》经理张竹平经营。张竹平在接手《时事新报》之初就成立了总管理处，总管理处有张竹平、汪英宾、赵叔雍、熊少豪、潘公弼等人。史量才名为老板，实权却掌握在张竹平手中。

1928年，张竹平购得《时事新报》股权，张竹平以新公司代理董事长名义总揽全局，潘公弼为总经理兼总编辑，汪英宾为经理，熊少豪为协理，赵叔雍为主笔，吴武铭为总稽核，何思诚以编辑主任名义负编辑部实际责任。此外，还有总管理处秘书主任邹韬奋、广告主任郑希陶和副主任蒋介民、陆守伦、庶务汪禹丞（汪英宾之父）以及印刷部主任蒋裕泉等10余人。

1930年，张竹平从《申报》辞职后，亲自经营《时事新报》，组织成立股份有限公司，重新向实业部注册，资产20万元，公司董事会由张竹平、汪英宾、潘公弼、熊少豪、程沧波等人组成，张竹平任董事长兼经理。张竹平还与友人合作接办上海英文日报《大陆报》。这一时期，张竹平的报业集团思想已经开始萌芽，经营"报业托拉斯"的雄心初见端倪。到了1932年，他又创办《大晚报》，并将这三大报纸与申时电讯社联合组成"四社"，初具报业集团的雏形。

早在《申报》任经理的时候，张竹平就一面为史量才主持业务，一面自行兼营馆外报业。成为《时事新报》负责人后，张竹平想把该报办成一份商业化大报,因而急需训练一批新闻人才,以建立企业化的基础,实现"托拉斯"之梦。就在此时,沪江大学(今上海理工大学的前身)首位华人校长、留美博士刘湛恩正筹备城中区商学院,拟开办新闻科。两人都觉得报馆与大学合办新闻科是最理想不过的事,因为报馆的董显光、潘公弼、汪英宾、曾虚白及曾在《时事新报》担任过主笔的陈布雷、程沧波都是现成的好教授。黄天鹏此时恰从日本留学回到上海,他既对新闻学理论有着高深造诣,又有着丰富的实践经验,经汪英宾邀请,担任《时事新报》通讯部主任。

合办新闻科的筹备事项本由汪英宾和黄天鹏共同负责。但是由于黄天鹏是通讯部主任,其重要任务之一就是以函授和解答的方式训练该报分散于全国各地的通讯员和记者。由于汪英宾又忙于《时事新报》的经营管理事务,所以黄天鹏就成了合办新闻科的实际负责人。后来黄天鹏写道:"民国二十年《时事新报》与沪江大学合作设立新闻科,名义是张竹平先生主持(笔者注:担任主任),我负实际的责任。"[①]所开设的课程也都是由黄天鹏负责设置安排的。

(二) 在新闻讲习班践行新闻理论与实践结合的思想

在《时事新报》办新闻讲习班,培养实践型人才,和黄天鹏向来主张的新闻理论要与实践相结合、新闻学术研究不能束之高阁,应该普及化、应用化的思想是一致的。黄天鹏在日本留学时期,对于日本新闻研究所实行的"三联制"就极为赞赏,因此,他非常重视新闻实践教学。所谓"三联制"就是将教学(办有新闻学院和函授学校,印行《新闻大学讲义》十二讲)、实习(附设《新闻日刊》)、研究(新闻研究所本部)三个方面结合起来的一种教学模式。

1930年,新闻讲习班开始招生,训练新闻人才。第一班是试办性质,只招收了二十余名学生,录取标准注重国文、英文、

图2-3 黄天鹏与夫人卢小珠

---

① 黄天鹏.新闻教育四十年(下篇)——自由中国新闻教育的复兴[M]//天庐论丛——黄天鹏先生执教四十年纪念文集.台北:黎明文化事业股份有限公司,1981:72.

历史、地理及时事测验成绩,设在《时事新报》三楼会议室上课。等到沪江大学城中区商学院落成时,新闻讲习班才移到博爱路大厦。试办一期即于1931年改为沪江大学新闻科(夜间部)。所谓夜间部就是学员日间均工作,夜间才来校读书,对工作无妨碍。1932年,沪江大学改新闻科为新闻系。

因合作办学原因,沪江大学新闻科的学生大多进入《时事新报》工作,如经理部经理郑希涛,编辑部的朱云光、聂世琦、黄奂若以及记者卢小珠①等。一时间,沪江大学籍的学生在《时事新报》同人中所占比例最高。沪江大学学生也是《时事新报》重要读者群之一。

(三)黄天鹏在沪江大学新闻科办学中的创新

在黄天鹏的实际主持下,于1931年创办的沪江大学商学院新闻科由《时事新报》《大晚报》《大陆报》、申时电讯社与沪江大学合办,是中国新闻教育界最早的报界与大学合办的新闻教育机构。"今日沪江大学之城有中区商学院,并设新闻学科,实以当时合办之新闻为嚆矢。"②它既不同于单纯的媒体办学,也不同于大学新闻系聘任报馆记者担任教授的办学方式,具有多方面的创新。

1. 从管理层上来看,沪江大学新闻科是媒体主导,校方和媒体共同管理

沪江大学新闻科的管理方式,既不同于单纯媒体办学的媒体管理,也不同于大学新闻系的校方管理。1931年秋,沪江大学商学院创办新闻科时开宗明义地表示,"近世文明有三大势力:一曰科学,二曰商业,三曰报业"。可见该校高度重视报业的社会地位。《沪江大学丛讯》对该专业创办缘由做了说明:"本埠《时事新报》以积年之努力为社会所推选,顾以审察报业专才之缺乏与报业前途之远大,拟开办新闻学专修科以宏造就。会本校商学院亦感于商业与报业关系之密切,正筹商就原有新闻学课程另加厘订扩而充之。"③可见,这次合作办学的发起者是媒体。沪江大学新闻科设立新闻学科指导委员会,敦请新

---

① 即卢钰,黄天鹏的夫人。祖籍江苏,上海大夏大学毕业,后又入沪江大学新闻科。毕业后进入《时事新报》担任记者,主编《妇女》周刊。她提倡女子教育,呼吁女子欲求平等,应当从教育入手。抗日战争后赴四川,任青年会伉俪会会长,发起中华妇女职业互助会。抗战胜利后任中国妇女会常务理事,中国出版社南京社社长。1949年去台湾,主要从事妇女运动工作,曾任台北市议员,为"中国出版社"台湾分社创办人。

② 潘公弼.沪江大学与《时事新报》[J].天籁,1936(2):21.

③ 王晓乐.民国时期经济新闻教育的理念与实践[J].中国出版,2012(12):37.

闻人担任委员,共策前进。芝加哥大学硕士生毕义思担任新闻科事务主任,张竹平担任系主任,后来又由《申报》协理汪英宾继任。直到1935年,才聘任第一位留学美国密苏里新闻学院的中国人——黄宪昭为系主任。

可见,沪江大学新闻科虽然是大学新闻系,但创办之初主要是由报馆管理,校方仅是合作方。

2. 从师资队伍上看,双方共同负责,同等待遇,不存在相互聘用问题

沪江大学商学院新闻科的师资主要来源于《时事新报》《大晚报》《大陆报》和申时电讯社,其中"以时事新报同人为基本教师"①。潘公弼是《时事新报》主笔,在新闻科教评论;汪英宾是英文《大陆报》经理,在新闻科教报业管理;黄天鹏是《时事新报》副刊《青光》的主编,在新闻科教报刊文学;陆梅僧是联合广告公司经理,在新闻科教广告学。英文翻译等课程则由沪江大学教师担任。

3. 沪江大学新闻科设有媒体奖学金,为家境贫寒的学生提供学习机会

"该科承《新闻报》捐赠奖学金两名,《时事新报》《大晚报》各捐赠一名,每名每年洋八十元,学期终了,择优奖给。"②

报馆与大学合办新闻教育机构的设想最早可以追溯到20年代。"早在1919年全国报界联合会成立之时,上海报界就曾计划筹办新闻学,培养专业人才,但归于泡影,未能落到实处。"③在上海新闻记者联欢会三周年纪念会上,戈公振提出,"本会又觉民国新闻人才缺乏,故主张由庚赔款之一部分,以办理完美独立之实用之新闻学院,附属于国立大学名义之下,由大学与报馆共同管理之。总之,本会努力于修养方面,使人知尊重新闻事业之职业。希望能由储蓄方法,自建会所,并希望此种组织,遍于全国"。④ 不过,这种设想在当时并没有实现。

---

① 潘公弼.沪江大学与《时事新报》[J].天籁,1936(2):21.
② 龙伟,任羽中,王晓安,等.新闻教育机关概况[M]//民国新闻教育史料选辑.北京:北京大学出版社,2010:96.
③ 赵建国.上海新闻记者联欢会与近代新闻业的职业化[M]//转型中的近代中国:近代中国的知识与制度转型学术研讨会论文选(上卷).北京:社会科学文献出版社,2010:235-236.
④ 记者联欢会三周纪念记[N].申报,1924-11-17.

二、改革报纸版面

黄天鹏进入《时事新报》后,一边整理资料、编写教材、培训记者,一边推行新闻综合编辑法,对该报的版面进行改革,开辟言论版,引领报型新风。

(一)首创一版为要闻版

20世纪20年代末,上海报纸第一版的内容编排是随意的,既有重大新闻,也有一般时事,还包括声明、启事、广告等其他方面的内容。《时事新报》第一版不登要闻,几乎全为广告。黄天鹏刚刚进入《时事新报》时,就"参照日本报纸版面对《时事新报》进行改革,将第一版改为国内外及地方要闻版,使读者对当日之国内外要闻一目了然,为中国报纸版面之一项革新"①。

这一改革,使《时事新报》焕然一新,深受广大读者的欢迎,其他报纸也纷纷仿效,成为现代报纸的流行版式,沿袭至今。黄天鹏也成为中国报纸一版为要闻版的首创者。②

(二)实行新闻综合编辑法

1930年黄天鹏从日本回国后,受邀担任《时事新报》编辑和通信部主任。其间,《时事新报》采纳了他建议的综合编辑法。作为一种多角度综合报道的模式,综合编辑法"调动了编辑和记者的主观能动性,促成了报纸新闻从'有闻必录'向深度报道的过渡,从而使近代报纸新闻版面的内容和形式都发生了显著的变化"③。在《时事新报》的带动和影响下,"此种方式不久就风行遐迩,杭州、汉口各报,均效仿此种版式,几乎成了翻版"④。虽然《大公报》在我国最先使用综合编辑法,但是其影响力主要是在北方。"综合编辑法能在我国报界被普遍采用,与《时事新报》采用该法有很大关系。"⑤

---

① 甘险峰. 黄天鹏的新闻生涯[N]. 太原日报,2012-08-28.
② 黄羡章. 黄天鹏——我国现代新闻学的勇敢拓荒人和默默耕耘者[M]//潮汕民国人物评传. 广州:广东人民出版社,2008:185.
③ 陈志强."综合编辑法"与中国近代报纸新闻的转换[J]. 中国出版,2009(11月下、12月下合刊):116.
④ 楼榕娇. 新闻文学概论[M]. 台北:台湾学生书局,1979:83.
⑤ 张振亭. 专业化与大众化:黄天鹏新闻思想与实践研究[M]. 南昌:江西人民出版社,2014:179.

（三）开辟言论专版

为充分发挥舆论的作用，黄天鹏提议在《时事新报》开辟言论专版，[①]"以充实社论的质量和贡献立言的机会，增加评议的对象，以形成舆论的总汇"[②]。

1931年12月10日，《时事新报》鉴于报纸使命"非惟报之，并应导之"，"兹县（现）拟标的四端：一曰充实社评之质量，一曰贡献立言之机会，一曰增加评论之对象，一曰兴成舆论之总汇，特辟言论版，分门别类，兼收并蓄，务使国内外欲觇各问题各方面之意识者，手此一纸，咸感相当满足"[③]。言论版内容包括社评、时论、选载、译论、书评、通信、杂感、征文等，"将专论、来论、译论及读者投书，专版登载，充分发挥了新闻舆论的力量，表达国人舆情，深为读者所欢迎，各报亦相继模仿。此种革新版面，犹影响至现在"[④]。但是后来赶上淞沪抗战爆发，报纸减张缩印，言论专版出版不足一个月就中断了。

三、采写系列调查报道

20世纪30年代初期的中国报界，还没有报告文学这种新闻体裁。甚至连"特别栏""边栏"与"辟栏"这些称呼也还处在萌芽状态。各报馆只是把这类报道编排在新闻版的显著位置，以引起读者的注意。《时事新报》却开辟专栏，刊载黄天鹏在东北等地考察、旅行时所写的一系列报道，在上海报界一枝独秀，令国人瞩目。这主要是因为黄天鹏在其间发挥了重要的作用。

早在1930年5月，黄天鹏从日本回国。当时，他正服务于一家通讯社（中国新闻社），所以在途经韩国，绕道俄罗斯境伯力，并深入蒙满各地进行考察的时候，就将游历见闻写成了文章，发表于天津《益世报》、北京《晨报》、京沪的《中央日报》《旅行》杂志等。"其洞察深透，翔实直言，博得广大读者的赞赏"[⑤]，1930年收辑成《日韩俄万里游踪》一书，由汉文正楷印书馆出版。

---

① 楼榕娇.新闻文学概论[M].台北：台湾学生书局，1979：83.
② 天庐（黄天鹏）.青光编辑室的文案[M]//逍遥阁随笔集.上海：上海女子书店，1932：92.
③ 世芬.时事新报[J].中外月刊，1936(4)：105.
④ 楼榕娇.新闻文学概论[M].台北：台湾学生书局，1979：83.
⑤ 黄寿年.三十年代的新闻学者黄天鹏[M]//普宁县政协文史资料研究委员会.普宁文史（第2辑），1988：42.

1931年7月,日军利用侨居在吉林长春附近万宝山的朝鲜人与当地农民因租地挖渠引起的冲突,以保护朝鲜人为由,开枪镇压中国农民,打伤多人,造成"万宝山惨案"。黄天鹏到过日本留学,也曾在北方居住多年,因而被报馆委以特派员身份,赴东北采访。

他们一行三人都是"四社"的,三人分别为黄天鹏、何中孚、郑铁然。8月7日,黄天鹏一行"自沪出发,乘轮经青岛,赴大连,转南满铁路至沈阳,折赴抚顺探矿,再北行莅长春,往万宝山视察既毕,由吉长路赴吉林,由中东路至哈尔滨,北至黑龙江呼海铁路而南返。在沈转北甯路至山海关、秦皇岛、唐山,考察完毕,经平津,循津浦铁路,过首都而归。行期一月有半,为程一万五千里,观感所及,别其缓急,或通信,或电报"①。

黄天鹏将沿途所了解的日本侵略意图和部署以及东北军政当局的松懈情况写成系列文章,报道了日本制造的"万宝山惨案"的真相,揭露日本侵略中国的阴谋,预言日本将侵占东北并扶植溥仪为"儿皇帝"。对于东北军政当局应变的失误,黄天鹏坦率直言:"边患已亟,勖国人猛醒。"这些报道后被辑成《东北经济调查及考察纪要》②,1931年由《时事新报》出版发行。这也是他所写的最具有影响力的新闻特写之一。③

《时事新报》的编辑和报道风格,赢得了同行的肯定和赞赏。当时哈尔滨《国际协报》编辑、天津《大公报》特约记者陈纪滢曾这样写道:"因为《时事新报》在上海报界中的特殊风格与内容,引起我对该报阅读的兴趣。我在新闻版中发现'黄天鹏'这个名字。我看他到各处旅行,参观后所写的有系统的报道,不但文字生动,描写也极为深入……天鹏先生的'特写'从彼时起,一直到他去东北采访'万宝山事件'以及'九一八'后的华北旅行,所写报道性的文章,影响着全国读者的兴趣,并获得广泛的赞誉。他的大名远近传播,名记者的头衔,已不胫而走。"④

---

① 天庐(黄天鹏).东北旅行弁言[M]//逍遥阁随笔集.上海:上海女子书店,1932:115.

② 一说,《东北经济调查》及《考察纪要》。

③ 黄寿年.三十年代的新闻学者黄天鹏[M]//普宁县政协文史资料研究委员会.普宁文史(第2辑),1988:42-43.

④ 陈纪滢.陈序[M]//黄天鹏.天庐论丛——黄天鹏先生执教四十年纪念文集.台北:黎明文化事业股份有限公司,1981:14.

四、主编《青光》副刊

《时事新报》所编两个副刊即具有学术性的《学灯》①和具有文艺性的《青光》,从民国初年维持到抗战胜利后,中间也几度中断。这两个副刊不但深受读者喜爱,而且在学界颇有影响。

《青光》创刊于《学灯》之后,着重于文艺,多刊登文艺作品。主要编辑成员先后有柯一岑、徐志摩、何家槐、孙玉声、汪仲贤、徐卓呆、崔万秋、梁实秋、贾植芳、王世颖、黄天鹏、朱曼华等。

早在1928年黄天鹏还在《申报》任要闻版主编的时候,《上海画报》就曾刊登消息说《青光》开始由黄天鹏兼编。朋友们拿着报纸去问黄天鹏,弄得他莫名其妙。黄天鹏为此写信给《上海画报》创办人钱芥尘,要求更正,特别说明他近来正在专修梵文,没有空闲时间来兼差等。

但是三年后,《青光》果然由他来做主编了。1931年8月和9月间,《青光》因战火停办了三个星期后复刊,黄天鹏负责主编工作,直至1934年冬季。黄天鹏主编副刊《青光》期间,每天在编辑完本埠新闻之后,便根据所思所感,为《青光》撰写卷头语或作谈话式小评。后来,部分文章选辑入《逍遥阁随笔集》和《逍遥阁夜谈选》。《时事新报》总主笔潘公弼对其评价说:"《青光》自天庐(即黄天鹏——笔者注)主编始放异彩。读者常读其浩瀚雄浑之文,当益喜其小品清新平实。"②

---

① 《学灯》1918年3月4日创刊,专载介绍学术,讨论思想的文字,由文人学者投稿,为报纸有学术性副刊的创始。除星期日登载学术文字外,星期一至星期六,按日推出青年生活、科学与生活、古代文化、国民经济建设、新医与社会、通俗文艺等六个专刊。1928年4月4日起,改为《学灯教育界消息》。1929年5月16日改为《教育界》,《学灯》因此终刊。1932年10月23日《学灯》复刊,改名《星期学灯》,主要内容为书报评介、世界文艺思潮介绍、读书随笔、国内文化消息等。1934年6月3日易名为《时事新报学灯》,至1935年9月22日停刊。1937年2月14日《星期学灯》复刊,由薛农山主编,主要刊载有关政治、历史、哲学的论述。1937年8月8日停刊。1938年6月5日《星期学灯》在重庆复刊。1946年4月12日复刊《学灯》,出至1947年2月24日终刊。

② 黄寿年.三十年代的新闻学者黄天鹏[M]//普宁县政协文史资料研究委员会.普宁文史(第2辑),1988:41.

(一) 主持《青光》副刊的内容改革

《青光》起初每周出版六期,周日不出版,后改为每日一期,每期内容约为一万字,初期为整版内容,后逐渐转为半版内容,余下半版登载广告或其他新闻。1931年12月,《时事新报》增辟"言论版"后,《青光》原本的言论方面文章移至言论版,《青光》成为"文艺版",专载文艺和休闲、娱乐的作品。

在主笔《青光》时,黄天鹏每日都会有"一谈","天庐拿他那种会说、会笑、会捣乱的精神,来写随笔,当然妙语连珠,趣味隽永。他在《时事新报》里编电讯外兼编《青光》,天天要在《青光》垫上几句,现在集起来是册很好的随笔集。因为他住在逍遥阁上,所以定名曰《逍遥阁随笔集》。我想,天下之人,无论男子、女子、长子、矮子、秃子、胡子,没有不喜欢读天庐的随笔罢"①。

《青光》的定位"从实质方面来说,是读者新智识的点心;从形式方面说,《青光》是读者工余的音乐"②。因而,黄天鹏将《青光》所刊载的文艺作品分为三类:(1) 纯文艺。以艺术为本位,如短篇小说、滑稽和讽刺的短剧、诗文及美术、音乐、舞蹈等作品。(2) 杂文艺。以趣味为本位,如漫谈、对话、笔记、杂录、谐译等小品。(3) 新闻文艺。以报告为本位,如文学、艺术、游戏、宴会、社交等消息,有社会价值以及各种为多数读者所欲知的小新闻。③

战事稍定,《青光》又出晚版,扩大了读者面。1932年出版《青光特刊》,经理张竹平写了开场白,总主笔潘公弼写作了一篇小品文。总编辑汪英宾擅长书、画、文,人称"三绝",他为特刊画了报头,题写了报眉,还做了文章。后来,《青光》还刊出了一些有对话的幽默插图和讽刺漫画,这也是该副刊的一大创新。

1934年2月10日,黄天鹏在《青光》上登载的《今后的本刊》一文中说:"本刊明日起循例寒假休息六日,至十六日仍照常刊行。在这短短的休刊时间,我们筹划一种新的尝试,希望读者给我们以有力的帮助。"而这种"新的尝试"正是黄天鹏确定的《青光》副刊选稿的标准,主要包括六个方面内容:小评论、小新闻、人物素描、海外茶话、学艺介绍、通信。"至此,《青光》对于来稿有

---

① 章衣萍.章序[M]//黄天鹏.逍遥阁随笔.上海:上海女子书店,1932:2.
② 天庐(黄天鹏).青光编辑室的文案[M]//逍遥阁随笔.上海:上海女子书店,1932:99.
③ 天庐(黄天鹏).青光编辑室的文案[M]//逍遥阁随笔.上海:上海女子书店,1932:93.

了明确的选择方向,而黄天鹏的副刊编辑理念此时也趋于成熟。"①

(二) 主导《青光》副刊的大众化方向

《青光》副刊的大众化特点主要体现在黄天鹏所提出的三个标准:通俗、精悍、趣味。对此黄天鹏设想:

> 今后的《青光》要做到一般人通俗趣味的读物的目的。第一"通俗"。报纸是大众的读物。所以报上的文字必须通俗,以达一般读物的旨趣……第二"精悍"。《青光》的篇幅有限,除了一二篇长篇小说外,当然登载精小短悍的作品;每一篇文字都是明白鲜艳,以少许胜人多许的写作……第三"趣味"。文字要通俗每(勿——笔者注)流为庸浅无味,只短小每(勿——笔者注)变为晦涩难懂,故名贵的题材,曲折的经过,惊人的事迹,应有趣味之笔来描写,才能表现她的特色,一篇短文要充满了人生的兴趣,才是最高的作品。……统而言之,今后文字要"通俗而有吸力"来捉住读者的心眼,要"精悍而有活力"给读者以多量的趣味②。

"副刊是一般人的读物,当然材料要有普遍性质,而且篇幅有限,文字自须'精悍短小'。趣味本来就是新闻(文——笔者注)艺的要素,我们需要有大众趣味的作品。"当然,黄天鹏所倡导的趣味性,不是低级趣味。他认为大众化报刊,包括副刊上的内容,应"有正确的思想,无低级的趣味"③。

1932年初冬,黄天鹏约请当时小说家叶灵凤为《青光》写作一部按日连载的小说,并提出"要通俗一点,以便吸引一般刚从旧小说转向新文艺的读者"。叶灵凤曾说:"这是我第一次有意识地要尝试的大众小说,是想将一般的读者由通俗小说中引诱到新文艺园地里来的一种企图。因此,除了开始的时候我还不曾抛弃我习惯了的笔致之外,一大部分我都是用着极通俗的句法写着。"④这篇小说就是在读者中引起较大反响的《时代姑娘》,在《青光》连载两

---

① 江鸾.黄天鹏与《时事新报·青光》副刊研究[D].南昌:南昌大学,2014:25.
② 天庐(黄天鹏).青光编辑室的文案[M]//逍遥阁随笔集.上海:上海女子书店,1932:94—95.
③ 天庐(黄天鹏).今后的青光[M]//续逍遥阁夜谈选.上海:广益书局,1934:61.
④ 叶灵凤.叶灵凤小说全编(上、下册)[M].上海:学林出版社,1997:472.

个多月。1934年,叶灵凤又应朱曼华约定,给《青光》写了部小说《未完的忏悔录》,大约连载了三个月。

(三) 在《青光》副刊发表宣传抗日的文章

《青光》是消遣、娱乐性的读物,追求文字唯美、小品清灵。黄天鹏又提出通俗、趣味等标准,但是通俗和低俗、高级的趣味和低级的趣味有时候并不是能够分得很清楚。黄天鹏任主编时期的《青光》副刊是新文化与旧文化驳杂、进步与保守共存的,但总体来说,在态度上还是进步的。

30年代初期,中国的报纸副刊基本上还是"鸳鸯蝴蝶派"的天下,以"游戏""消遣"为主。《青光》也发表了一些类似"鸳鸯蝴蝶派"的市民文学,遭到进步人士的抨击。

比如针对叶灵凤先后在《青光》副刊连载的《时代姑娘》和《未完的忏悔录》,有学者就批评说:"二者的女主角皆属荡妇型,虽对旧婚姻制度和妇女观有所批判,但满纸充斥着情场角逐和翻云覆雨的两性心理……叶灵凤说,写《时代姑娘》和《未完的忏悔录》,是为了'吸引一般刚从旧小说转向新文艺的读者',实际上他为了迎合趣味卑俗的读者,从新文艺滑向旧市民小说了。"①叶灵凤在《青光》副刊上连载的小说多以表现性和性爱为主要内容,追求文字的艳丽细腻、情节的扑朔迷离与结构的变化多姿,内容本身也是良莠杂陈的。

鲁迅经常阅读《青光》,但他一生中仅有一篇文章即《当陶元庆君的绘画展览时》发表在《青光》上。他曾在杂文和信件中多次提及《青光》副刊,对该刊刊载的某些保守言论予以嘲讽,或者直接加以批驳。

黄天鹏是在"九一八"事变前后开始主编《青光》副刊的。这一时期正是国家存亡的危急关头,《青光》也积极号召读者同仇敌忾,共赴国难,并决定除了几种特殊的稿件外,尽量刊载救国的文字,比如抗日救国的精短言论、日军侵占东北各种暴行的记述以及用悲壮、沉痛的笔调描写亡国后惨状的写实文艺等,体裁有小说、诗歌、戏剧等。而且,这种稿件一般都会及时得以发表,"以尽全力唤起全国民众的忠魂,一致拯救垂危的民族"②。在《青光》副刊上,仅黄天鹏发表的主张抗日的文章就有《从救国谈起》《马占山帽》《铁血主义》《我们的热血依然奔腾》《"九一八"纪念》等多篇。

---

① 杨义.中国现代小说史[M].第1卷.北京:人民文学出版社,1993:637.
② 天庐(黄天鹏).青光编辑室的文案[M]//逍遥阁随笔集.上海:上海女子书店,1932:96.

1931年12月11日,黄天鹏还以"僧"为笔名刊登《如是我闻》一文,痛批国内那些安天乐命的"误国奴":"误国的永远是误国的,救国的永远是救国的,我们盼望误国者来救国,那是缘木求鱼。我们要救国只有救国者一致联合起来。"他在文章最后提出救国之唯一途径:"我们今日除了全国国民总动员外,绝没有第二条路可走。我们只有铁和血歼寇复土。"当日,《青光》副刊还登载了两篇关于救国的启事,一则是《时事新报青光救国测验启事》,一则是《本刊启事》,告知读者速寄志愿书。①

五、离开《时事新报》

1939年9月17日,《时事新报》刊登《紧急启事》称:"本报前协理兼总编辑黄天鹏先生,主笔薛农山先生业经去职,所有黄、薛两先生此后在外一切活动,与本报无涉,特此声明。"②《重庆各报联合版》停刊不久,黄天鹏便似乎悄无声息地离开了服务已近十年的《时事新报》,进入国民党党政军部门,走上了弃笔从政的人生道路,从此脱离了他钟爱的新闻记者职业。其中原因,在黄天鹏的个人资料中未见有具体说明,后人也未曾言及。笔者根据曾在《时事新报》工作过的张友渔、黄卓明等做的文章以及其他一些史料记载,试对这一问题进行探讨和分析,以洞悉黄天鹏做出这一重大决定的内在缘由和外在影响因素。

(一)原因之一:报馆内部人事大变动

《重庆各报联合版》解散后,由于对联合版结余款项的争夺,造成《时事新报》内部财务纠纷和人事变动,黄天鹏最终被迫离开了《时事新报》。事情的原委大致是下面这样的。

《重庆各报联合版》经理委员会设有办事处,办理结束事宜,还清各报借纸,取还押款,并向贸易委员会核对提纸付款数目。由于贸易委员会运纸价格及各报借纸价格,都按照五十元计算,实际结算价格为四十余元,各报退还了多余押纸款,加之裁售破纸,所以在经营过程中有超过16 000元的盈余,后来移交给了办事处作为处理后续事务的基金及经费。《时事新报》的总经理崔唯吾是办事处主任,所以这笔钱很可能实际上落入了他的手中。

---

① 江鸾.黄天鹏与《时事新报·青光》副刊研究[D].南昌:南昌大学,2014:21.
② 黄卓明,俞振基.关于时事新报的所见所闻[J].新闻研究资料,1983(5):192.

总编辑黄天鹏、主笔薛农山等人要求崔唯吾分红,未能达成协议,崔、薛两人因此发生争吵。薛农山本为军统特务,他拔出手枪对准崔唯吾。崔唯吾面对枪口,吓得不敢动弹。薛农山走后,崔唯吾就贴出布告,宣布解除薛农山的职务。薛农山于是鼓动编辑部和工厂人员罢工,致使报纸停刊数日,崔唯吾最终因此引咎辞职。

事后以调解人身份被派来的原中央银行人事处副处长张万里接任了《时事新报》总经理职务。张万里同报社常务董事李毓万有同乡之谊,又与孔祥熙有师生关系,因而孔祥熙对张万里非常信任和支持。在《时事新报》的人事变动上,孔祥熙对他的工作也很支持。张万里一上台即对报社人事进行了大调整:各部门主持人全部更换,聘谢友兰担任总编辑,黄卓明任采访主任,又另聘张友渔担任总主笔、写社论,并审核其他主笔写的社论,崔敬伯、孙起孟担任主笔。张万里负责写团结抗战、民主宪政以及日本问题等方面的文章,崔敬伯负责撰写经济方面的社论,孙起孟撰写政治、思想等方面的社论。不久,另外两名地下党员陈翰伯、彭友今也相继进入报社担任编辑。① 通过上述可以看出,经过张万里这样调整后,《时事新报》已没有黄天鹏的位置,他只能离开《时事新报》。

(二)原因之二:文人参政意识起作用

历史研究"必须透视正在其研究视野中的人物的内心世界,把握其行为之后的思想状态",否则就不能撰写出适当的历史。② 黄天鹏之所以选择离开《时事新报》,除了人事调动,与其内心中国文人素来就有的参政情结也是分不开的。

当时,文人从政浪潮已很盛行,更何况中国文人素来就有"天下兴亡,匹夫有责"的爱国情怀与"学而优则仕"的远大抱负。他们继承了历代文人"内圣外王""以天下为己任"的政治传统,尤其是当中华民族面临严重社会危难的时候,他们身上的"我不入地狱,谁入地狱"的置身事外、视死如归精神就更加强烈。他们是社会各阶层中受西学影响最深、对现实感觉最敏锐的群体,富于浪漫主义气质和具有乌托邦的理想,总是倾向于社会变革,并且总是扮演激进的角色。他们想与政治权威接近,以实行他们救国富民的主张,这是民国时期许多文人从政的重要内驱力。

---

① 重庆日报社.抗战时期的重庆新闻界[M].重庆:重庆出版社,1995:38-39.
② E. H. 卡尔.历史是什么[M].北京:商务印书馆,2009:108-109.

胡适曾以"在山作得许多声"诗句劝说他人辞官治学,但是抗日战争爆发后,国家已经危在旦夕,文人的救世情怀使得一向提倡对政治保持一种"不感兴趣的兴趣"的胡适也不得不抛弃"二十年不入政界,二十年不谈政治"的承诺,以"先天下之忧而忧"为己任,出而应世,当上了驻美大使。

黄天鹏受传统文化熏陶,在他身上也毫不例外地显露着一种文人参政意识。他曾立志对新闻界革新,要把"笔刀"当"宝刀",做一个有责任感的新闻记者。和胡适一样,黄天鹏也是寄希望于国民党来实现国家富强、民族复兴的历史使命。而当在《时事新报》受到排挤和打压的时候,他必然要为实现自己的抱负寻找出路。

同时,国民政府也想借助这些文人的名声来装点门面。"文人有参与政治、实现理想与抱负的内在需要,而当时执政的国民党也需要借助文人实现意识形态的建构和政治合法化,这种双方面的需要,构成了民国时期文人从政的重要原因。"①

(三)原因之三:国民党高层拉拢

国民党取得全国政权后,就注重在学者中选拔官吏,先后延揽了多位知名学者进入政府为官。地质学家翁文灏、钱昌照分别为国防设计委员会正、副秘书长,翁文灏后来在蒋介石任行政院长期间还曾官至秘书长。清华大学教授蒋廷黻任行政院政务处长,物理学家李书华当上了教育部副部长,还有曾为北平地质调研所所长、又参加过巴黎和会的丁文江,以及南开大学研究院的何廉、植物学家李顺清、化学家徐佩璜、物理学家李耀邦等都先后在政府中任职。"由于意识形态与政治的内在联系,当文人通过构建新的意识形态进入政治舞台时,都自觉不自觉地与中国的政党政治发生了关系",那时的文人,"以政党政治为舞台,以意识形态的创建为己任,不断向政治中心移动,扮演了社会变革主导力量的重要角色"②。

黄天鹏早年就和国民党高层人物潘公展、吴铁城、陈诚等相识,并来往密切。之前,他们都曾多次劝黄天鹏从政,他都未应允。1929年,黄天鹏从《申报》辞职后,潘公展就邀请他参加上海市党部工作,黄天鹏当时志在远

---

① 李晓雨. 我不入地狱谁入地狱——民国文人从政高官升迁路线图[M]. 台湾:台海出版社,2013:1.

② 刘晔. 政党国家的兴起:知识分子与近代中国国家建设[M]//刘建军,陈超群. 执政的逻辑:政党、国家与社会,上海:上海辞书出版社,2005:75.

游,就婉言谢绝了。"一·二八"事变后,潘公展创办新型政论报《上海晨报》,以及抗战胜利后接管《申报》时,都曾力邀黄天鹏加入。在重庆时,潘公展兼任中央政治学校新闻专修科主任,又邀黄天鹏兼课。两人互为芳邻,时常到彼此家中叙谈,关系甚密。

"七七"抗战开始后,军事委员会设立政治部,主管军中政治教育,陈诚的第三厅负责文化宣传。1939年大撤退后,陈诚任政治部部长,决定"重建新闻的长城",建立军报阵容,在政治部内设部报委员会。因黄天鹏在负责联合版期间,和政治部经常联络,所以重庆各报疏散复刊后,他便应军委会政治部部长陈诚邀请,进入了政界。

20世纪30年代,日本加快侵华的脚步,国内局势日益危急,南京政府更加极力拉拢有声望、有地位的学者加入到政府中来为自己的政权服务,给政府"做面子"。这些学者大都是留学归来的"海归派",深受"民主"与"自由"等思想的熏陶,有着较高的学历与专业水平,任教于国内各大高校,尤为集中于北京大学、清华大学、南开大学等早期较著名的学府。在这种大环境下,文人"学而优则仕"的美好愿望与统治者"学而优则用"的治世原则犹如磁场的两极相互吸引,许多学者选择了走进蒋介石国民政府并担任要职,希冀用知识分子的气节与操守涤去官场中陈腐的酸气,挽救民族于危亡,并在当时形成了一个颇具影响力的所谓"学者从政派"。①

因此,随着《重庆各报联合版》解散,一方面受《时事新报》内部人事纠纷困扰,同时又受当时文人从政潮流的裹挟,加之潘公展等人的劝导,黄天鹏既是自愿又是无奈地接受了时任国民党军委政治部部长陈诚的邀请,离开了《时事新报》,走上了一半从政负责军报管理,一半仍从事新闻人才培训等活动的职业道路。

第三节 主持《重庆各报联合版》工作

报纸联合出版现象,在民国新闻史上时有出现。比如上海《新闻报》《民报》《申报》《晨报》《时报》《中华日报》六家大报于1934年元旦联合出版的三期《新闻报民报申报晨报时报中华日报联合特刊》。在这之后,至少还有十七种

---

① 韦陈燮.南京国民政府时期的学者派官员考察[J].青年文学家,2009(2):73.

各报联合特刊。① 抗战时期,《重庆各报联合版》就是其中的一种。但是《重庆各报联合版》出现于特殊时期,"在精神上是各报自由的组合,但在形式上却成为了一个团结的集体。其中报馆系统、人事分配、编辑方式、营业状况、广告情形,以及其得失利弊,都是值得总结,以供以后参考的"。②

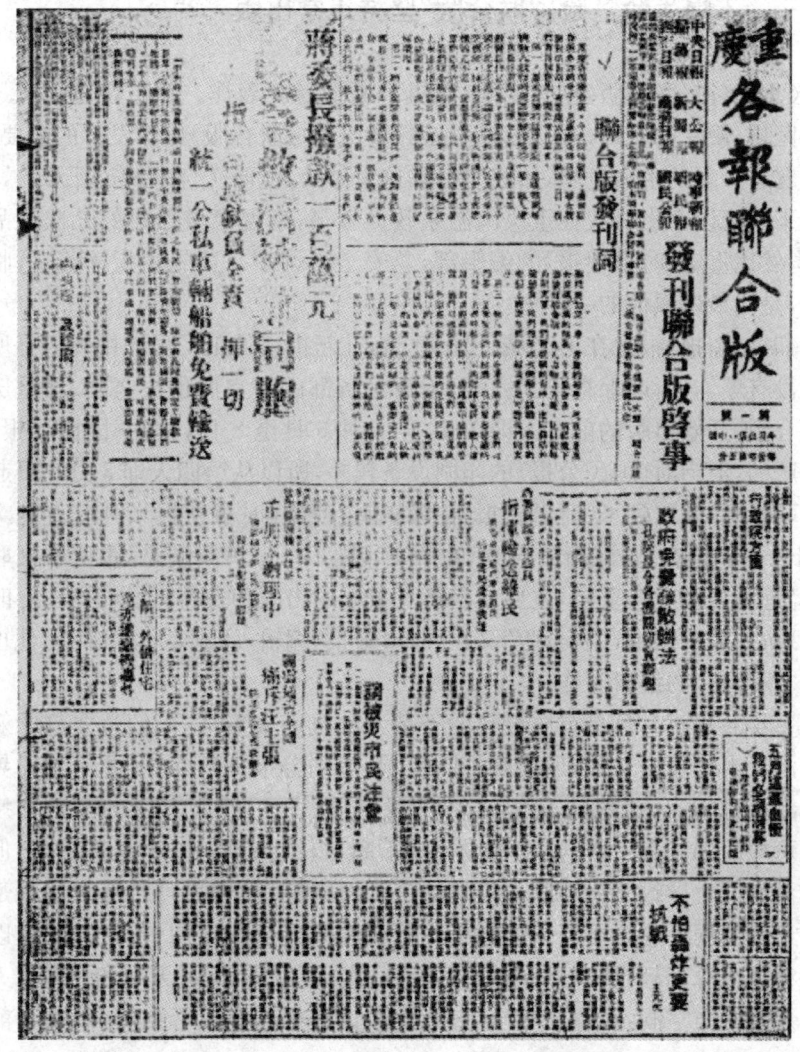

图 2-6 《重庆各报联合版》第一期头版

① 刘继忠. 1934 年"六报联合特刊"的新闻史学意义分析[J]. 国际新闻界,2009(2):124.
② 黄天鹏. 中国报纸发刊联合版的试验[J]. 时代精神,1940(4):80.

《重庆各报联合版》在极端艰难的条件下,发扬威武不屈、同仇敌忾的精神,凝聚报界力量,为抗战宣传做出了巨大贡献。在《重庆各报联合版》的出版过程中,黄天鹏竭心尽力,在多个方面都发挥了重要作用。

一、不惧生命危险,"联合版"坚持正常出版

《重庆各报联合版》创办期间,敌机不断地盘旋轰炸。新街口是重庆最繁华的区域,遭受的轰炸也最多。但是因《重庆各报联合版》出版发行的需要,黄天鹏冒着极大的生命危险,始终坚持在这里办公,他两次侥幸躲过死难。马星野后来回忆说:"当时我在重庆南温泉政大教书,南温泉虽然也好几次遭敌机轰炸,然比重庆《时事新报》的编辑部,总安全得许多。黄先生指挥若定,临危受命,是我最敬佩他的一件事。"①

《时事新报》报社在上半城,傍山建筑,在新街口的工厂虽然中弹但是所幸炸弹没有爆炸,所以保存较为完好,附近经济部的防空洞也很坚固。《重庆各报联合版》开始出版的前三天即1939年5月6日至8日,是在《国民公报》印刷出版的,但当时《国民公报》的印刷设备较差,所以从第四天即5月9日起开始,"联合版"就移到了《时事新报》社编辑,也改由《时事新报》印刷,直到7月12日才搬到设在城外《新民报》馆的第二印刷工厂。黄天鹏是《重庆各报联合版》经理委员会主任委员,主要就是负责报纸的出版和发行,他同时又是《时事新报》协理兼总编辑,"联合版"又在《时事新报》编辑、印刷,所以实际上他也参加了"联合版"的编辑工作。

每年5月至8月是重庆最热的季节。敌机一来轰炸,人们就要赶紧躲进防空洞。半夜警报来了,还要躲进防空洞,等到警报一解除,又要借着摇晃的烛光编稿排印。②炎热的天气,不停的躲避,死亡的威胁,其中的辛苦和疲累程度可想而知。有一次,整夜警报惊扰不断,报纸到了上午才编排出来,但却因为没有电力导致无法印刷。接近中午,时任国民党中央宣传部长的叶楚伧拿着最高当局手谕来要当天的报纸。黄天鹏只能赶紧雇用了一批工人,以人力代替电力总算赶出一部分报纸。还有一次,警报来了,黄天鹏和一名工人没来得及躲入防空洞,就躲在美丰银行门前,谁料炸弹在银行前爆炸,站在前面

---

① 马星野.黄天鹏先生的精神[J].中外杂志,1982(2):9.
② 黄天鹏.中国报纸联合版的试验——重庆各报联合版的创办[M]//天庐论丛——黄天鹏先生执教四十年纪念文集.台北:黎明文化事业股份有限公司,1981:100.

的工友瞬间便倒在了血泊之中,为联合版而壮烈殉职了。① 还有一次,黄天鹏外衣中弹,结果伤及了一位同行记者,他又侥幸躲过一劫。②

7月12日后,《重庆各报联合版》编辑部也迁到了城外的《新民报》报社,经理委员会因新街口交通便利,出于对外联络、报纸发行等方面的考虑,仍旧留在《时事新报》办公,黄天鹏每天都在危险中度过,"在炮火中冒险排难三月",③一直坚持到停刊。

二、积极协调关系,提高"联合版"工作效率

联合版创办期间,由于经常缺水停电,敌机轰炸时有发生,人们听到警报又要躲避,造成整个城市一片混乱,各项工作很难正常开展。而且由于交通阻塞、信息不畅、纸张供应不足,致使报纸出版困难重重。最主要的是,联合版工作由十家报馆人员分担,犹如一个"杂牌联军",惯例不同,意见分歧极大,人事权力又不能统一,甚至还有内部党派斗争。在当时情况下,如何协调维系和统一各报意志,安排配置各部门人员,保证联合版出版,成为最主要的问题。黄天鹏后来回忆说:"这抗战司令台(部)的战时首都只此一家报纸,也是战时人民唯一精神食粮的供应,在枪林弹雨中,这支笔阵联军的统帅和维持,实在煞费经营,我为抗战、为宣传,都尽了最大的努力。"④

联合版的办公和印刷地方全部借用于《时事新报》报社,工作人员基本是《时事新报》原班人马。但各报编辑都依照原来的编辑惯例,标题栏数、字体大小、发稿次序和时间都和《时事新报》不尽相同,发完就走,也不负责大样的检查,这报馆工人无法配合,满腹牢骚。黄天鹏不得不多方劝说,耐心做好他们之间的协调工作。第一夜,黄天鹏看情形不对,便整夜守候着报纸出版,遇到什么问题,立马想办法协调解决。他抱定的宗旨是"只要联合版能够出版,一

---

① 黄天鹏.中国报纸联合版的试验——重庆各报联合版的创办[M]//天庐论丛——黄天鹏先生执教四十年纪念文集.台北:黎明文化事业股份有限公司,1981:100.

② 天庐先生祝寿小组.黄代表天鹏先生传略[M]//天庐论丛——黄天鹏先生执教四十年纪念文集.台北:黎明文化事业股份有限公司,1981:356.

③ 黄天鹏.军事新闻教育的新阶段——从重庆复兴关到台北复兴岗[M]//天庐论丛——黄天鹏先生执教四十年纪念文集.台北:黎明文化事业股份有限公司,1981:77.

④ 黄天鹏.中国报纸联合版的试验——重庆各报联合版的创办[M]//天庐论丛——黄天鹏先生执教四十年纪念文集.台北:黎明文化事业股份有限公司,1981:100.

切劳怨和冒险也无暇多计,我已变成'校长兼校工兼打钟'了"①。

黄天鹏以报馆为家,为联合版的出版日夜操劳。一次日军大轰炸,他最疼爱的儿子黄佩文当时只有八九岁,不幸丧生于逃难的马车之下。佩文聪明过人,三岁就能背诵《三字经》《百家姓》《千字文》,五六岁的时候,就能读报纸的内容了。痛失爱子成为他人生永远不能隐去的痛。

"联合版"发行之初,一切都在混乱状态中。联合委员会每周开一次会,相当于董事会,编辑委员会相当于编辑部,但因采取轮流制,平时遇事也很少商量,所以协调责任便落到处于报纸生产最后环节的经理委员会头上。黄天鹏根据具体事务的轻重大小,将经理委员会分设部课,建立办事制度,规定工作时间,并由各报派遣适当人员,各司其职,厉行考勤办法,提高工作效率,各项工作才逐步走上正轨。

5月下旬,四位工友被炸受伤,其中一名工友因伤重而殉职,使得人心惶惶,报纸出版也因此大受影响。于是,黄天鹏便购买了经济部和青年会的一些防空洞证,分发给职工备用,以笼络和安定人心。②

"联合版"最感困难的就是纸张。经理委员会负责报纸的印刷和出版,但常常是根本没纸可用。"统筹办法,既感运输不易,临时筹措,又常张罗无术,往往奔走终朝,仅能苟延数日。"③为此,黄天鹏要经常和贸易委员会、政治部等有关部门打交道,协调多方关系,以便能够及时解决所遇到的纸张、运输、资金、人员调配等方面的困难,保证"联合版"顺利出版。

三、努力增加发行,扩大"联合版"社会影响

《重庆各报联合版》是当时作为陪都的重庆唯一的"精神食粮",负有鼓舞民众奋起抗战、坚定民众抗战必胜信念的任务。社会对"联合版"自始至终都是"求过于供"。但是由于时局维艰,联合版只能维持在2—3万份左右。"供

---

① 黄天鹏.中国报纸联合版的试验——重庆各报联合版的创办[M]//天庐论丛——黄天鹏先生执教四十年纪念文集.台北:黎明文化事业股份有限公司,1981:101.

② 黄天鹏.重庆各报联合版办理经过——经理委员会主任委员黄天鹏工作报告[M]//天庐论丛——黄天鹏先生执教四十年纪念文集.台北:黎明文化事业股份有限公司,1981:109.

③ 黄天鹏.重庆各报联合版办理经过——经理委员会主任委员黄天鹏工作报告[M]//天庐论丛——黄天鹏先生执教四十年纪念文集.台北:黎明文化事业股份有限公司,1981:111.

求不调,责难纷至,各中苦衷,实难历数"①。在内疚和遭受责难的同时,黄天鹏也在想方设法,努力提高《重庆各报联合版》发行量。

在联合版创办的5月份,因地方秩序没有恢复,每日售报仅2万余份。后来逐日增加到3万余份。"六月初亏折之象既现,纸张窘态益露,发行数量乃不得不再加限制,遂由三万份更减为两万余份,报贩居奇,每份售价竟有倍于定价者,虽经设法制止,然求过于供,相悬过远。"根据这一情况,黄天鹏决定"联合版"于7月1日将定价五分(批发价格三分二厘)改为六分(批发价格四分三厘),一面努力增加发行数量,以供应社会需求,一面致函宪兵和警察,要求彻底取缔报贩加价,这样事态才得以控制。② 最后停刊时,综计各月收入仅广告和发行两项,而支出纸张、印刷、薪工、庶务、特别费等项,相抵以后,盈余一万六千一百六十八元三角四分。③ 联合版每月具体发行量,我们目前无从得知,但根据黄天鹏在《重庆各报联合版办理经过——经理委员会主任委员黄天鹏工作报告》一文中所提供的月总收入和日均收入数据,我们可以大致了解《重庆各报联合版》的发行情况(见表2-1)。

表2-1 《重庆各报联合版》发行情况汇总表

月份(天数)	月收入	日均收入	日均发行量(按批发价算)
5(26天)	17 342元	667元	20 843份
6(30天)	27 452元	915元	28 593份
7(31天)	31 298元	1 008元	23 441份
8(12天)	14 460元	1 205元	28 023份

从表2-1中可以看到,"联合版"的发行量总体上是在不断提高的。6月、8月的日均发行量都接近3万份。7月份由于道路毁坏严重,运输更加困

---

① 黄天鹏.重庆各报联合版办理经过——经理委员会主任委员黄天鹏工作报告[M]//天庐论丛——黄天鹏先生执教四十年纪念文集.台北:黎明文化事业股份有限公司,1981:110.

② 黄天鹏.重庆各报联合版办理经过——经理委员会主任委员黄天鹏工作报告[M]//天庐论丛——黄天鹏先生执教四十年纪念文集.台北:黎明文化事业股份有限公司,1981:110.

③ 黄天鹏.重庆各报联合版办理经过——经理委员会主任委员黄天鹏工作报告[M]//天庐论丛——黄天鹏先生执教四十年纪念文集.台北:黎明文化事业股份有限公司,1981:113.

难,资金严重短缺,所以不得不提高价格,控制印报数量,因此7月份的日均发行量明显偏低一些。在当时极端困苦的条件下,《重庆各报联合版》能够坚持出版就已不易,还能不断扩大发行,重要原因就是黄天鹏等人的辛勤付出和不懈努力。

《重庆各报联合版》的出版,标志着中国新闻界抗日统一战线的正式形成,对社会各界形成稳固的抗日民族统一战线有着重要的促进作用,同时也是中国抗战精神的体现。"联合版"的出版和发行是个艰辛的历程,黄天鹏临危不乱,任劳任怨,本着对事业负责的精神坚持到底,并协调各方意见来解决矛盾,终于完成了历史使命。时任国民党中央宣传部长的叶楚伧赠诗赞曰:"文章宜并世,儿女亦同仇",并奉蒋介石令给予黄天鹏嘉许,戏称黄天鹏为"笔军总司令"。①

第四节 黄天鹏新闻实践活动的主要特征

黄天鹏新闻实践活动主要是在20世纪二三十年代。这一时期的中国新闻界因为民族资本主义的发展而得到长足发展。城市化进程的不断加快,使得报业在资本、广告和读者群等方面获得了有利的发展条件和较好的市场环境。同时,国民党政权虽然取得了形式上的统一,但由于缺乏组织内聚功能,成为一个"弱势独裁政党"②,"国民党企图以三民主义治国,但这个弱势意识形态无法匹敌自由主义或马克思主义"③。随着商业性报纸数量明显增多,实力不断增强,报馆的经济实力增强,技术设备不断更新和发展,民营新闻业开始进入发展的"黄金时期"。但是报人的新闻观念还比较滞后,这在很大程度上影响了报纸编排业务的革新和信息的有效传播。然而随着黄天鹏等一批留日、留美新闻专业学生学成归国并投身报业,他们带回的国外先进的新闻理念

---

① 天庐先生祝寿小组.黄代表天鹏先生传略[M]//天庐论丛——黄天鹏先生执教四十年纪念文集.台北:黎明文化事业股份有限公司,1981:356.

② 王奇生.党员、党权与党争:1924—1949年中国国民党的组织形态[M].上海:上海书店出版社,2003:2.

③ 吴廷俊.中国新闻事业史[M].武汉:武汉大学出版社,2009:108.

和实践经验,使得当时中国报纸的新闻从呈现形式到内容构成都开始发生变化。这些变化反映在黄天鹏的新闻实践活动中,就具有了如下几个较为明显的特征。

一、以革新新闻业为出发点

黄天鹏在分析当时新闻事业现状时说:"则人才之缺乏也,组织之未善也,探访之无术也,编辑之不得法也,无一非今日新闻界之通病。此诚的言,无可与讳。然此牵涉于社会问题至繁且巨,谚云河清几时,新闻纸既站于时代之前头,即应于荆棘丛生中开辟一新出路。"① 黄天鹏作为一个有理想的新闻人,将国家的繁荣富强寄托于新闻媒体的发达和功能的发挥。其理想之一就是不断改革新闻界,推进新闻事业发展,这也是他从事新闻实践活动的重要目标。

黄天鹏从 20 年代初期开始从事新闻工作,在看到中国报纸在编制、技术、理念等方面都落后于西方时,便立志要推动中国新闻界的改革。他痛斥"老枪"记者的墨守成规,批评《申报》的标题不求进取和版面的落后。到《时事新报》后,他积极倡导综合编辑法,改设报纸头版为要闻版,增加专栏新闻,提高了新闻的地位和传播效果,报纸的新闻报道由此发生了质的飞跃。

此外,黄天鹏在担任《时事新报》编辑期间,也能够不受广告客户的左右,不任意伸缩版面,每天维持固定篇幅刊登新闻,并设有专栏来刊登学术性作品。他的办报风格,不仅赢得了同行的赞誉,也使得《时事新报》不受当时报纸过度商业化的影响,在当时报界可谓一枝独秀。

当时,社会上"新闻无学"的论调还比较盛行。有一些人认为,新闻学不是学问,做记者也不必学新闻学。更有人认为,学了新闻学的人到报馆,还要一段时间把大学学来的那一套理论忘掉,抛于脑后,然后才能来做记者。黄天鹏非常反对这些说法。他积极主张将新闻知识运用到新闻实践中去,要求遵循新闻规律,注重理论联系实际,自觉运用所学知识,不断积累办报经验;以受众为中心,进行新闻业务改革,开展新闻活动。他用实际行动证明,新闻不仅"有学",而且新闻理论还能够很好地指导新闻

---

① 黄天鹏.中国新闻界之鸟瞰[M]//新闻学刊全集.上海:光华书局,1930:69-70.

实践,并提高报道水平。

黄天鹏主编《青光》副刊时,力行大众化文风,因为他认为,"副刊于报纸既卓然有所树立,为报纸之殿军,与冠首之社论遥相对峙,已成目今报纸之格式"①。他提出了"新闻版要求严肃、客观,但是副刊不应该追随新闻版,不应该和政治跟得太紧"的观点。按照"理想报纸"的设想,黄天鹏自己创办报刊,进行新闻大众化的改革实验。他认为,"新闻纸为一般人之读物,故新闻文学必须通俗,以达一般读物之目的。通俗在文学技能之外,凡从事新闻文学者,对各个之事件,应有彻底之了解,各种繁难之问题,应为清晰之分析。而以浅显通俗之文字,表现于新闻纸上,如白乐天之诗,村妪都解。且新闻纸于报告新闻,评论时事之外,尚有促进群众智识之责任,故称新闻纸为广义社会教育之课本"。②"我们所说所记的新闻,离大多数人的智识水准是太远了,我们所用的工具——文字,亦太艰深了,我们所定的报价,也不是大众的经济能力所能负担的。所以,我很想联合几个同志,办一种小型的报。我不想实现报学的许多高论,我只想为现代大众办一种他们所需要的报。"③

1931年,"九一八"事变后,黄天鹏创办综合性杂志《微言》④,以春秋笔法评论时政,微言大义。其中部分小评文章,收入《逍遥阁夜谈选》书末。1936年他又仿造巴黎的《小巴黎人报》,创办《南报》,以小型报姿态,采大报新闻之长,采小报艺文之优,以"三精"(新闻精编、评论精悍、副刊精隽)标榜,深得读者好评。⑤

二、因兴趣而投身新闻界

黄天鹏早年立志做一名新闻记者,并在早期的新闻工作中获得了无限的

---

① 黄梁梦(黄天鹏).报纸副刊之今昔观[J].报学月刊,1929(3):58.
② 黄天鹏.新闻文学概论[M].上海:光华书局,1930:10.
③ 杜绍文.我国报业的新路[M]//上海复旦大学三十周年纪念世界报纸展览会筹备会.报展纪念刊.上海:复旦大学新闻学会,1936:127.
④ 一说《微言》为上海教育局长潘公展1933年5月创办,见于鲁迅的《伪自由书·后记》第4个注释。
⑤ 楼榕娇.附先生创办报纸杂志通讯社年表[M]//黄天鹏.天庐论丛——黄天鹏先生执教四十年纪念文集.台北:黎明文化事业股份有限公司,1981:372.

乐趣,进而他越发喜欢新闻记者职业,实现了个人志趣和人生目标的结合。出于对新闻业的钟爱,他从事新闻行业工作二十余年。即便后来被迫离开新闻记者岗位,他也没有完全脱离新闻界,而是长期坚持从事新闻教育工作。

"我为什么从事新闻事业,简单说来,最初是好奇心的驱使,觉得只有新闻纸才能够满足我的知的新的欲望,而引起无穷的兴趣,就决定做一个新闻记者。"①黄天鹏在进入学堂前,就对报纸上的内容产生了兴趣,喜欢看上面的新奇报道。他在读书的时候,有个暑期住在一家报馆的隔壁,就时常跑到报馆里去玩耍,从铅字房、制版室到印刷处,有时不免弄得两手都是油墨。在编辑室里,当主笔写社论时,他就静悄悄地立在旁边,看着笔顺着纸格上下移动,感到非常有趣。当时,办报流行"三大件":剪刀、糨糊、红墨水。他看到主笔旁边有几个人拿着剪刀从一大堆报纸里面的每一张报纸上剪下一些文章来,然后用糨糊将这些裁剪下来的文章贴成一片,再用红墨水勾勾画画,就成了一张报纸。他对这种编辑工作最初感觉很怪异,也感到非常神秘,但后来终于下决心来尝试这新生活了。②

记者的生活不可能是一帆风顺的。黄天鹏的第一次流亡是在北京主编《新闻学刊》时,因北洋军阀的追捕而南下逃遁,四处飘零。后来到上海《申报》供职,本以为可以干出一番事业了,然而好景不长,又因为批评《申报》引发老板不满而远走日本,流浪异国他乡,生活困窘,经济拮据,遭受人间的世态炎凉,举目无亲,孤苦伶仃。"实在,我一想到落拓穷愁的往日,不禁流下几行清泪来——尤其是对我下过《哀的美敦书》,置我生活于绝境,使我不得不仓皇远窜,流为异地吹箫的乞丐者。"③流浪辗转的生活使黄天鹏多次心灰意冷。他在回顾这一段生活经历时曾说:"人生总是迷恋着过去的。因为将来的美梦太渺茫了,而现实只是给你一种伤感。我从十七岁混入报界,一混到现在整整十个的年头。年青人不知青春的宝贵,就轻轻地献给司报之神了。司报之神靳她的赐予,反是忧愁老人预先给我许多衰老的伤痕。这小小十年间,世上的沧桑,人事的浮沉,我这点缀人生悲剧的小丑,扮遍台上的'潦倒鳏独饥寒孤苦'的角色。在社会上既是个'一事无成'的文氓,在自己还是个'无家可归'的浪

---

① 黄天鹏. 我从事新闻运动的经过[J]. 读书月刊,1930(2):107-108.
② 一苇. 富贵关头[M]//黄天鹏. 新闻学刊全集. 上海:光华书局,1930:442-443.
③ 黄粱梦(黄天鹏). 新闻记者外史[M]. 上海:光华书局,1931:自序.

人。当这寒雀惊霜的时候,一个人在秋风冷雨的孤舍里,对着那些破砚秃笔,烂报残书,我真有点文学家所谓'伤感'的了。"①然而,回国后,黄天鹏还是投身新闻业,在《时事新报》一干就是十年。

黄天鹏在回顾当年走上新闻之路的思想历程时说:"现代新闻记者——无冕帝王,代替君主来主笔天下,一支笔胜过三千毛瑟枪。我要谋有所贡献于人群,献身新闻事业是很适宜的工作,所以我献身新闻事业的动机,在我个人是感到兴趣;在对人——社会是觉得这种事业有伟大的贡献。由此二点,而决定做个新闻记者了。"②一个人的兴趣爱好如果能够与个人人生理想实现最佳结合,就会产生巨大的动力。"痛并快乐着",这或许正是新闻记者对新闻职业最大的认同和感受,也是他们从事新闻实践活动的最大动力。

三、勇于承担历史使命

在长期的新闻实践中,黄天鹏不求名利,表现出一种为新闻事业拼搏和献身的精神,努力尽一个新闻人的义务和责任。在北京时期,报馆的物质报酬仅够生活零花用,黄天鹏不在乎这些,能得到精神的酬报,他就已经很满足了。他认为,一个人的工作,不能纯粹为了金钱,一半是为了兴趣与事业。兴趣能够成功,事业能够问世,就是工作最高和最大的报酬。③

20世纪二三十年代,新闻行业在社会中有很大影响,世人称誉新闻记者为"社会的师表""人群的导师",但是记者的生活却是极端艰苦的。北平有家报纸副刊曾刊登过一首描写报人生活的打油诗,诗中写道:"人从访稿堆中老,心自机轮转处灰;三点犹须编电报,五更尚未上阳台。"④工作无定,饮食无时,便是新闻记者生活的真实写照。

北伐时期,黄天鹏就积极投身革命,随军做宣传工作。"九一八"事变前,东北之地,已被日本窥视已久,名存实亡。"欲救中国,须先救东北,而唤起国民,共策救亡,则舆论之天职。而吾曹新闻记者尤应躬履其地,以真相宣示

---

① 黄粱梦(黄天鹏).新闻记者的故事[M].上海:联合书店,1931:2.
② 黄天鹏.新闻记者生活的回顾[J].读书月刊,1931(6):99.
③ 黄天鹏.新闻记者生活的回顾[J].读书月刊,1931(6):101.
④ 报人诗话[N].中山日报,2002-09-29.

国人。"①黄天鹏本是编辑人员,属于报馆内勤,但是由于有着强烈的时代感和忧患意识,他还是响应报馆号召,冒着生命危险毅然前往东北采访,途中发回大量的文字和图片报道。"九一八"事变爆发后,他义愤填膺,写作了《东北旅行弁言》一文,号召国人"应奋起而杀敌,还我河山"②。

在《时事新报》编辑要闻的同时,黄天鹏还要竭尽余力兼编副刊《青光》,拆阅并回复《青光》读者的许多来信,工作之辛苦不言而喻。他每天的时间几乎全用在工作上了,有时只能在下班的路上酝酿和构思文章,深夜回到家中,还要挑灯夜战为副刊写稿。他在《青光》发表的《铁窗的乐趣》一文中写道:"现在我们眼前开展的,是农村社会崩溃,都市工业破产,纷乱、黑暗、没落……狂风暴雨的大时代……我们的生活,就像在个广大的监狱中。我们需要莫氏那种穷人的教育,坚贞奋斗的精神。"③他也正是用自己的实际行动践行着这种精神。

在黄天鹏担任《时事新报》总编辑期间,该报虽已为独揽全国经济命脉的孔祥熙所掌握,但仍保留股份有限公司的名义,以民营自居。该报"作为孔系报纸,曾发表过不少对国民党政府的财政金融政策进行鼓吹的文章。但为了争取商业效益,满足读者的要求,该报还是在一定程度上保持了民间立场,其总的办报思想也未偏离抗日救国这个中心,在当时重庆的民营报纸中,其声望和销路都仅次于《大公报》和《新民报》"④。

黄天鹏担任联合版经理委员会主任委员,实际负责联合版出版业务期间,十家报纸间的关系错综复杂:有官方的,半官方的,民营的;有国民党的,共产党的,三青团的,无党无派的。各报立场不同,常常争执不下,工作进行异常困难。一切工作都无规可循,经理方面的工作更是千头万绪、杂乱不堪,所受的责难更多。面对这些困难,黄天鹏任劳任怨,谨慎勤勉。为此,他在《时事新

---

① 天庐(黄天鹏).东北旅行弁言[M]//逍遥阁随笔集.上海:上海女子书店,1932:114.
② 天庐(黄天鹏).东北旅行弁言[M]//逍遥阁随笔集.上海:上海女子书店,1932:115.
③ 天庐(黄天鹏).铁窗的乐趣[M]//续逍遥夜谈选.上海:广益书局,1934:40-41.
④ 重庆日报社.抗战时期重庆的新闻界[M].重庆:重庆出版社,1995:38.

报》楼上安了张帆布床,日夜不离。①

和王芸生轮流负责联合版编务的刘炎光曾说:"联合版得以支撑过三个多月,他(黄天鹏)的功劳最大。"②马星野也曾评价道:在危机万状的时刻,他却要冒生死之险,坐镇危楼之下,在大轰炸声中,主持编务,这对于个人是危险,对国家是尽忠,对新闻界是尽义。③

《重庆各报联合版》"完成了它在抗战时期的一次特殊的组织形式和历史任务;这是抗战时期中国新闻史上的一件大事,也是重庆新闻界最大的一次'战火的洗礼'。"④ 与时代同步,乐于奉献,不求名利,这也是黄天鹏新闻实践活动所反映出来的重要精神。

---

① 刘光炎.重庆各报之《联合版》[M]//李瞻.中国新闻史(六).台北:台湾学生书局,1979:418.
② 刘光炎.重庆各报之《联合版》[M]//李瞻.第六种中国新闻史(六).台北:台湾学生书局,1979:418.
③ 马星野.黄天鹏先生的精神[J].中外杂志,1982(2):9.
④ 重庆日报社.抗战时期重庆的新闻界[M].重庆:重庆出版社,1995:10.

第三章 以建设中国式新闻学为目标：黄天鹏新闻学术活动研究

20世纪20年代，中国的新闻学术研究方兴未艾，现代新闻学科才蹒跚起步。在随后的20余年里，黄天鹏既投身新闻实践活动，又本着"为学术而学术"的精神从事新闻学术研究，在多个领域做出了开创性的贡献，成为这一时期中国新闻学术研究的核心人物，对新闻学研究和新闻事业的发展起了重要的推动作用。

第一节 倡建北京新闻学会

辛亥革命后，报界言论自由观念加深，新闻界大受鼓舞。"民国元年以后，新闻骤增，仅北京一隅，闻有八十余种。"[①]实践出真知，报人在实践中逐渐积累的丰富经验，西方新闻理论的传入，京沪两地轰轰烈烈的办报运动，共同酝酿了新闻学术研究的诞生时机。就在这种背景下，黄天鹏以倡建北京新闻学会为起点开始了他的新闻学术研究历程。

一、北京新闻学会的创建背景

五四运动前夕，北京大学许多学生或课外在报馆兼职，或自办刊物，他们都呼唤着新闻业务知识的学习和新闻理论的指导。当时北京大学为全国最高学府，也是首倡"兼容并包、思想自由"新风的近代大学。校长蔡元培有办报经验，重视新闻工作，并高瞻远瞩，首先决定在政治系开设新闻学课程，聘请在美

---

① 蔡元培.蔡元培文集[M].北京:线装书局,2009:83.

国攻读新闻学刚刚回国的徐宝璜任教,供文科各系学生选修。

1918年10月14日,"中国第一个系统讲授并集体研究新闻学的团体"①——北京大学新闻研究会正式成立。1919年2月,研究会召开改组大会,将名称从"北京大学新闻研究会"改为"北京大学新闻学研究会"。研究会出版了《新闻周刊》,为会员提供发表习作的园地,但仅出版了三期。

1920年10月21日,蔡元培为湘籍留法俭学学生筹款,同时应湖南教育会的邀请,陪同杜威去长沙讲学,离京南下。11月21日,蔡元培因不满军阀政府对学生运动的镇压又一次离开北京南下上海,之后前往欧美考察教育。直至1921年9月18日才返回北京。其后,蔡元培在《孑民自述》所附的《蔡元培年谱》中就再没有关于北京大学新闻学研究会的活动记载。1923年1月17日,因教育总长彭允彝卖身投靠官僚,罗文干被捕,57岁的蔡元培痛心于政治清明之无望,不愿同流合污之苟安,愤然提出辞去北大校长职务。1月19日,他在各报刊登启事,宣布"自本日起,不再到校办事",②随即离京,在天津住了一段时间后,就长期在国外居住,直至1926年2月3日才回国。

北京大学新闻学研究会的另一位重要人物徐宝璜,早在1920年3月6日就因课务繁重辞去了《北京大学日刊》编辑部主任的职务,并于10月11日辞去了北大校长办公室秘书一职,受蔡元培委托出任北京国民大学校长。由于母亲去世,徐宝璜离京返乡奔丧,因此无暇过问北京大学新闻学研究会的事务。此外,邵飘萍也因在《京报》上揭露军阀卖国罪行被段祺瑞政府追捕,被迫逃亡日本。所以,北京大学新闻学研究会于1920年10月后实际上就已停止了活动。

1922年,我国著名新闻学者任白涛留学日本回国,在浙江省杭州市创立了中国新闻学社。同年,以学社名义自费出版了我国第一本实用新闻学著作《应用新闻学》。

1923年,北京平民大学报学系成立,这是中国设立的第一个大学新闻系。平民大学早在两年前创办时就设有两年制报学科。其正式建系后,曾聘北京大学新闻学教授徐宝璜任系主任,北京新闻通讯社社长吴天生、《京报》社长邵飘萍等任教授,学制四年,曾设二年预科。该系课程设置相当完备,本科四年共46门课,新闻学知识与文、史、哲、经济和社会科学知识并重,理论与实践并

---

① 方汉奇. 中国新闻事业通史(第二卷)[M]. 北京:中国人民大学出版社,1996:95.
② 蔡元培. 孑民自述[M]. 南京:江苏人民出版社,1993:267.

重。新闻学专业课有新闻学概论、新闻采集法、新闻编述法、广告学、新闻经营法、新闻评论法、新闻事业发达史、剧评书评八门及有关实习课程。文、史、哲与社会科学方面,有文学概论、经济学、宪法等课程。此外,还有英文、日文读报、速记和照相制版等。同时,安排三四年级学生去报社实习采编和撰写评论。学生组织有新闻学研究会,1924年曾出版发行《北京平民大学报学系级刊》(半月刊),王豫洲担任主编,出版三期后停刊,[①]该刊是当时报学界罕见的出版物。作为中国第一个国人自办的大学新闻系,平民大学新闻系正规的课程设置和初具规模的师生配置,为培养新闻学专业人才做出了切实的贡献。黄天鹏也正是在这所学校接受正式新闻教育的。

1924年8月17日,戈公振等人发起成立上海新闻记者联欢会,该会于1925年出版了戈公振编译的《新闻学撮要》一书。1925年,张静庐等人发起成立上海新闻学会,先后出版张静庐的《中国新闻纸》和《中国的新闻记者》两本著作。1926年,上海国民大学报学系、光华大学和大夏大学新闻学系联合组成了上海报学社,倡导以"内则提倡读书,外则参观报馆"为宗旨。

综上所述,1918年中国新闻专业教育在北京大学正式诞生,经过多年发展,多所高校都陆续开展了新闻教育,一些团体、组织也创办了一些新闻业务类的期刊,内容主要是新闻报道和文学作品,但是专门研究新闻学的期刊还没有出现。

二、北京新闻学会的创建和发展

1926年秋,来到北京不久的黄天鹏与王一心、《京报》记者张一苇等发起筹备和创办北京新闻学会。因为黄天鹏又名"黄一天",而"一苇"即张航庐,"一心"即王基鸿,所以三人在当时合称"三一"。

(一)创建北京新闻学会

1927年1月1日,北京新闻学会正式成立。《北京新闻学会纪略》对北京新闻学会的创办时间、成员、宗旨、会务、过程做了较为详尽的记述。

北京新闻学会成立于民国十六年(1927)一月元旦,初为北京新

---

① 朱传誉.中国新闻事业研究论集[M].台北:台湾商务印书馆,1988:181.

闻界人士所倡导,后同志遍及中外,其旨趣及事业,各报纪载,尚称简要,记云:北京新闻学会系都下矢志从事新闻事业者所组织,以研究新闻学术,发展新闻事业为宗旨,纯粹学术团体,为首都研究新闻学术之唯一机关,主要会务有探讨新闻学新术,调查新闻事业,举行新闻演讲,创办新闻博览所等。该会前曾呈请京师警察厅立案,兹闻厅已批准,该会所编辑之《新闻学刊》,继续出版,撰述均系名流学者,内容形式,备极优美云。往者一载,时局暗淡,而"新会"会务著著进行,不遗余力,其出版之《新闻学刊》在全国为唯一出版物,一卷以来对于新闻界之贡献于影响,昭昭在人耳目,勿待吾人之赘言,迩来会务益加扩充,各地除现事筹划分会外,京内高等教育机关,"新会"皆驻有干员,均有成绩可考。京内集会讨论学术,京外则用通讯,调查新闻事业,一俟竣事,即刊专号;新闻演讲,因时局故,未能扩展;新闻博览所视着手筹划;会员则新闻记者、学者、官部曹,司电政,业印刷,营出版,皆有其人,盖一以志趣结合也。际兹周年,略记如此。①

(二) 北京新闻学会更名并迁往上海

1928年6月8日,国民革命军北伐攻克京都北京,6月21日国民党中央政治会议第145次会议决定,"京都"于6月28日更名为"北平",北京新闻学会也因此改名为中国新闻学会,后来迁往上海,在北平设分会。

《新闻学刊》杂志上所载的《中国新闻学会消息》一文,详细记载了北京新闻学会改名为中国新闻学会的原因及新的组织活动和人员变化。

兹者本会因北伐胜利,北京易名北平,会名所有北京二字,已不能存在,爰更名为中国新闻学会,以副其实。又大会议决组织委员会,执行一切会务,总会设沪,北平设分会,公举黄天鹏(编辑股)、张一苇(会计股)、吴海山(文书股)、章熊(研究股——清华)、李忠枢(研究股——法大)、王诰(文书股——常川)、姚道培(交际股——北平报)、李燮铭(总务股——电报局),诸人为委员,分股负责。八月四日开委员会于中山公园水榭,决议扩大组织,征求会员,并作各种关于

---

① 黄天鹏.北京新闻学会纪略[M]//新闻学刊全集.上海:光华书局,1930:381-382.

新闻学术之演讲云。北平分会现广征同志,备有简章,函索即寄。临时会址西城前老莱街五号,办公时间暂定每星期六、星期日下午一时至六时。又在北平《全民日报》附出《新闻周刊》,业于八月二十日出版创刊号。周刊由分会负责编辑,与本刊为姊妹刊物,主编天庐氏应沪报聘南下,由赵连登(《全民日报》)、张一苇(中国通讯社)二君负责编辑之。①

有学者认为,1929年黄天鹏到上海后,该学会活动也就停止了。② 这一说法应该并不准确。虽然此时黄天鹏开始主编《报学月刊》并执笔《申报》,张一苇去了《京报》,王一心回北平办中国新闻社,但是中国新闻社名义上还是属于中国新闻学会主办的。而且,在1931年出版的《新闻记者外史》《怎样做一个新闻记者》所附的《天庐新闻学丛书》广告中,还明确标明该丛书是"中国新闻学会出版"。这就一定程度上表明由北京新闻学会改名后迁到上海的中国新闻学会在这一时期还没有完全停止活动。

三、北京新闻学会与北京大学新闻学研究会之比较

北京新闻学会与北京大学新闻学研究会虽然都提出新闻学术研究,并最终达到促进新闻事业发展的目的,但是两者在成员关系、活动内容等方面都是完全不同的。北京新闻学会是一个真正以新闻学术研究为特色的组织机构。

(一)从成员关系上看,北京新闻学会成员为新闻界同仁,北京大学新闻学研究会成员为教师和学生

北京大学新闻学研究会设有会长,由蔡元培担任,蔡元培聘请徐宝璜和邵飘萍为导师,先后招收百名学员。而由黄天鹏等人创建的北京新闻学会主要由平民大学毕业的青年记者和北京大学新闻学研究会出身的资深记者所组成,他们是合作者,是同事关系。北京新闻学会"简章"明确规定如下:

> 本会由对于新闻事业有志人士所组合纯粹学术团体……本会组织以会员为单位,(甲)对新闻颇具兴趣而决心从事新闻事业者,

---

① 黄天鹏.中国新闻学会消息[J].新闻学刊,1928(1):17.
② 徐培汀,裘正义.中国新闻传播学说史[M].重庆:重庆出版社,1994:305.

(乙)对新闻事业有相当之研究与著述者,(丙)从事新闻记者生涯及研究新闻学术者,(丁)其他凡经本会特别认可者……本会采取委员制,分股办事,由大会记名选举,任期一年,联举得连任。计文书、研究、交际、编辑、会计、总务共六股,每股各设主任一人,股员若干人,由主任聘定之……本会得聘请富于新闻学识及名新闻家若干人为顾问,由大会议聘,以指导进行事宜……本会会务由各股分工规划,纲要为研究新闻学术,调查新闻事业,举行新闻演讲,筹备新闻博览所,编辑新闻学书报等,依其性质由各股负责进行。

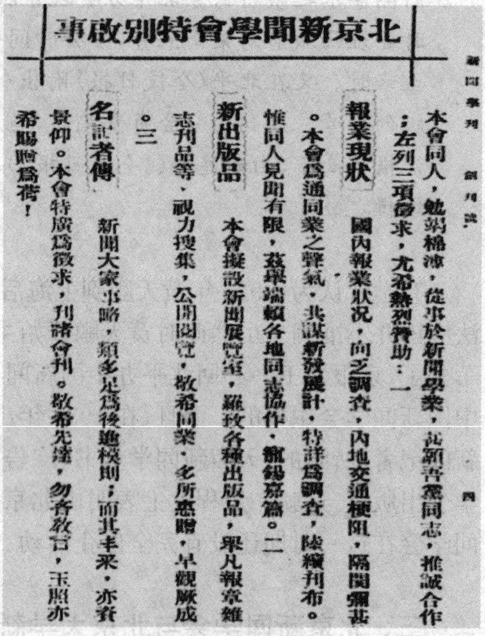
新聞學刊 創刊號 四

北京新聞學會特別啟事

本會同人,勉竭棉薄,從事於新聞學業,甚願吾業同志,推誠合作;左列三項徵求,尤希熱烈贊助:一

報業現狀 國內報業狀況,向乏調查,內地交通梗阻,隔閡彌甚。本會爲通同業之聲氣,共謀新發展計,特詳爲調查,陸續刊布。惟同人見聞有限,茲事端賴各地同志協作,籲錫嘉篇。二

新出版品 本會擬設新聞展覽室,羅致各種出版品,舉凡報章雜志刊品等,視力搜集,公開閱覽,敬希同業,多所惠贈,早觀厥成。三

名記者傳 新聞大家事略,類多足爲後進模則;而其丰采,亦資景仰。本會特廣爲徵求,刊諸會刊。敬希先達,勿吝教言,玉照亦希賜贈爲荷!

图 3-1 北京新闻学会启事

各股具体职责为:文书股司理本会文牍、记录事宜;研究股专掌研究事业设置、参考图书及讲演等;交际股专司对内对外交际事宜;编辑股主编丛书及会刊事宜;会计股专司收支款项;总务股总理其他一切事务。①

(二) 从活动内容上看,北京新闻学会侧重研究,北京大学新闻学研究会侧重教学

北京大学新闻研究会宗旨最初确定为"灌输新闻知识,培养新闻人才",研究内容为六项:新闻范围、新闻采访、新闻编辑、新闻造题、新闻通讯法、报社与通讯社的组织等。1919 年 2 月,研究会召开改组大会,将名称从"北京大学新闻研究会"改为"北京大学新闻学研究会",宗旨改为"研究新闻学理,增长新闻

① 黄天鹏. 新闻学刊全集[M]. 上海:光华书局,1930:383-385.

经验,以谋新闻事业之发展"。这才突出了新闻理论研究的意义,并强调实践经验的重要性。由此看出,研究会的宗旨更加着眼于新闻事业的发展,显示出研究会会员们站得更高、看得更远。研究会每逢星期一、三、五晚上,会员聚集或听课,或议事,或研究,或练习。半月以后,研究会每星期日上午又增加两小时活动时间。目的就是为了学习办报的方法,学习采访、写作、编辑等新闻知识,掌握基本技能,一开始还谈不上对新闻学的研究和探讨。

北京新闻学会的主要会务为探讨新闻学术,调查新闻事业,举行新闻演讲,创办新闻博览所等,是"以研究新闻学术,发展新闻事业为宗旨,纯粹学术团体,为首都研究新闻学术之唯一机关"①。北京新闻学会在各地设有分会,北京"高等教育机关,'新会'皆驻有干员,均有成绩可考"②。北京新闻学会在北京通过集会来讨论学术,在北京以外则通过"通讯"方式,调查新闻事业。

(三) 从会刊内容重点上看,《新闻学刊》重在学术研究,《新闻周刊》重在业务训练

北京大学新闻学研究会为达到"研究新闻学理,增长新闻经验,以谋新闻事业之发展"的目的,十分注重新闻理论与实践的结合。1919年4月20日,该会出版《新闻周刊》,编辑主任是徐宝璜。《新闻周刊》是当时中国唯一传播新闻学知识的期刊,也是中国最早采用横排式的报刊,但是仅出版三期就停刊了。

因该研究会以教学为主,建会伊始就由徐宝璜教授新闻学的基本理论,包括新闻纸的职务、新闻定义、新闻价值等,邵飘萍则主要讲授新闻采访、写作、编辑、评论、广告、新闻社的经营组织等新闻实务。两位导师合理分工、各抒所长,相得益彰。

研究会还组织会员们参加新闻实践,如《新闻周刊》就是研究会自办的,是为会员提供发表新闻习作的园地。其内容主要是对一周来的新闻"为系统之记载,下公允之评论",发行目的为"便会员之练习,便新闻学识之传播,便同志之商榷"。③ 方汉奇认为,"这份周刊是中国最早传播新闻学知识的业务刊物"④,徐宝璜在1930年也持此说。

而由黄天鹏等人创建的北京新闻学会,创办学会刊物《新闻学刊》的主要

---

① 黄天鹏.北京新闻学会纪略[M]//新闻学刊全集.上海:光华书局,1930:381.
② 黄天鹏.北京新闻学会纪略[M]//新闻学刊全集.上海:光华书局,1930:382.
③ 《新闻周刊》发刊之目的[J].北京大学日刊(第357号),1919-04-21.
④ 方汉奇.中国新闻事业通史(第二卷)[M].北京:中国人民大学出版社,1996:100.

目的是进行新闻学术研究,因此,《新闻学刊》所刊文章的主要内容都是关于新闻学术研究,几乎没有新闻报道类的文字。

我国台湾地区著名新闻史学家朱传誉先生明确指出:"(北京大学)新闻研究会的《新闻周刊》和平大新闻系级刊,不能算是纯学术性的刊物,《新闻学刊》则不同,执笔者多为当时新闻界和新闻教育界的知名人士,因此被公认为是我国最早纯学术性的报学刊物。"①

第二节 创编新闻学术刊物

黄天鹏倡建北京新闻学会只是构建了一个平台,团结了一批新闻学界同仁,而主编中国第一份新闻学术刊物,则是实质性地开启了中国新闻学术研究的新阶段,提升了新闻学科的地位。刘建明认为,1927年发行的《新闻学刊》、1929年的《报学月刊》与早期的《新闻周刊》《北京平民大学报学系级刊》,是我国最早一批研究新闻学的杂志,发表有大量的媒介批评文章。②

一、主编北京新闻学会会刊《新闻学刊》

1927年1月1日,黄天鹏主编的《新闻学刊》创刊,作为北京新闻学会的会刊,由北京新闻学会出版、北京新书林发行。该刊是中国第一本纯学术的新闻学刊物,属季刊性质。该学刊共出2卷8期③和4号增刊,增刊随报赠送;1928年底在上海停刊。创刊期间的大部分文章被选入1930年出版的《新闻学刊全集》,个别文章则被编入《报学丛刊》中。

(一)创办《新闻学刊》的背景

20世纪20年代,中国新闻界与国外新闻界交往开始增多。仅1921年

---

① 朱传誉.中国新闻事业研究论集[M].台北:台湾商务印书馆,1988:181.
② 胡正强.中国现代媒介批评研究[M].北京:中国传媒大学出版社,2010:5.
③ 目前,第1—5期皆存,但6—8期未见。《新闻学刊》第三期增刊的《二卷首语》提到:"第六七八期在申重版。"具体出版情况不详。1929年2月23日《申报》第14版的《新闻学刊停刊通告》刊载有第6-8期的目录。

图3-2 《新闻学刊》创刊号封面

到1922年间来华访问的西方新闻界知名人士就有英国《泰晤士报》社长北岩、美国密苏里大学新闻学院院长威廉斯、美国新闻出版界协会会长格拉士、《纽约时报》名记者麦高森、美联社社长诺伊斯等人。他们在中国各地进行讲学、发表演讲,介绍西方新闻学和办报经验,影响广泛。

在此情形下,中国的新闻界也逐渐开始放眼世界,加强了与国外新闻界的交往。1921年10月,中国新闻界有六人作为代表参加了檀香山世界报界第二次大会,这是中国第二次出席国际新闻界会议。1923年,美商控股的上海《新闻报》创刊30周年时出版了纪念册一本,其中收有西方新闻界著名人物的祝词、论文多篇,用中英文对照刊出,促进了中西报纸之间的经验交流。1927年,国际联盟召开各国报界专家会议,中国新闻界也派戈公振为代表参加,共谋国际新闻事业之改善与进步。

高等院校新闻学系科也在这一时期得以建立并有了初步发展,将中国新闻教育事业推向一个新的发展阶段。1920年间,上海圣约翰大学首先创设报学系,在普通文科内增设报学专业,由《密勒氏评论报》主笔毕德生兼职授课,出版有英文的《约大周刊》。1924年,圣约翰大学将报学专业扩建为报学系,由美国人武道担任系主任。紧接着,福建的厦门大学,北京的平民大学、燕京大学、民国大学、法政大学和上海的复旦大学、南方大学、国民大学、沪江大学、大夏大学、光华大学等约12所高等院校先后设立报学系科,为中国高等新闻教育的发展奠定了基础。

一方面是中国的新闻报纸得到迅速发展,另一方面是新闻教育迅速兴起,但"中国的新闻事业虽有几十年的历史,却没有研究新闻事业的一种'学术的定期刊物';虽有几千人的职业占定,却没有拿学术精神来结合互助的团体。……打球赛马,穿衣服,吃菜,都有很多的刊物来讨论;那么,这很伟大而又很重要的新闻事业,却没有出个刊物来讨论的必要,岂非怪事"①。

在这种背景下,黄天鹏等人决意创建北京新闻学会,出版《新闻学刊》作为会刊。"去年(1927年——笔者注)一月,北京新闻学会成立,愚司编辑之役,乃献宿计之议,经大会议决刊行,定名《新闻学刊》,而以学会所标倡之研究新闻学术,发展新闻事业为宗旨,即吾会宗旨之具体化者也。"②

(二)《新闻学刊》的办刊历程

20世纪20年代,新闻学作为一门独立的学科在中国已经初步建立起来,但专门从事新闻学研究的学者与接受正规新闻教育的学生数量都十分有限,如何推动中国新闻学研究的"学术化",黄天鹏筚路蓝缕的开拓之功,不可埋没。

1.《新闻学刊》的创办宗旨

徐宝璜的新闻思想开放,他善于吸收当时西方各国新闻学研究成果,而黄天鹏则好学善思,尤对新闻学科情有独钟,常有高见发表。几年的大学生活过后,黄天鹏成为徐宝璜最赏识的学生。大学毕业后,黄天鹏发动成立了继北京大学新闻学研究会之后的我国第二个新闻研究团体——北京新闻学会。学会一成立,就创办了我国第一本新闻学刊物《新闻学刊》,"在全国为唯一(新闻学术研究)出版物"③,"专以提倡此(新闻)学为事者,前此尚闻乎其未有也,有之则自《新闻学刊》始"④。

黄天鹏后来说:"因为当时认识到,如果要从根本的改革,那非提倡学术不可,非使他们知道改革的意义不可。因此才和故都的几位同志,组织了一个北京新闻学会,以提倡新闻事业和研究新闻学术为宗旨,并创办《新闻学刊》,开中国新闻界有专门的学术刊物的新纪元,几个月后又附刊——《新闻周刊》,注重消息方面。我除担任编辑之外,还做许多稿子,又继续着以前'新闻与新闻记者'的工作。"⑤

1935年10月,复旦大学成立30周年之际,新闻系筹划组织了世界报纸展览会,最后还出版了以《报展》为名的世界报纸展览会纪念刊。该纪念刊也

---

① 笠丝.二卷首语[M]//黄天鹏.新闻学刊全集.上海:光华书局,1930:23.
② 黄黄(黄天鹏).周年漫话[M]//黄天鹏.新闻学刊全集.上海:光华书局,1930:368.
③ 黄天鹏.北京新闻学会纪略[M]//新闻学刊全集.上海:光华书局,1930:12.
④ 吴贯因.吴序[M]//黄天鹏.新闻学刊全集.上海:光华书局,1930:1.
⑤ 黄天鹏.我从事新闻运动的经过[J].读书月刊,1931(2):110.

称《新闻学刊》,"为吾国有新闻学专门刊物之始"。徐宝璜、戈公振、徐凌霄、张一苇等报界名流都曾为该刊写稿。该刊还选登过邵飘萍的遗著。"他们的文章,代表了当时我国新闻学研究的最高水平。"①

倡导学术是《新闻学刊》的宗旨:"本刊旨趣,在唤起国人对 Journalism 之兴趣与注意,谋同业有研究与讨论之机关,以促进新闻事业之发展,期与国际同业共臻世界大同。"②民国初年著名记者徐彬彬在《序》中说:

> 吾国新闻事业之发展,仅数十年耳。报社林立,人才众多,大而都会省埠,小而市村乡镇,依次普及,日有进步,此其可喜者也。惟一种事业,必须有专门之知识与积久之操练与修养,而后有尽美尽善之可期。同业中热心此道,研究有得,足以颉顽东西先进,固大有人在;而率尔操觚,茫无津筏者,亦所在多有。报界现象,遂不免于复杂混乱,是必先有一公同研究之机关,集合多数积有经验知识之人物,以时发表其意见与方法,供同志之采择,为通力合作之基础。庶言论有轨路可循,事业亦得正当之发展。北京新闻学会诸君子有鉴于此,一面搜罗诸名记者之宏著,廷约斯道专门人才,共从事于新闻学刊,定期发行,用心良苦,致力弥勤。展读各稿,皆大新闻家精心结构之作品,于以见诸君子热诚毅力,即可以卜学会前途之悠久,学刊声光之洪大。下走无似,亦得依附末光,共谋其是,私幸又何如耶。③

2.《新闻学刊》的艰难出版

黄天鹏为《新闻学刊》付出了诸多的心血。《新闻学刊》创办之初,北京新闻学会设有专门的发行部。然而,时过不久,天灾与人祸接踵而至。1927 年夏天,北京劝业场毁于火灾,《新闻学刊》经售处付诸一炬。同时,北洋政府开始书报整顿,邮寄的部分刊物又屡屡被扣留或失落。黄天鹏百般无奈,只好谋划经营出版之路。历经三个多月的周折,《新闻学刊》才与新书林订下互惠合约,由新书林负责发行事宜。

《新闻学刊》是定期出版物,从第二期开始就要呈送检查,耽搁了不少时日。从第三期开始,北京新闻学会又正式向官司厅立案。其间,所有人惶惶不可终

---

① 黄羡章.潮汕民国人物评传[M].广州:广东人民出版社,2008:185.
② 第二卷的新闻学刊革新计划[J].新闻学刊,1927(3):广告页.
③ 徐彬彬.序[M]//黄天鹏.新闻学刊全集.上海:光华书局,1930:351.

日,从恭候"出版执照",到印刷与发行,整整耗去半年的时光。然而黄天鹏并没有知难而退,他将《新闻学刊》视作中国"新闻学术第一胎的产儿",将自己看作照顾产儿的"保姆"。产儿"于满城风雨的古都,冰天雪地的初春诞生,在亲朋庆贺欢乐声里,她的微弱的保姆,却变成无形的囚徒了:有尽义务的护卫使,有不花钱的跟随人,蓬荜不时有起起者的光临,函件有不速客代劳披阅,危机四伏,可尝铁窗的风味。然而爱儿心切,自信坦白无邪,便忍心度这针毡的生活,抚养这唯一爱子的长成"①。

《新闻学刊》的出版也得到过徐宝璜等诸多学者的支持。"徐主任特写了篇《我对于新闻教育的意见》,并附北大开办新闻学课程的经过,及平大新闻学系的计划和课程表。"②黄天鹏在完成《新闻学刊》第五期的编辑后,于1928年9月将《新闻学刊》迁到上海出版,当年年底终刊。

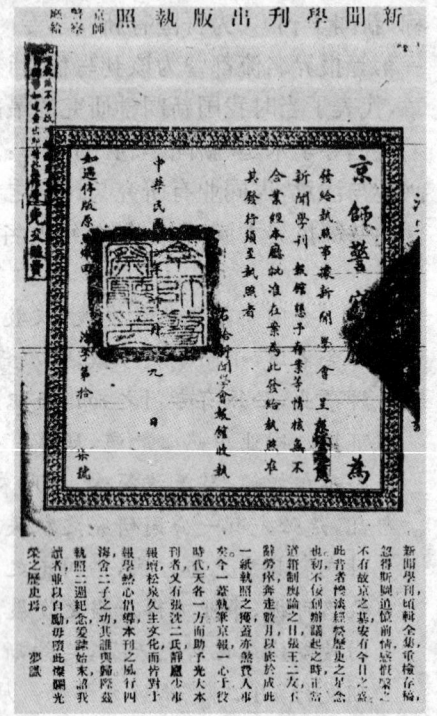

图3-3 《新闻学刊》出版执照

黄天鹏历经艰辛,直至完成了《新闻学刊》二卷共八期的编辑出版工作。黄天鹏对《新闻学刊》尽心尽力,充满期待,被朱传誉称为"对早期新闻学刊物最热心贡献最大者"③。

3.《新闻学刊》增刊与"姊妹刊"的设置

在"言论惨遭浩劫"的社会大背景下,黄天鹏虽然因为《新闻学刊》而饱尝流离之苦,但他推动中国新闻学研究"学术化"的决心却没有丝毫动摇。《新闻学刊》是新闻学术研究的专门杂志,侧重研究方面,在出版完成四期后,黄天鹏决定增出副刊,刊登一些相对琐碎但有趣味的稿件,以弥补《新闻学刊》之不

---

① 天庐(黄天鹏).编辑后记[M]//黄天鹏.新闻学刊全集.上海:光华书局,1930:36.
② 黄天鹏.新闻教育四十年(下篇)——自由中国新闻教育的复兴[M]//天庐论丛——黄天鹏先生执教四十年纪念文集.台北:黎明文化事业股份有限公司,1981:39.
③ 朱传誉.中国新闻事业研究论集[M].台北:台湾商务印书馆,1988:183.

足,由张一苇和王基鸿合编,增刊内容主要分为评论、记载、杂纂。第一期于1928年3月出版,截至12月,共出版四期,随刊以赠送或零售方式发行。

《新闻学刊》问世一年后,中国新闻学会(即原北京新闻学会)北平分会于1928年8月20日出版《新闻周刊》,仍由黄天鹏担任主编,以附于北京《全民日报》的方式发行,为我国周刊附日报发行方式之始。第三期后由张一苇主编。《新闻周刊》是《新闻学刊》的姊妹杂志,《新闻学刊》周期较长,重点在"学";《新闻周刊》周期较短,于"学"之外"并重于'新闻'之报告,所谓新闻之新闻者是也"。①

黄天鹏在《新闻周刊》发刊词上提出该刊宗旨,即"弘扬新闻的学理、探讨报业的技术、提高记者的地位"②,以期通过理论与实践两方面的修养提高新闻从业者的素质,促进新闻事业的发展。《新闻周刊》出版四期后因人员变动而停刊。该刊的大部分文章后来辑入《新闻学刊全集》中。

4.《新闻学刊》的历史性影响

《新闻学刊》创办后,在海内外产生了广泛影响并获得良好声誉。《新闻学刊》"发行不及一年,然不胫而走,留心新闻学者,争手一编,以资研究"③。创刊号在当年10月就已印刷发行三版。

国立北京政法大学,首期售出将近百册,以一学府,而有若许读者,足征人士对本刊之欢迎。订阅簿上著名图书馆,若北京若东方(商务印书馆);报馆若七十二行商报,若太原日报,若海外侨报;外人若日籍,若英籍,若美籍。譬如黔桂,远至重洋,莫不预订。

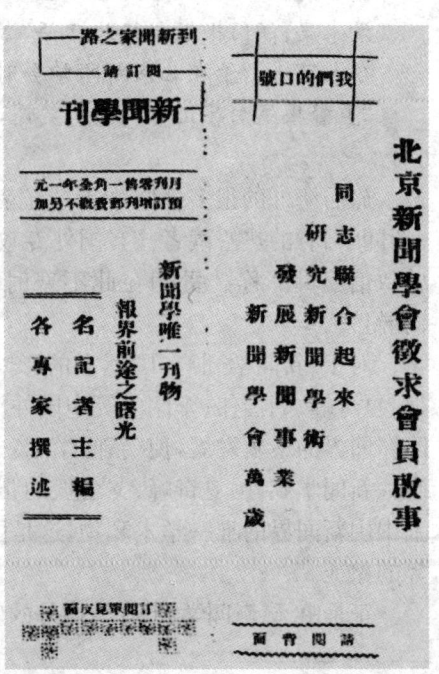

图3-4 北京新闻学会的启事与广告

---

① 黄天鹏.新闻周刊发刊词[M].新闻学刊全集.上海:光华书局,1930:360.
② 黄天鹏.新闻周刊发刊词[M].新闻学刊全集.上海:光华书局,1930:360.
③ 吴贯因.吴序[M]//黄天鹏.新闻学刊全集.上海:光华书局,1930:10.

又征读者之遍及中外也。①

《新闻学刊》第四期也在1928年3月再版。后来,《新闻学刊》将一至四期合订为第一卷出版,很快就销售一空。《新闻学刊全集》的出版也是"以海内欢迎此刊者,常以前后各期,欠缺不完,引以为憾,乃重刊全集"。②

一位远居四川的读者致函编辑部,赞曰:"贵刊出版,诚新闻界前途一线曙光。"③徐宝璜也称赞说:"该刊内容精美,斐然有声。"④徐彬彬在任中国大学新闻讲座教席期间,更是把《新闻学刊》作为课本使用。

黄天鹏也曾记述说:

> 曩在津门,故老为言,"监督国家向导人民",为报纸之天职。有清末案,津门报纸以标此二语,激怒官厅,竟遭封闭之祸,吏见之陋,令人可哂。予在北京新闻学会时,有报侠者,仿意赠《新闻学刊》曰:"监督报纸向导记者",同人笑谢,不意旋亦有被封之厄也。⑤

旅居海外的很多新闻学者或记者都为《新闻学刊》撰稿,同时,他们也是《新闻学刊》的热心读者。在国外专攻新闻学的半六允诺为该刊长期撰稿,并曾致信编辑部称:"贵刊在此丕塞时期光芒四射,诚新闻界之明星,记者之向导!"⑥

对于《新闻学刊》在国际上的影响和成就,有学者赞叹说:"鲍振青、戈公振、夏奇峰、胡国伟、李昭实等中国外派记者或描述世界新闻界近况,或追踪国际新闻界的最新发展,使《新闻学刊》的境外学科信息传播基本与欧美国家同步,《新闻学刊》因夏奇峰、戈公振的帮助而成为1928年德国万国报纸博览会上中国新闻界的唯一学术刊物,这是国际新闻学传入中国、中国新闻学融入世界的象征。"⑦

正是由于《新闻学刊》在海内外的广泛影响和良好声誉,当德国驻华使馆通

---

① 航. 记往[M]//黄天鹏. 新闻学刊全集. 上海:光华书局,1930:372-373.
② 吴贯因. 吴序[M]//黄天鹏. 新闻学刊全集. 上海:光华书局,1930:11.
③ 通讯拾零[J]. 新闻学刊,1927(4):176.
④ 徐宝璜. 徐序[M]//黄天鹏. 新闻学刊全集. 上海:光华书局,1930:5.
⑤ 天庐主人(黄天鹏). 天庐谈报[M]. 上海:光华书局,1930:60.
⑥ 百家. 来鸿去雁[J]. 新闻学刊,1927(3):122-123.
⑦ 李频. 大众期刊运作[M]. 北京:中国大百科全书出版社,2003:355.

过北京外交部邀请中国报界去德国万国报纸博览会参展未果的时候,中国有识之士自然会将目光转向《新闻学刊》,使该刊与万国报纸博览会"结缘"成为必然。

二、将《新闻学刊》改组扩大为《报学月刊》

黄天鹏到上海后,将《新闻学刊》改组扩大为《报学月刊》①。1929年3月,《报学月刊》创刊号由上海报学社主办,上海光华书局负责出版。

(一)《新闻学刊》改为《报学月刊》的学术动因

1929年,《新闻学刊》扩大了研究范围,增加报业经营管理、广告、印刷等方面的内容,便改名为《报学月刊》了。黄天鹏在《报学月刊》第一卷第一期《弁言》明确揭示了改组更名的原因:

> 案新闻有学,为近数十年间事,译自东瀛,习用已久,创刊之时,姑从俗尚。顾以报纸学术之意义而言,则以改称报学之为当。盖报纸全部事业,包罗万象,新闻不过其一端,他若广告、印刷,殆如鼎足,近通称新闻学,实难概括也。观夫日洲于报业教育之分为编辑经营两科,欧美之劈为新闻广告两系,其义益见明显,而究以"报学"之音简而义广也。本刊既以整个报业为对象,则新闻学广告学固应并重,即报馆经营管理,报纸发行推销,以及印刷、写真、纸墨、邮电,亦皆应为等量之注意。际此二周改弦更张之时,乃行更名报学月刊,亦示新猷之意,非仅便利发行已也。但本刊勇往直前之精神,则始终如一,过去较注意与新闻之学。自后范围既广,编制略有变更,内容亦大增益。②

留美归来的汪英宾也赞同黄天鹏的意见,"以报为业谓之报业,报业之学术谓之报学,凡属于报业之人谓之报人"③。

"报学"派人士都认为"新闻"或"新闻学"范围太小,明显不如"报纸"或"报学"涵盖广泛。在这个问题上出现不一致或是犹豫和反复的学者大有人在。如戈公振1925年出版译著《新闻学撮要》,但在1927年出版自己的专著时则

---

① 有时又称《报学杂志》。
② 天朋(黄天鹏).弁言[J].报学月刊,1929(1):2.
③ 汪英宾.释报[J].报学月刊,1929(4):1.

用《中国报学史》之名,学科用名的使用较随意,似乎两不干扰。

关于英文 News 以及 Journalism 的翻译问题,黄天鹏最先坚持翻译成"新闻学",但是在1929年,他又将《新闻学刊》改为《报学月刊》,而随后的系列著作仍用"新闻学"命名。可见,黄天鹏始终较为困惑,也一直在摇摆之中。

1928年,德国报纸博览会的英文名称为 World News Expo,因此国内报纸在报道时,出现了万国报纸博览会、万国新闻博览会、万国报界展览会、世界报纸博览会、世界报章展览会、万国报章展览会等多种翻译。为此,《新闻学刊》专门刊载《"万国新闻博览会"译名》一文对此做出说明,宣称该刊将以"万国新闻博览会"一名为准。该展览会的

图3-5 《报学月刊》封面

展览内容有12类,包括报纸杂志、印刷图书工艺设备,甚至还包括工业组织与机器零件、交通工具、照片、底片等,可谓五花八门。《新闻学刊》认为,用"新闻"来概括,比用"报纸(章)"妥当,坚持将 News 译为"新闻",认为是要坚持该刊的大新闻观。但是,在主编《报学月刊》时,黄天鹏又说:"《新闻学刊》旋扩大改组报学杂志,于新闻之外,肆力于整个之报学,及其他有关系报之科学,皆为等量之检讨。盖新闻运动已进而为报学运动矣。此新时代飞突梯进,自兹以后,报史必开一灿烂之新记录矣。"[①]

黄天鹏还曾就这一问题专门请教过中国当时的几位著名新闻学者。徐宝璜虽然认为用"报学"之名未尝不可,但认为学科的命名应该以最重要的成分为主,新闻学以报告新闻为旨职,广告印刷等是其附件,并且按照约定俗成的习惯,还是称"新闻学"更恰当;戈公振认为学术贵在通俗化,使用"报学"或者"新闻学"都是可以的,只要把这门学说发扬光大即可,而不必斤斤计较一名之争。但是汪英宾则说,名不正则言不顺,一定要有一个确定的名字,并且要扩展其意义,凡是在报馆工作的都可以称之为"报人";陈布雷也赞同此说。最

---

① 黄天鹏.新闻运动之回顾[M]//新闻学名论集.上海:联合书店,1930:3-4.

后,黄天鹏给出了一个模棱两可的说法:"以意义言,则报学较为宽当;以习惯言,则'新闻学'已成通称……则仍'新闻学'之名亦可也。"①

从黄天鹏后来的著述中看,他最终还是选择了"新闻学"的说法。近代新闻学的学科用名实际上可以开列出一份冗长的清单:报学、新闻学、报道学、集纳学、新闻科学、报纸新闻学等。这与其说是因为它缺少一个华丽的命名仪式,还不如说充分地反映了近代新闻学的不成熟。②

(二)《报学月刊》的继承和创新

《报学月刊》的第一至四期是在1929年3月至6月出版的。当时《商报》记者张静庐正创办光华书局,要创办几种杂志,所以就由他发行。③ 1929年秋,《报学月刊》因黄天鹏前往日本留学而停刊。《报学月刊》出版的这四期,后来汇编成了《报学丛刊》。

《新闻学刊》改组扩大为《报学月刊》,内容编制和形态也随之发生了很大变化:"一曰更新编制充实材料",《新闻学刊》篇幅较少,采用连贯编印制,而《报学月刊》各篇"决自首尾",用报业隽趣之小品补白;内容力求"富实","取稿一主严慎",凡与报业有关之科学,都给予"相当之探讨";文字以生动为主,并加图案,以增美观。"二曰改良印刷增加篇幅",《新闻学刊》"尺度狭长,页数复少",而《报学月刊》"篇幅增一倍有奇,刊期由季刊缩为月刊,形式力求精致,与材料相辉映"。"三曰搜罗图片附刊副张",《新闻学刊》的图片深受读者赞赏,《报学月刊》继续扩展,并向海外收集。"又拟另出一副刊",随报发行,专门登载报界消息以及趣闻轶事。《报学月刊》为学术性质,副刊计划为"新闻之新闻",以风趣为主。④

黄天鹏还指出,《新闻学刊》的取材注重于研究,此后将注重于事实,国际方面也绝多介绍点,而《报学月刊》编辑方针仍是贯彻《新闻学刊》的方针,本研究的态度,独立的精神,探讨学理,批评事实,与趣味鼎足并重,不过范围略事扩充罢了。⑤

《新闻学刊》在1927年的发行量"不逾千"。1929年初,黄天鹏将《新闻学

---

① 黄天鹏.新闻学乎?报学乎?[N].记者周报,1930-9-21.
② 周光明,刘瑞."报学"与"新闻学"—近代新闻学两个学科用名的竞争[J].湖北大学学报(哲学社会科学版),2012(4):84.
③ 黄羡章.潮汕民国人物评传[M].广州:广东人民出版社,2008:184.
④ 天朋(黄天鹏).弁言[J].报学月刊,1929(1):2-3.
⑤ 天庐(黄天鹏).编辑后记[J].报学月刊,1929(1):93.

刊》改组扩大为《报学月刊》，按月刊发行，"于研究新闻之外，并及于经营管理广告印刷"等。到了1930年，"销数则已增数倍矣，以此证之，新闻学术之昌明，正方兴未艾矣"①。

（三）《报学月刊》与《新闻学刊》旨趣之比较

为了体现刊物的宗旨和报人的志趣，《报学月刊》和《新闻学刊》都设计有刊徽，分别用作《报学月刊》第三期和《新闻学刊》第五期封面，并有专文对刊徽的内涵做了解释。《报学月刊》和《新闻学刊》的刊徽非常相似，只有局部的细微差别，从中我们可以看到两者的前后承续关系以及共同的志向、追求。

关于《新闻学刊》的刊徽，黄天鹏解释说：

> 刊之有徽，犹国之有旗，商之有标也。吾刊采取天安门前崇柱，配以报纸背景为徽，以象征吾刊之旨趣与使命，其意义可得而言者，约有数端：柱为擎天——中国新闻事业有专门刊物，自吾刊始，吾幸何刊，而悉膺第一，今犹未获弟妹，以共肩责任，故实一柱擎天也。即诠"中流砥柱"，亦无不可。龙云尊贵——新闻为神圣高尚事业，旧说云，龙为鳞虫之长，天子为九五之尊，故以黄龙为象征也。狮表权威——狮为百兽之王，报乃民众喉舌，记者则社会之师表也。吾刊为报纸之报纸，自具一种权威之权威也。报示背景——吾刊以研究新闻学术，发展新闻事业为宗旨，其对象则新闻纸也，故以报纸为背景，所以示其本质也。冕乃太冠——世称新闻记者为无冕帝王，拿破仑曰"新闻记者一枝笔，胜于三千毛瑟枪"，其尊崇记者可谓至矣，故用为全模之外影焉。至若石喻其坚，基比其固，犹其余事耳；他如笔剪糊三宝，亦仿佛焉，其命意蕴义大矣。②

《报学月刊》的刊徽与《新闻学刊》的相比较，一个最突出的差异就是前者在崇柱之上矗立着一只张开双翼的大鹏鸟，好像正准备展翅翱翔一般。"鹏者鸟瞰——柱巅立一大鹏，俯瞰一切，天下万象，尽收眼底，以示报为人类照镜，社会缩影，人世事无巨细，尽奔新闻记者之笔端也。"③

黄天鹏把刊徽比作"国旗""商标"，说明他对新闻事业的无限敬崇和强烈

---

① 黄天鹏.新闻学名论集[M].上海：联合书店，1930：2.
② 新史氏（黄天鹏）.新闻学刊全集[M].上海：光华书局，1930：387-388.
③ 芳.报徽图记[J].报学月刊，1929(4)：2.

的社会责任感。他以"柱""龙""狮""鹏""冕"以及"报纸"等构成刊物封面,作为刊徽图案,表明了在黄天鹏心目中,新闻事业为"神圣高尚事业"、报纸为"民众喉舌"、记者为"社会师表"等寓意,以及他吁请社会尊重新闻学术,敬重新闻记者,而新闻记者也要自尊自重的思想。

刊徽既十分形象地表明了刊物宗旨,也表达了黄天鹏矢志从事新闻学术研究的高远理想和坚定信念。《报学月刊》刊徽上展翅欲飞的大鹏和基座上意气风发的小狮子,更是象征了新闻界的蓬勃发展以及黄天鹏对新闻事业和新闻学的热切希望。

图3-6 《报学月刊》(左)与《新闻学刊》(右)刊徽

三、黄天鹏所办新闻学刊物的主要特点

《新闻学刊》和《报学月刊》在内容编排上虽有所不同,但是作为黄天鹏主编的第一批新闻学术类型的刊物,均反映出了黄天鹏的新闻学术追求和办刊风格。

(一) 凸显新闻学科意识

"新闻学科意识是《新闻学刊》核心的,也是非常明确的编辑主体意识。以新闻学为本位,自觉地开创新学科,追求新闻学术价值,不仅贯穿在该刊编辑出版过程的始终,而且成为其编辑群体核心的价值观念。"①创刊号上《新闻界名人传略》的栏头语介绍说:"《新闻学刊》本研究之态度,独立之精神,批评之眼光,以解决新闻纸上一切问题,期于斯学有所贡献。"至于发表的邵飘萍遗著

---

① 李频.大众期刊运作[M].北京:中国大百科全书出版社,2003:349.

《我国新闻学进步之趋势——新闻学应列为普通学科》,更是最典型地表明了《新闻学刊》的学科追求。

(二) 立足中国本土实际

《新闻学刊》上发表的鲍振青的《予之中国新闻事业观》、周鲠生的《对于中国报纸之几种希望》、顾红叶的《新闻发展之新途径》、王伯衡的《中国与报纸》、黄天鹏的《新闻事业说略》、张一苇的《中国的广告术》等都注重从中国新闻界的实际出发,进行了理论探讨和研究。即使研究国外新闻事业,如黄天鹏的《太上新闻界》《外人在中国经营之通讯业》《苏俄新闻事业》等,也格外注意观照对中国的影响。这正如30年代黄天鹏在复旦大学新闻学会座谈上所说:"我在五六年前办《新闻学刊》的时代,就主张建设中国式的新闻学,我的著述也从这一点着眼。"①

(三) 努力放眼国际视野

《新闻学刊》的刊名采用中英文对照方式,从创刊起就启用英文刊名 Publication of Journalism,并印于每期中文刊名下方。创刊号的封面图案就是"世界报纸之滥觞",开卷之作安排的是《威廉论新闻学》。第一期《新闻界名人传略》栏目介绍了上海《时报》驻法记者李昭实。她曾游历亚欧非、南北美诸洲,参观各大报馆,择优选录所见大小报刊150种,汇集成《世界报纸大观》一书,于1925年秋在《时报》国庆增刊上刊登。《新闻学刊》对此创举做了介绍,还引用李昭实的话称赞说:"读者手此一编,如萃世界万国于一堂也。"②

《新闻学刊》每期的中文刊名分别由新闻界名人来题写,第一卷刊名的签署者分别是霄汉(徐彬彬)、昭实(李昭实)、吴贯因、王小隐。每期封面还印有图案一种,第一卷共四期的图案分别是"世界报纸之滥觞""新闻纸小展览会""二十年前民呼日报于右任案""昙花一现之新书林故址"。《新闻学刊》每期设有"插图"专页,刊登四至六帧插图。第一卷刊登的图片有已故或当时新闻界名人的照片,如黄远生、邵飘萍、李昭实、徐宝璜、梁启超、吴稚晖、汤修慧、戈公振、鲍振青、吴贯因、王伯衡、冰心等;有世界新闻界名人的照片,如威廉博士等;有《新闻学刊》编者的照片,如黄天鹏、王基鸿等;还有国际新闻专家大会开

---

① 黄天鹏.新闻讲话[M]//新闻学演讲集.上海:现代书局,1931:218.
② 李昭君女士[J].新闻学刊,1927(1):39.

幕摄影、北京新闻学者集会留影等。《新闻学刊》每一卷共四期的页码连续编排。这些做法也与当时的国际惯例接轨。

《新闻学刊》所登各文更是纵横中西,关于国际新闻界的文章有《国际新闻会议》《日本新闻界》《各国对华态度研究》《日本新闻史前提》《威廉论新闻学》《威廉博士之略历与信条》《威廉博士之一生》等。即使是关于国内新闻界的文章,在写法上,也常常中西对照。《新闻学刊》中的《第二卷的新闻学刊革新计划》一文就曾提到,"国际新闻事业,此后拟多多介绍","横排以适合眼力及美观,并可聊排西文",封面"题签除华文外,拟附各国种字体",插图尤注意国际报界名人与名报馆,"期与国际同业共臻世界大同"①。

四、黄天鹏所办新闻学刊物的历史贡献

20世纪二三十年代,中国新闻学研究内容逐渐趋向专门化,研究范围进一步扩大,新闻学的学科意义更加凸显。在这一过程中,黄天鹏创办的中国第一批新闻学术刊物发挥了很大的凝聚和带动作用,为新闻学发展做出了重要贡献。

(一)凝聚学术力量,形成了新闻学研究的第一个学术群体

《新闻学刊》拓展了中国新闻学术研究的空间,当时的知名学者与报业活动家,如徐宝璜、戈公振、周孝庵、胡政之、徐彬彬、王小隐、鲍振青等都为《新闻学刊》撰写过新闻学术论文,黄天鹏本人更是笔耕不辍,亲自撰写文章数十篇。这些学者与黄天鹏一起"于新闻学上各问题,条析缕分,竟委究源,务使其为学术化"。《新闻学刊》以高质量的论文博得了"社会之欢迎",发行不到一年,该学刊"不胫而走,留心斯学者,争手一编,以资研究"②。

> 至民国十六年(1927)一月,北京新闻学会成立,以研究新闻学术,发展新闻事业为宗旨,刊行《新闻学刊》,为我国破天荒唯一出版物,巍然为新闻运动之中心,雁特从事新闻者及有志新闻者所必读,而一般人亦人手一编,其影响之大,收效之宏,为前此所未有,而新闻运动入一新时代。③

---

① 第二卷的新闻学刊革新计划[J].新闻学刊,1927(3):广告页.
② 吴贯因.吴序[M]//黄天鹏.新闻学刊全集.上海:光华书局,1930:10.
③ 黄天鹏.新闻运动之回顾[M]//新闻学名论集.上海:联合书店,1930:3.

图 3-7 《新闻学刊》第三期所载北京新闻学者合影

(二) 引领了中国新闻学刊物的出版高潮

1918 年至 1939 年是中国新闻学期刊大发展时期。据不完全统计,这一时期新闻学期刊达二十余种。

表 3-1 1918 年—1939 年新闻学刊物简况

刊名	创办时间	创办情况	类型
《新闻周刊》	1918 年	北京大学新闻学研究会主办,徐宝璜主编	业务/学术
《北京平民大学报学系级刊》	1924 年	北京平民大学报学系主办,王豫洲主编	业务/学术
《新闻学刊》	1927 年	北京新闻学会主办,黄天鹏主编	学术
《新闻周刊》	1928 年	中国新闻学会北平分会主办,黄天鹏主编	业务/学术
《报学月刊》	1929 年	中国新闻学会主办,黄天鹏主编	学术
《言论自由》	1929 年	上海报学社主办,戈公振负责	学术
《新闻学报先声》	1930 年	上海新闻学报馆主办,黄天鹏主编	学术
《记者周报》	1930 年	上海新闻记者联合会主办,戈公振等编辑	学术
《新闻世界》	1930 年	复旦大学新闻学会主办,徐叔明主编	业务/学术
《明日的新闻》	1931 年	复旦大学新闻学会主办,黄奂芳编辑	业务/学术
《新闻学研究》	1932 年	燕京大学新闻学系主编,黄宪昭负责	学术

续表

刊名	创办时间	创办情况	类型
《民国新闻》	1933年	北平民国学院新闻学会主办	学术
《报学季刊》	1934年	申时电讯社主编,张竹平负责	学术
《记者座谈》	1934年	上海记者座谈会主办,恽逸群等编辑	学术
《新闻学期刊》	1935年	复旦大学新闻学会主办,唐克明主编	学术
《报人世界》	1935年	燕京大学新闻学系主办	学术
《中外月刊》	1935年	南京中央政治学校主办,马星野主编	学术
《平津新闻学会会刊》	1936年	平津新闻学会主办,会员每期写稿一篇,由理事会推选会员四人负责编辑	学术
《新闻旬刊》	1936年	金陵大学新闻学会主办	业务/学术
《新闻杂志》	1937年	蔡力行、蔡振扬任编辑,陈并兹为发行人	学术
《新闻记者》	1937年	顾执中主编兼发行人	学术
《新闻记者》	1938年	中国青年新闻记者学会主办	学术
《战时记者》	1938年	浙江战时新闻学会主办,杜绍文主编	学术
《新闻学季刊》	1939年	国民党中央政治学校新闻系主办,新闻学研究会主编	学术

从表3-1中的统计可见,从1918年至1927年十年间,只有两种新闻学期刊出现,而且这两种刊物主要是作为学生发表习作的园地,只刊载有少量的新闻学术类文章。但是继1927年北京新闻学会创办的纯粹学术刊物《新闻学刊》之后,新闻学期刊大量出现,而且绝大多数都是新闻学术类期刊。十年间,共计有十余种涌现。

各种新闻学术期刊的出现,推动了新闻学术研究的发展,是中国新闻学学科建立的重要标志之一。正是在"这批新闻专业期刊诞生后,新闻学才拥有了自己相对独立的空间,一定程度上能够发出自己在学理上的'声音'"[1]。

(三)促进了中国新闻界与国际新闻界的交流

1928年,在德国科隆举办万国新闻博览会,承办单位委托《新闻学刊》征集展品,筹备中国展馆。《新闻学刊》在接到相关机构的来函后,便竭尽全力在

---

[1] 李春雷. 20世纪二三十年代中国新闻学学科的建立[J]. 河北大学学报(哲学社会科学版),2007(1):65.

全国各地征集展品参展。万国新闻博览会召开前,国内媒体很少关注该博览会,笔者研究中仅发现《益世报》的一篇电讯以及《新闻学刊》第一期增刊上刊登的胡国伟关于博览会的预告。博览会召开之后,《新闻学刊》刊登有黄天鹏编发的通讯《万国新闻博览会征求出品》,另外还有丁文渊君以及王万叶(即王一之)、李昭实、吴云等所做的报道。他们的报道内容涉及展品、人员、设备、现场等多个方面。

表3—2 《新闻学刊》等对万国报纸博览会的报道

序号	报刊名称	作者		标题		报道类型	日(刊)期
1	《益世报》			国际报业展览会明年在德国开会·函请中国报界加入		电讯	1927-6-8
		何燮		德举行万国报章展览会——公教报章内分十组		消息	1928-6-13
2	《新闻学刊》	胡国伟		万国报界展览会		通信	1928(增)1
		新史氏编	李昭实	万国新闻博览会汇报	万国新闻博览会征求出品	信函	1928(1)
					万国新闻博览会记略	通信	
			夏奇峰		万国新闻博览会开幕	电讯	
			胡国伟		万国新闻博览会中国出品之——新闻界唯一刊物《新闻学刊》送会陈列	通信	
					万国新闻博览会专号		
					"万国新闻博览会"译名	补白	
		王万叶		万国新闻博览会概观		游记	
				德国哥隆万国新闻博览会之中央巨厦及灯塔		照片	
				哥隆万国新闻博览会总裁艾熙博士			
				德国哥隆万国新闻博览会中央巨厦临河夜景			
				德国哥隆万国新闻博览会盛大展览中之中国国耻:中国部内之售纸花者	制纸花之华人		
					青白旗下购纸花者拥挤		

续表

序号	报刊名称	作者	标题	报道类型	日(刊)期
3	《北洋画报》	王万叶	参观世界报章博览会记	通信	1928-7-7
			德国侨府世界报章博览会中之"北画"及中国美术印刷品	照片	
			本年五月至十月在德国侨府举行之世界报章博览会之中央巨厦	照片说明	
		吴云	报学专家不能探出之神秘		1928-9-12
			万国新闻博览之中国制纸花者		
			万国新闻博览会中国部买纸花者之拥挤	照片	
			新闻博览会中国部变成卖纸花之地摊		
4	《图画时报》	戈公振	德国科恩开世界报纸展览会		
			主要大屋报纸即陈列其中中国报纸亦占一部		1928(465)
			会场全景右端之塔高念余丈最上层为茶楼	照片	
			科恩城远望		1928(470)
			德国科恩世界报纸博览会五月十二日上午开幕摄影		
5	《民国日报》	王万叶	在科恩开幕之世界报纸博览会	游记	1928,2(8-9)
			德国世界报章博览会参观记		
		戈公振	纪世界报纸博览会：大战之痛定思痛,历史进化部之一瞥		

续表

序号	报刊名称	作者	标题		报道类型	日(刊)期
6	《良友画报》	戈公振	世界报纸展览大会	世界报纸展览会会场	照片	1928(28)
				德国科恩城全景——世界报纸展览会所在地		
				世界报纸展览会纪念邮票		
				世界报纸展览会中国馆中之良友报		
				历史报纸陈列所远景		
				现代报纸陈列所		
7	《国闻周报》	戈公振	纪德国世界报纸博览会		游记	1928-7-1
			纪德国世界报纸博览会:会场内之中国馆		照片	
8	《东方杂志》		德国科恩世界报纸博览会	世界报纸博览会中之历史进化馆	照片	1928-6-25
				世界报纸博览会中之现代报纸馆		
				世界报纸博览会之夜景		
9	《晨报》		世界报章展览会		通信	1928-5-28
10	《报学月刊》		万国报纸博览会中之"神秘"		补白	1929(1)
			德国报章博览会之一:万国馆			1929(3)
11	《新记年刊》	戈公振	选论:纪世界报纸博览会		游记	1933(1-2)
12	《报学季刊》		世界报纸博览会之历史进化部的"镜厅"		补白	1934(1)

在万国新闻博览会召开前后,《新闻学刊》对该会的报道最多,既有通讯、照片,又有游记、电讯等,甚至还准备出专刊进行报道,扩大了万国新闻博览会的影响。

德国政府在哥隆举办的万国新闻博览会,邀请了48个国家参展。中国仓促参展,全部展品也不过 300 多种,对于一个至少有 1 000 多年报纸发展史的国家来说,真可谓是"囊中羞涩"!

展览会召开当天,中国驻德使馆甚至连几张茶几和椅子都拒绝提供,仅有丁文渊等两位中国人到场帮忙陈列展品,参观的人也寥寥无几,而别国展馆组织得有声有色,热闹非凡。戈公振参观中国馆时,感叹展品"无准备,故无系统,遂无精彩","不免挂一漏万",并伤感地说:"我国为造纸及有报纸最先之国,大可借此宣传,何国人——尤其与自身有关之报界,漠视至于如此也。"①

当日,中国馆还出现了戏剧性的一幕。两名中国人现场表演手工制作纸花,引来一些外国人围观和购买。有报道称两人"乃系流徙外国贫民窟暨遭驱逐之中国苦力。短衫蔽体,不着西装,中国字既不识,外国语更不能。所谓造纸,乃以壁间所悬之山蔴皮为幌子,实则乘机获大利","此事为求利言,可谓极巧,但偌大之中国,竟令此衣衫褴褛面目黛黑之苦力为代表,何不顾面子乃尔?"②《新闻学刊》在第五期刊出照片《制纸花之华人》和《青白旗下购纸花者拥挤》,并配有标题,更是称之为"德国哥隆万国新闻博览会盛大展览中之中国国耻:中国部内之售纸花者"。

图 3-8　德国哥隆万国新闻博览会中国馆场景照片

---

① 戈公振.纪德国世界报纸博览会[N].国闻周报,1928-7-1.
② 吴云.报学专家不能探出之神秘[N].北洋画报,1928-9-12.

关于这两人的身份，有人认为是北洋政府派来应付报展的。但据戈公振说，两人是博览会托驻沪德领馆雇来制造桑皮纸的林宗岩和朱旭亭。① 不管实情到底如何，这场手工纸花表演秀还是深深刺痛了一些中国报人，让他们为之悲痛，为之愤怒。

万国新闻博览会的盛大景象启迪了中国新闻界，万国新闻博览会的屈辱也促使国人奋起，自办一次世界新闻展览会成为很多有识之士的共同愿望。正是在众人的不懈努力下，1935年10月7日至13日，中国历史上第一次真正意义上的世界报纸展览会在复旦大学成功举办，被誉为"中国新闻史上的创举"。曾亲身参与德国万国新闻博览会的戈公振和黄天鹏更是为这次报展做出了重要贡献。

第三节 整理出版新闻文献资料

学科建设的重要基础是资料建设。任何一门学科理论的建立，除了对学科现状的研究与实践经验总结外，还必须占有以往的思想材料、学术资料。黄天鹏自从事新闻活动开始，就非常注重对新闻学资料的收集和保存。

一、进行新闻学书籍和作品的编目工作

"30年代的黄天鹏为整理新闻学已有的积淀做了许多工作"②，正是重视资料的收集工作才使得黄天鹏成为最早注意并开展新闻学术史历史分期研究的学者，而且这种学术研究风气在后来的新闻学研究中也得以很好地继承。

（一）《新闻学刊》刊出多篇新闻学书籍、作品编目

《新闻学刊》创刊号发表了黄天鹏编辑整理的《新闻学作品编目》，开列新闻学理论著作16种，广告学著作6种，新闻业务著作7种，相关人物书籍6种，报刊上有关新闻学研究的文章篇目61条。

---

① 戈公振.纪德国世界报纸博览会[N].国闻周报,1928-7-1.
② 陈力丹.解析中国新闻传播学(2011)[M].北京：人民日报出版社,2011:124.

《新闻学刊》第四期编目续编又发表相关的"续编"和"补遗",计有著作 11 种,文章条目 51 条。著作分别开列作者、出版者、出版年月和备注;文章条目则注明作者和所登的报刊。这不仅是对当时新闻学研究成果的检阅,更是为新闻研究者提供了查阅方便。

徐宝璜生前开出过一些英文新闻学书目,黄天鹏从中做了些选择,编成《新闻学英文书目百种》在《新闻学刊》第四期刊出。在该文《小引》中,黄天鹏记述了当时收集有关资料的详细情况。

> 不肖于吾国及英日新闻学著作,小有所搜集。本刊出版之时,曾为《新闻学作品编目》上篇补白。适为斯学编目之嚆矢,同好者颇称便,纷以各国原本见询。我于英日文字,仅略识详"之无"。所藏半系师友及中外报章类纂社所贻赠,用以装潢"天庐书斋"者。失业以来,报馆余沥遂绝,困食山空,所藏相继换门七件去。深秋典售所有既尽,而比心爱之书,尚抱残以自娱。然饥不能食,寒不能衣,生计迫人,忍心割爱,以度残生。(苇案:天下长衫朋友,同声一哭!)故即出版书店及价目,亦无从抄奉。昨一读者嘱吾于《新闻学》所附参考书为择一便于初学者,因陡记伯轩先生昔曾为吾曹开一书目,较其所附于新闻学者为繁,而比之某新闻室所拟购者稍简,因翻积稿,检而理之,易以今题付梓,于吾同好,不无小补也。①

为了收集国外新闻学资料,黄天鹏与在国外学习新闻学的半六先生联系,请他做一续篇。也恰逢北京新闻学会在这一时期打算与新书林合办一个"新闻展览所",并决定在 1928 年置齐一套书目。不过,这些计划后来并没有实现。

此外,《新闻学刊》也抢救了不少散佚的资料。如王伯衡代表《申报》出席在美国檀香山举行的万国报界大会的演讲稿《中国与报纸》;黄远生的遗照,吴贯因为其撰写的祭文《民国初元名记者黄远生》,宰平的《远生遗影及其生活之一斑》;邵飘萍的遗照以及遗著《新闻学类稿》等。

(二)编写《天庐逍遥阁新闻学藏书编目》

这一书目为《中国新闻事业》附录,收录了新闻学著作和期刊近 50 种。

---

① 天地为庐主人(黄天鹏).新闻学英文书目百种[J].新闻学刊,1927(4):159.

《天庐逍遥阁新闻学藏书编目》的《弁言》介绍了收集过程以及分类方法：

> 新闻纸者，现代之史也。新闻学者，新闻纸之史也。吾人治史，夙著盛誉，而于治报，则远不如西土。此无他，盖新闻事业乃近世新兴之科学，而导源于欧美，吾人急起直追，乃晚近数十年之事。职是之故，往昔国人对新闻纸既有漠视之心，遂任其淹没散失，新闻论著亦复荡然无存。十数年前，予初治新闻学时，每以为憾，遂发搜集之愿，以供治学之助。客都门时，所得最富，断简残篇，珍若拱璧，其残缺不完者，则粘补求全，镇日琐之，不辞琐屑，积之既久，卷帙日繁，复依科学化之剪报方式，分为若干卷，并作一编目，以便查考。初刊于新闻学刊，略而未详，兹复加以增订成此新目。全目编制，暂分（一）新闻纸之部：自京报邸钞以迄政府公报等官报都三十七种；自察世俗每月统记传以迄神州日报等民报都一百五十四种；世界各国文字报纸共得十七种。（二）新闻学之部：自新闻学以迄新闻学报等都五十种，即本书所附录者；英文一百七十九种（一部分曾刊新闻学刊），日文一百十五种，为最近自日京搜罗者；其他各国文字共得廿三种。又有关系科学如广告印刷速记等八十四种。将来卜居后，拟重加厘订，按图书馆目录例，刊行编目容较有可观者。①

《天庐逍遥阁新闻学藏书编目》较全面地收录了当时较有影响的新闻学著作。其中有日本人松本君平的《新闻学》（商务印书馆编译所翻译出版）、美国人休曼的《实用新闻学》（1913年上海学广会出版）、姚公鹤《上海报纸小史》（1917年出版）、包天笑《考察日本新闻记者》（1918年商务印书馆出版）、徐宝璜《新闻学》（1919年出版）、孙依壹《新闻评议》（1920年苏州正大日报馆出版）、陈泠《时报馆纪念册》（1921年出版）、黄炎培《最近五十年》（1922年上海申报馆出版）、李伯虞《新闻报三十周年纪念》（1922年出版）、邵飘萍《实际应用新闻学》（又名《新闻材料采集法》，北京平民大学新闻学系讲义，附《日本普通新闻学》一书，1923年京报馆出版）及《新闻学总论》（京报馆）、任白涛《应用新闻学》（1922年中国新闻学社出版）、王解生《新闻纸改造》（1923年新闻学研究社出版）、徐宝璜与胡愈之《新闻事业》（1924年商务印书馆出版）、王豫州

---

① 黄天鹏.武昌起义一法家——六十年来法治运动领导人张怀九[M]//天庐论丛——黄天鹏先生执教四十年纪念文集.台北：黎明文化事业股份有限公司，1981：318.

《北京平民大学新闻学系级刊》(半月刊,1924年北京平民大学出版)等。

收录的黄天鹏著作有:《新闻与新闻记者》(新闻学会1922年出版)、《新闻学刊》、《新闻周刊》(中国新闻学会出版)、《逍遥阁新闻学丛书》(上海著作林出版)、《报学月刊》、《新闻学名论集》、《新闻学论文集》(上海光华书局,1930年出版)、《报学丛刊》、《新闻学刊全集》(上海光华书局,1930年出版)、《新闻文学概论》、《新闻学报先声》(上海新闻学报馆)。

这些书目为普及新闻学知识起到了宣传推广的作用,也为开展新闻学术研究奠定了基础,创造了有利条件。

二、编辑出版中国新闻学研究文集

为了推广新闻学术普及和便于后人开展新闻学研究,黄天鹏将散见于各种报纸、刊物上的有关新闻学的重要论文一一收集起来,编辑出版了《新闻学论文集》、《新闻学名论集》、《新闻学名论集》(第二版)、《新闻学刊全集》、《报学丛刊》、《新闻学演讲集》共六种新闻学论文集。

(一)《新闻学论文集》——中国新闻界第一本新闻学论文集

《新闻学论文集》初版年份不详,所见第二版于1929年12月付印,1930年1月由上海光华书局出版发行。黄天鹏的新序写于1929年初冬。此书在坊间一度改名为"新闻学言论集"。该书收集了从清末到该书出版时的论文共计32篇,收有《新闻学刊全集序言》等。根据《新闻运动之回顾》一文所记载,此书是在《新闻学名论集》之前编辑完成,但没及时出版。《新闻学名论集》本为《新闻学论文集》的续篇,因诸多原因,《新闻学名论集》的出版却先于《新闻学论文集》。

关于该文集出版的初衷,《新闻运动之回顾》曾记述道:

> 新史氏曰:二三十年来之新闻运动,自胚胎时期而酝酿时期而萌芽时期而启蒙时期以至今日之光明时期,统计专书不下二十册,论文约二百余篇,其进展之痕迹,固有蛛丝马迹可寻,获一檬(模)糊之印象,而论著散见报章新志,日就散佚湮没,其中不乏可存之作,殊负前贤之修,爰应同文之求,粗就行箧所积,选辑《新闻学论文集》,以归光华书局印行,初成一帙,遗珠甚多,旧京所藏及近人之作,胥未及录焉!今复应联合书店之请,又辑《新闻学名论集》一书,庶合而观之,

则数十年来新闻论著之精萃,荟萃于斯编矣。编纂既成,晨鸡叫晓,读斯篇其有感于文,用述其缘起如此。己巳秋日岭南黄天鹏序于上海申报馆编辑部。①

(二)《新闻学名论集》——《新闻学论文集》的续篇

《新闻学名论集》原名《新闻论丛(集)》,1929年10月1日由上海联合书店出版发行,主要弥补《新闻学论文集》遗失的和当时新近发表的论文,是《新闻学论文集》续编。《报学季刊》1935年第一卷第二期《新闻学书报目录》记载了上海光华书局出版有黄天鹏的《新闻事业论丛》一书的信息。《中国近代报刊史参考资料》(下)中的索延芳《旧新闻学书刊目录》中也有记载,但笔者却未查找到此集。此处的《新闻事业论丛》是否就是《新闻论丛(集)》还存疑。

该书选收了当时散见于各种报刊的新闻学论文,汇集了20世纪二三十年代我国重要的新闻学论文。此后该书再版多次,使许多重要的中国新闻学文献得以保存下来,其中有徐宝璜的《新闻学讲话》、邵飘萍的《中国新闻学不发达之原因及其事业之要点》、戈公振的《一个代表通讯社》和《英京读书记》,以及潘公弼的《新闻编辑法》、徐霄汉的《报纸评论之分类》、吴贯因的《新闻职业与科学化》、黄天鹏的《新闻运动之回顾》,还有日本学者的新闻学论著等。戈公振为此书题写书名。

(三)《新闻学名论集》(第二版)——增订本

1930年,黄天鹏从海外归来,对《新闻学名论集》重加编订,增删了一些篇目,1930年9月5日由上海联合书店出版。再版中增加了《新闻事业之将来》《新闻职业化与科学化》《中国新闻事业》《新闻记者之观点》《新闻论略》以及戈公振的《报馆剪报室之研究》《新闻所有权》等九篇文章。

多种文献记载表明,黄天鹏编辑有六种文集,但均未悉数列出。笔者研究发现:据《天庐论丛》附录《天庐先生著作年表》载,《新闻学演讲集》有两集,均为上海现代书局出版。前论文集系北伐以前新闻学初期理论,1931年出版;后论文集为北伐以后之作,1934年出版。《民国时期总书目》列有《新闻学演讲集1》,由上海现代书局1931年出版。至今,笔者未见1934年版本。所以,多种文献提到的六种文集应该包括《新闻学名论集》(第二版)在内。

---

① 黄天鹏.新闻运动之回顾[M]//新闻学名论集.上海:联合书店,1930:4.

（四）《新闻学刊全集》——《新闻学刊》和《新闻周刊》的选编

《新闻学刊全集》现所见版本为上海书店1930年9月民国丛书第二编48集影印本，并注明根据上海光新书局版本影印。但经笔者查证，民国时期上海并无光新书局，此处的光新书局似为光华书局之误。

吴贯因在该书序文中记载：1929年7月，黄天鹏应光华书局负责人张静庐之请，把《新闻学刊》中的文章编撰重印，以《新闻学刊全集》的名义出版。1930年3月，黄天鹏编辑出版《新闻学刊全集》，将《新闻学刊》与《新闻周刊》的论文分门别类"辑为一编"，这样，"俾向之仅见一鳞一爪者，得此则获窥全豹焉。此非徒以广新闻学之流传，亦将

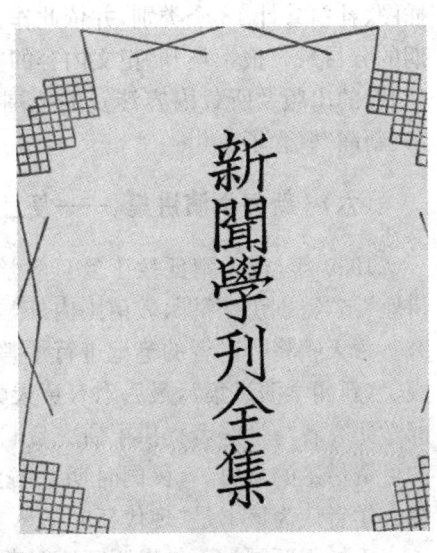

图3-9　《新闻学刊全集》封面

使治新闻者，知此业现已成为一科学，努力向上，务使其事事趋于学术化"。①

《新闻学刊全集》选取了《新闻学刊》和《新闻周刊》的文章而成，分为通论、演讲、纪事、序言、杂文、短简、小说、附录共八部分。其中以通论、演讲及附录部分较有参考价值，序言、杂文等则叙述北京新闻学会和《新闻学刊》的创办经过。出版时，赵叔雍、徐宝璜、吴贯因都为之作序。《新闻学刊全集》的广告语自诩："聚海内外名家之精华——空前巨制；集新闻学者著述之大成——万有宝库。"

（五）《报学丛刊》——《报学月刊》第一卷的合订本

《报学丛刊》是《报学月刊》第一卷第一至四期的合订本，所以又名《报学丛刊一集》，1930年由上海光华书局出版。

1929年6月，《报学月刊》第四期出版，黄天鹏便开始拟订新的计划："本刊每卷合订成一厚册，以便保存，近辑《报学丛刊一集》，以下递嬗，而至无穷。"②但《报学月刊》四期后就停刊了，该计划并没有实现。

---

①　吴贯因.吴序[M]//黄天鹏.新闻学刊全集.上海：光华书局，1930：11.
②　天庐（黄天鹏）.卷末杂记[J].报学月刊，1929（4）：108.

《报学月刊》是不分栏目的,而《报学丛刊》则将文章分成通论、新闻、广告、教育、法律、速记、邮电、图照、印刷、造纸、调查、序言、杂著、史料、传记、编后、插图、补白共计18个类别,并依此作为《报学丛刊》的总目录;同时还编排有各期的分目录,《报学丛刊》正文内容的安排依旧按照各期的原貌编排。从《报学丛刊》的出版及所载内容涉及的范围可以看出,《报学月刊》已开始阐释一种"大新闻"概念了。

(六)《新闻学演讲集》——复旦大学新闻系新闻讲座文集

1930年,黄天鹏任教于复旦大学新闻系。复旦大学新闻系开设有"报学讲座"与"特别讲座"课,敦请国内外学者来校演讲,或者进行演讲式的指导研究。黄天鹏将听讲者的笔记进行了整理,于1931年10月由上海现代书局出版了《新闻学演讲集》,最后附有黄天鹏的《新闻讲话》。这不仅仅为当时的新闻学研究者与爱好者提供了研究资料,也为今天的新闻学术研究留下了宝贵的可资借鉴的材料。《民国时期总书目》将该作品记载为《新闻学演讲集1》,也有学者认为该书是"现代新闻学丛书"之一。

正处于新闻学著作出版旺盛时期的黄天鹏为什么要花这么多的时间和精力编辑出版前人新闻学研究的论文集呢?从下面的一段叙述中,我们或许可以体会到黄天鹏的初衷和良苦用心。

在第一本处女作完成后,黄天鹏说:"虽然广拾东西洋的学说,内容浅薄得很,但在我这处女作是特得追念的。后一二年新闻学书又有一二本出来了,内容也还丰富,而我那本冒昧出版的小册子,自己觉得实在简陋,但它却给我一个很好的暗示,现在一知半解的知识,还不应妄谈学术,应该埋头研究几年再说。自此数年间没有产生什么作品。"①

三、主持与计划编写新闻学研究大型丛书

重要新闻学术丛书的编纂与出版是新闻学研究发展的重要标志。20世纪二三十年代,"新闻学丛书""复旦大学新闻学会丛书""申报新闻函授学校讲义"三套新闻学术丛书的编纂与出版,引发了新闻学术丛书出版的第一次高潮。其中"新闻学丛书"是中国出版的第一套新闻学丛书,最先是由邵飘萍规划的。邵飘萍设想按照新闻学的学科结构,计划编写一套涵盖新闻学原理、采

---

① 黄天鹏.我从事新闻运动的经过[J].读书月刊,1931(2):109.

访、编辑、广告等内容的新闻学丛书,可惜他只完成前两部《新闻学总论》和《实际应用新闻学》后就被奉系军阀杀害了。但是,这套丛书的出版工作并没有终止。"新闻学丛书"由9本组成,《新闻学总论》为首篇,出版时间跨度达25年。黄天鹏的《新闻学刊全集》《新闻文学概论》也被列入其中。

(一) 计划编写出版多套新闻学丛书

黄天鹏计划编写的新闻学研究丛书与编目主要有三种。虽然其中有些书籍并没有出版,但是这些资料对于研究当时的学术状况及黄天鹏的学术活动轨迹具有重要作用。

1. "逍遥阁新闻学丛书"

上海著作林印行,共分《报学概论》《报坛逸话》《报界公案》《新闻讲话》《望平街上》《世界新闻事业》《无冠天子南巡记》《新闻年鉴》八种。该书目在《中国新闻事业》《中国新闻年鉴1982》中都有记载。其中,《中国新闻年鉴1982》中的《中国新闻书刊简目》记载:"逍遥阁新闻学丛书,黄天鹏著,著作林1928年版。"①但从当前我们所掌握的资料看,这一丛书并没有完全出版。《中国新闻书刊简目》所列的这一书目应该是"逍遥阁新闻学丛书"的一则广告。当时,在新书出版之前很早就发布广告进行推广宣传的情况非常普遍。

2. "天庐丛书"

"天庐丛书"见《报学月刊》第四期书末的广告,包括《洪阳文钞》《报学概论》《望平街上》《报界公案》《新闻讲话》《报坛逸话》《世界新闻事业》《无冠天子南巡记》《新闻学刊全集》《新闻学论文集》共十种,每一种图书还有简要的介绍。

《洪阳文钞》:(一) 天朋论集;(二) 海外译丛;(三) 一天诗话;(四) 十刹说部;(五) 黄钟录;(六) 天庐笺;(七) 天天漫谈选;(八) 佛国听经记。八十万言,学艺灿然大备。千叶题岜有云,天庐大师,追武任公,论报既成一家之言,文艺亦戛戛独造,观其诗词清新,说部颁艳,小品隽逸,内典玄奥,予信斯传之必传也已。书分八卷,分订二函。

---

① 中国新闻年鉴编辑委员会. 中国新闻年鉴(1982)[M]. 北京:中国社会科学出版社,1982:572.

《报学概论》：著者久事报业，以积年之经验，与研究之所获，参拮世界名著，折衡国情编撰而成。着笔于三年前，数经同文检讨，五易其稿，始行增订厘定。计分十二章，共八十四节，次序明晰，说理精湛，而定义界说，尤有独到之见。为报学入门必读。插图多幅，亦外间所不经见。诚近代报学罕有之作，将有日文译本流传东国。

《望平街上》：昔西摩尼斯著《墨街》(The street of ink)风行一世，墨街者英伦报馆荟萃之处之别名，犹海上望平街之称报馆街也。作者以橐笔四方之见闻，望平街上报界之沧桑，闭户匝月，着笔写近世报纸之变迁，人物之出入浮沉，以黄浦滩头为中心，旁及燕辽楚越各地，一笔写来琳琅满纸，可当一部近世报史看，亦可当一部说集读。

《报界公案》：天庐大师所藏新闻剪稿八卷，百年报界尽收剪底，大师前应北京新闻学会之属（嘱），选辑报界公案，自清苏报民吁报诸案，以迄邵林诸狱，以严正之笔，为系统之叙述，并附当日写真及重要文件，有关系琐事，亦酌予采录，千头万绪，一气呵成，文字之有声有色，已久盛传北国报坛。

《新闻讲话》：书为作者学生时代，游学时代，考察时代，教授时代笔记。累积数十巨册，年来于报政余暇，实验其得失，参透个中玄妙，去芜存精，得四万言，字字珠矶（玑），言言金玉，分（一）平大新闻学系杂记；（二）新闻学院讲座笔录；（三）瀛海观报记；（四）报学座讲话；（五）编辑室余墨五卷。

《报坛逸话》：以新闻文艺特殊之风格，淘诗话笔记一炉而共治，写中外报坛趣闻逸事，亦绮丽，亦风光，为编余笔闲唯一之读品。集分（一）天庐谈报；（二）报坛逸谈；（三）报屑录；（四）报余集。逸谈曾刊新闻学刊及南北报章，久已脍炙人口，日人曾译载东报，信为可传之作。

《世界新闻事业》：新闻为近世三大事业之一，未来之世界，将为报纸之天下。然报纸何以具此旋转乾坤之大力乎，则此书乃兹发问之答案。书分四篇：（一）世界新闻事业绪言；（二）世界新闻事业史略；（三）世界新闻事业现况；（四）世界新闻事业之将来。著者费二载之精力，参考书籍不下数百种而成。读者手此一编，不啻卧游一周新闻世界。

《无冠天子南巡记》：（一）无冠天子南巡记；（二）黄帝狩申起居注；（三）圣诞怀往；（四）我献我的生命力于司报之神。第一写南游之观感,与新闻事业之现象。第二为驻驿海上之日记,乃一部新闻记者生活之写真。第三为记者小半百之诞辰,追怀投身报业之经过;第四述对报之兴趣与誓以报为终身职业之故。趣味与价值并茂,装饰亦饶别致。

《新闻学刊全集》:中国新闻界有专门学术刊物,自新闻学刊始,创于民国十六年一月,以迄十八年改组报学杂志,止共刊二卷八期,问世以来,洛阳纸贵,为新闻界开一新时代。近复选辑全集,分通论、演讲、纪事、序文、杂著、短简、小说、附录八篇。首冠海内名家题序,精装一巨册,光华书局印行。

《新闻学论文集》:中国新闻运动,萌芽于有清末叶,而盛于五四运动以后。三二十年来新闻著述,散见报章杂志,今已佚逸殆尽。天庐主人搜罗二百余篇,其中颇有可传之作,光华书局应读者之请求,特恳主人精选数十篇行世,以公同好。年来新闻运动之精华,已荟萃于此矣。戈公振氏序言,允称海内唯一选本。

需要特别强调的是,据笔者考证,上述所列十种著作中的《报坛逸话》《报界公案》《望平街上》三种并未独立出书。1931 年 2 月,上海联合书店出版黄天鹏的《新闻记者的故事》(又名《报坛逸话》)一书。在该书中,作者在 1930 年 10 月 31 日写于上海天庐逍遥阁的《自叙》中说:

> 上面这些伤感的元素,便是我开写这本书的动机。我追忆着,凭吊着,先进的许多热烈的、哀顽的可歌可泣的故事。想写一部《报界公案》,不久因为悲欢离合的活剧太多了,便搁笔了。后来徘徊在望平街上,当酒酣耳热之顷,又想起报界的许多奇情艳事,几个谈天的朋友,大家都幻想着将来的美梦。我又想仿西摩尼斯的墨街的体例,写部《望平街上》,但又因为仓皇流窜到海外,又致辍笔了。现在驱驰在江湾道上,看着许多年青的男女,在新仇旧恨中又引起以前那些无聊的伤感,重新来编写这本书,把它合拢来成为《新闻记者的故事》。①

由此可见,《报坛逸话》《报界公案》《望平街上》并没有独立出书,黄天鹏把

---

① 黄天鹏.自叙[M]//新闻记者的故事.上海:联合书店,1931:4.

有关内容合并成了《新闻记者的故事》一书。

此外,《新闻讲话》也未见出版,但作者在《新闻学演讲集》中将《研究新闻学的方法》《我从事新闻学术运动的经过》《新闻人才的养成与待遇》《注音符号与报纸》《怎样校对》《新闻学研究室谈话》《复旦新闻学会座谈》《复旦新闻学系毕业同学座谈》共八篇文章列入《新闻讲话》中,作为该书的附录。

《无冠天子南巡记》就是《新闻学刊》第一期增刊上的署名为黄粱梦(识)、张一苇编的一篇文章。

3. "天庐新闻学丛书"

"天庐新闻学丛书"由中国新闻学会出版,黄天鹏编,书目见于1931年5月上海光华书局出版的《新闻记者外史》的附录。在1931年5月上海联合书店出版的《怎样做一个新闻记者》的最后一页也附有该书目。1931年3月16日《文艺新闻》第一期头版中心醒目位置还刊载有这一书目的广告。

该书目列出的著作有《新闻学概要》,中华百科丛书,由上海中华书局发行;《天庐谈报(附报坛逸话)》《新闻文学概论》《新闻学刊全集》《新闻学论文集》《报学丛刊》《新闻纸研究》《新闻记者外史》《新闻学讲座》《新闻文作法》,这些由上海光华书局发行;《中国新闻事业》《新闻学纲要》《新闻学名论集》《新闻学演讲集》《新闻概论》《新闻记者的故事》《怎样做一个新闻记者》《现代新闻学》《小学壁报编辑法》,这些由上海联合书店发行;《新闻事业》,社会科学丛书中之一种,由上海大东书局发行。

20世纪20年代末至30年代初,中国新闻学的研究尚处于筚路蓝缕的阶段,黄天鹏编著的这些文集和著作几乎占了当时所有新闻学著作的十之八九。"这些新闻学著作至今对新闻学研究仍有重要参考价值,实在令人赞叹。"[①]

(二) 计划编译整套"新闻学丛书"

黄天鹏编译整套"新闻学丛书"的计划是在1929年开始的,其中既有中国人的著作,也有日本人的著作。在"新闻学丛书"的《卷头语》中,黄天鹏列举的有:

甲、总类:(一)新闻学总论;(二)比较新闻学;(三)中国新闻

---

① 散木.乱世飘萍:邵飘萍和他的时代[M].广州:南方日报出版社,2006:290.

史;(四)世界新闻史;(五)古文今选(历史文献)。乙、分论之一:(一)新闻采访;(二)新闻编辑;(三)新闻写作;(四)新闻评论;(五)新闻速记;(六)新闻漫画;丙、分论之二:(一)报社之组织与管理;(二)新闻广告;(三)报纸发行;(四)印刷技术;(五)新闻照相与制版;丁、专论:(一)新闻理论;(二)新闻法令;(三)新闻资料;(四)新闻广播;(五)时事研究;(六)新闻英语。后因人事星散,这种计划没有完成,但也出了十几种。①

据黄天鹏自己后来说,这套"新闻学丛书"中出版的有《新闻概论》《新闻纸研究》《中国新闻事业》《新闻文学》等。最初拟定的丛书目录见《天庐论丛》,是应上海联合书店特约,黄天鹏在日本编撰了部分。② 尽管留有遗憾,但他对于新闻学的热情投入和卓越贡献,还是受到后人的肯定和敬仰的。

四、编辑出版个人新闻作品集

黄天鹏是新闻学者、教授,也是名记者,有着丰富的新闻实践活动,发表了大量新闻作品。这些作品既反映了黄天鹏的文风、新闻主张,也在一定程度上折射了黄天鹏的新闻理想和人生追求。

(一)《逍遥阁随笔集》

《逍遥阁随笔集》由天庐(黄天鹏)著,1932年8月在上海女子书店出版,章衣萍作《序》,黄天鹏作《自序》。收《逍遥随笔》《天天漫话》和《黄粱残稿》三部分内容。

(二)《逍遥夜谈选》

《逍遥夜谈选》1934年在广益书局出版,署名天庐。黄天鹏主编《时事新报》时,一度兼编《青光》副刊,每日写卷头语,作谈话式小评达三年之久。这些

---

① 刘家林.中国新闻通史(下册)[M].武汉:武汉大学出版社,1995:259-260.
② 黄天鹏.中国第一本新闻学杂志[M]//天庐论丛——黄天鹏先生执教四十年纪念文集.台北:黎明文化事业股份有限公司,1981:36.

文集后来结集成为此书,续集由上海女子书店发行,①后并入《逍遥夜谈选》中。

(三)《黄粱集》

该书为杂文集,1933 年 11 月在上海光华书局出版。内容有 1932 年 12 月徐仲年于南京中央大学写的《徐序》以及作者的《自序》。《黄粱集》主要是 1932 年前和 1933 年初黄天鹏撰写的一些杂文随笔。时值国难,黄天鹏发表了大量的关于抗战救国、批评时政的文章,其风格短小精悍、文笔清丽、深入浅出。

(四)《天庐游记》

《天庐游记》洪阳生著,仅见《报学月刊》中的书目广告。

(五)《逍遥阁谈天录》

此书仅在《天庐谈报》的《序》中提到。

(六)《东北经济调查及考察纪要》

一说《东北经济调查》及《考察纪要》两篇。1931 年时事出版社出版。"九一八"事变前,黄天鹏奉命赴东北调查"万宝山事件",将沿途所见所闻撰写整理后刊登在《时事新报》及《东方杂志》上。

(七)《海天游记》

《海天游记》由黄天鹏与夫人卢小珠合著,1933 年 12 月由汉文正楷印书馆印行。以游记形式记述了作者由上海至广州的海上行程经过,沿途经福州、厦门、香港,各地山水人物,尽收眼底,曾在《时事新报》连载一个多月。

(八)《日韩俄万里游踪》

作者从日本学成回国,途经韩国,绕道俄境伯力,并深入各地,就考察游历见闻,写成文章,发表于天津的《益世报》《北京晨报》和京沪的《中央日报》《旅行》杂志。1930 年收辑成书,由汉文正楷印书馆印行。

---

① 方林.天庐先生著作年表——附创办报章杂志[M]//黄天鹏.天庐论丛——黄天鹏先生执教四十年纪念文集.台北:黎明文化事业股份有限公司,1981:368.

第四节 构建新闻学科体系框架

我国新闻学科体系的基本框架包括新闻理论、业务和历史三个方面,专门研究专著的出现标志着"学科意义上的新闻学由此诞生"①。1929年至1934年,黄天鹏的新闻学术活动最为活跃,出版有新闻理论、新闻实务、新闻史等方面的多种著作。黄天鹏著作的大量出版,无疑完善和丰富了这一学科体系。"徐宝璜、邵飘萍、戈公振、黄天鹏等人通过各自的学术专著的出版,完成了这一阶段新闻学研究的经典化过程。他们与之前的'启蒙时期'的新闻学研究那种单篇散论、注重新闻传播的外在功能不同,而是就新闻学的理论、历史、实务操作等不同领域作了'开山'式的系统论述,初步搭建起学科的框架。"②

一、侧重新闻规律探讨的新闻理论研究

黄天鹏撰写出版了《新闻与新闻记者》《新闻学入门》《新闻学概要》等多种新闻理论著作,使他成为中国早期新闻理论的集大成者。他采取通俗易懂的方式阐释新闻学理,推广新闻学;既借鉴欧美学说,又注重结合中国新闻事业的实际;既注重新闻理论知识的普及和应用,又关注新闻学研究方法的探讨。

(一)《新闻与新闻记者》——黄天鹏新闻学著述的处女作

《新闻与新闻记者》的作者署名为"黄鹏",这是黄天鹏的学名,③本书也是他唯一一本使用学名出版的新闻学著作,由新闻学会④于1922年出版。该书

---

① 吴廷俊.中国新闻事业史[M].武汉:武汉大学出版社,2009:412.
② 谢鼎新.中国当代新闻学研究的演变——学术环境与思路的考察[M].北京:中国传媒大学出版社,2007:38.
③ 天庐主人(黄天鹏).天庐谈报[M].上海:光华书局,1930:2.
④ 此处的"新闻学会"应该是厦门的一个新闻团体,并非《20世纪中国新闻学与传播学·应用新闻学卷》、《中国新闻传播学说史》以及《中国新闻年鉴》(1982)中的《中国新闻书刊简目》等所认为的"北京新闻学会"。北京新闻学会是在1927年1月1日才成立的。

是一本小册子,属非卖品,现已亡佚。①

黄天鹏16岁时离开家乡到汕头读书,期间在一家报馆做了三年的访员后,最后一年的暑假,他从汕头转学到了厦门美华学院。这一方面是为了求学,另一方面也担任那家报馆派到福建去的特派员。此间,他结合自己的新闻经验批评当时报纸流弊,引起报界一些人的反感。然而他不仅没有退缩,反而进一步把这些研究心得写成了著作。"这一时期,我对新闻学已有了一些相当的认识,想到人家著述的丰富,而中国确实这样的冷落,我就把自己读书心得和一点意见,写了一本名为《新闻与新闻记者》的小册子,也就是后来《天庐谈报》最初的蓝本。虽然广拾东西洋的学说,内容浅薄得很,这本小册子却是我新闻著述的处女之作。"②

因其是《天庐谈报》的蓝本,且有部分资料后来辑入《新闻学概要》,所以由《天庐谈报》和《新闻学概要》的内容可见其一斑,《新闻与新闻记者》是一本关于新闻学基础知识的浅显读物。

(二)《天庐谈报》——以《新闻与新闻记者》为蓝本的通俗读物

该书署名"天庐主人",即黄天鹏,由上海光华书局1930年11月出版,是黄天鹏从日本留学回国后根据《新闻与新闻记者》改写的,为其增订本。关于此书写作缘由,黄天鹏在《也是序》中说:"最近一二年来的生活,在我过去的生活史中,要算是著述的年头了。单就新闻学方面来说,就有十几种。那些'因为如此,故此如此,希望如此'的序文,实在做得腻了。这本书我只有6个字可序。这6个字是:献给一个女人。"③该书封面有一个"消失了的女人的艳影"④。在《怎样做一个新闻记者》一书的《跋》中,作者揭开了这位女子的面纱:她便是作者在上海认识的挚友苹君。1930年,黄天鹏从日本回国后,苹君早已出嫁,所以作者才写下如此惆怅的文字。有学者甚至认为,这段恋情是作者从事新闻学术活动的重要原因之一。⑤

《天庐谈报》为原理概论类图书,主要是以谈话式的文体和深入浅出的笔

---

① 黄天鹏.天庐逍遥阁新闻学藏书编目[M]//中国新闻事业.上海:上海书店,1930:319.

② 黄天鹏.我从事新闻运动的经过[J].读书月刊,1931(2):108-109.

③ 天庐主人(黄天鹏).也是序[M]//天庐谈报.上海:光华书局,1930:1-2.

④ 天庐主人(黄天鹏).也是序[M]//天庐谈报.上海:光华书局,1930:3.

⑤ 李秀云.黄天鹏缘何走上新闻之路[J].新闻采编,2008(2):40.

图3-10 《天庐谈报》封面

法来讲解新闻学的一些基本知识、原理，叙述中外的一些报人、报馆的逸事等，分上、下两卷。

上卷《天庐谈报》主要介绍世界和中国的报纸起源和发展、新闻记者的工作职责、报馆的工作方法，还专门谈到女记者的地位、独特作用、适合的专门领域、投身报业的途径等，并主张应该有更多的女记者来从事报业活动，较早关注到新闻行业的性别现象。本卷还附有威廉博士关于报纸的箴言，属于新闻学基本知识。

下卷《报坛逸话》是作者根据十余年在新闻界的所闻、所见和所感写作而成。有些内容曾在《新闻学刊》《报学月刊》或者是北平的《全民日报》、上海的《申报》登载过。卷首的《弁言》为民国著名词学家赵尊岳（赵叔雍）所写，介绍了报业和报学在中国的发展历程、影响，以及黄天鹏留学日本前后的新闻学术活动；肯定了黄天鹏为新闻学术资料的收集保存、新闻学的普及和推广做出的孜孜不倦的努力，盛赞该书"于报学群言之外，别树一家"[①]。

《天庐谈报》一书反映了黄天鹏坚持新闻本位，反对报纸商业化和垄断的新闻观念，提出了理想的新闻记者需要具备七个方面的素质以及读者决定着报纸最终生存的观点。其中，西方新闻界认为"NEWS"是东西南北英文的四个首字母拼起来的观点对黄天鹏很有启发。后来，他在台湾中国文化学院讲授《中国报业史》课程时，自编的课外教材《中华民国新闻事业六十年》就是以中国地理方位上东西南北的四个重要新闻事业中心城市为框架来写作中国新闻史的。

（三）《新闻学入门》——我国第一本专门探讨新闻学方法的著作

《新闻学入门》于1933年4月由上海光华书局出版，全书分为三篇：上篇为研究新闻学的方法，中篇为研究新闻纸的方法，下篇为研究新闻事业的方法。徐宝璜、李公凡等之前对于新闻学研究方法曾进行过论述，但主要见诸个

---

① 天庐主人（黄天鹏）.天庐谈报[M].上海：光华书局，1930：37.

别论文或著作的某些章节片断中。"《新闻学入门》一书看似浅显,实则是新闻学研究的方法论"①。从现有史料看,《新闻学入门》是中国第一本专门探讨新闻学研究方法的著作。

首先,黄天鹏提出新闻学要运用"动的"科学方法来研究。② 研究者首先要根据自己兴趣和需要,有选择性地阅读报纸,时时留心报纸内容特点的变化,有机会还要到报馆进行考察研究。为此,该书中篇部分便详细介绍了研究新闻纸的具体方法。下篇又阐述新闻事业的特质、定义及其与人生的关系,因为黄天鹏认为了解新闻事业的有关理论是从事新闻学研究的前提条件。③

其次,黄天鹏还提出了比较的研究方法。他认为:不同国家或地区因政治背景、国民文化程度以及地理环境的差异,其新闻事业的发展也会有很大的不同,世界报纸有英国式、美国式、法国式、德国式、日本式等区分,"我们若用科学的眼光来研究,就成了比较的新闻学。这种报和那种报相同在什么地方,不同在什么地方,孰优孰劣,可以比较出来"。④ 通过比较,开展符合中国新闻界实际的新闻学术研究,并最终推动新闻事业发展是黄天鹏新闻学术思想的基本特点,也是他开展新闻学术运动的根本出发点。

尤为值得重视的是在书末作为"代跋"的《新 Journalism 的建设》一文。该文写于 1931 年 2 月 7 日,并注明为"明日新闻作"。在这篇文章中,黄天鹏针对中国新闻界的不良现象,提出了从唯物史观和大众出发来开展新闻学术研究的方法。这篇文章也代表了黄天鹏在停止写作新闻学著作前的新闻思想转变。⑤

黄天鹏在《新闻学入门》一书中提出的"动的"和比较的新闻学研究方法多是经验性的概括,也比较浅显。从唯物史观和大众出发来开展新闻学术研究的方法,他仅仅是提出,并没有充分展开论述。但是"研究方法得到重视是学科发展和成熟的标志,这个时期新闻研究中对研究方法的探讨,说明新闻学的学科特征更加鲜明"⑥。在这一过程中,黄天鹏无疑是做出了重要贡献。

---

① 陈华.古今新闻逸趣[M].广州:文化出版社,1987:170.
② 黄天鹏.新闻学入门[M].上海:光华书局,1933:12.
③ 黄天鹏.新闻学入门[M].上海:光华书局,1933:45.
④ 黄天鹏.新闻学入门[M].上海:光华书局,1933:23.
⑤ 黄天鹏.自序[M]//新闻学入门.上海:光华书局,1933:2.
⑥ 吴廷俊.中国新闻事业史[M].武汉:武汉大学出版社,2009:422.

(四)《新闻学概要》——黄天鹏的新闻理论代表作

图 3-11 《新闻学概要》封面

《新闻学概要》于1934年2月由上海中华书局出版,是作者根据在复旦大学新闻系主讲"新闻学讲座"的讲义以及后来编写的《新世纪函授学社新闻学科讲义》增订而成,又名《新闻学纲要》,被列入"中华百科丛书"之一,"为著者二十多种新闻学著述中的总序论,是概论的概论的书。按着初学新闻学的人的程度编的,可作一般国民的常识书籍"①。每章后面备有五道思考题,以便于自学。

此书较为全面反映了黄天鹏关于新闻事业的基本思想。他认为:"健全的新闻事业,一方面是致力于正当的营利方法,以树立事业的物质基础,以扩大其为公众利益而努力的任务;一方面是认清新闻事业是建筑在公益的立足点上,时时以努力公益的任务的精神,以辅助营业的发展。"②这也代表了"新闻本位"时代对于新闻事业性质和特点最高水平的认识。

该书是黄天鹏最后一本新闻理论著作,也是他在大陆出版的最后一本新闻学著作。"九一八"事变后,国内形势发生剧烈变化,服务于民族解放战争的战时新闻学开始逐渐兴起,"新闻学研究的范式从'自身本位'转向以'党报'与'宣传'为特点的话语体系中"③,纯新闻学研究不再受到人们的关注。黄天鹏对新闻事业价值的理性追求已经显得不合时宜。在此之后,黄天鹏就再也没有出版过新闻理论类著作。

---

① 黄天鹏.新闻学概要[M].上海:中华书局,1934.
② 黄天鹏.新闻学概要[M].上海:中华书局,1934:105,112-113.
③ 谢鼎新.中国当代新闻学研究的演变——学术环境与思路的考察[M].北京:中国传媒大学出版社,2007:38.

（五）《现代新闻学》——没有出版的"社会主义新闻学"著作

《现代新闻学》一书被黄天鹏自己称为"划一新时代"的"社会主义新闻学"①。1933年，白瑞华著的《中国报纸1800—1912》中关于《现代新闻学》写道："黄天鹏著，现代新闻学，上海，1930。"②这是目前所见关于该书出版时间的最早记载。其后，《中国新闻年鉴》(1983)的《新闻学书刊简目·建国前出版的新闻学书刊简目(续)》、林德海主编的《中国新闻学书目大全(1903—1987)》(1989)、徐培汀和裘正义著的《中国新闻传播学说史》(1994)、1995年第1—3期《高校社科信息》刊载的《我国新闻学理论研究综述》以及方汉奇主编的《中国新闻事业编年史(中册)》(2000)、单波著的《应用新闻学卷》(2001)、散木著的《乱世飘萍：邵飘萍和他的时代》(2006)等多种文献都认为《现代新闻学》于1930年由上海联合书店出版。及至2011年《古籍新书报》的《国图社推出〈民国时期新闻史料汇编〉》一文仍认为："黄天鹏的《现代新闻学》是当时新闻学理论方面的代表性著作之一。"③但是笔者发现的史料却显示：直到1931年3月15日，《现代新闻学》也没有出版。④

依据之一：关于《现代新闻学》一书的记载，最早见于1931年5月上海光华书局出版的《新闻记者外史》的附录及上海联合书店出版的《怎样做一个新闻记者》所附的"天庐新闻学丛书"书目：《现代新闻学》，定价六角，上海联合书店发行。1935年第一卷第二期《报学季刊》的《新闻学书报目录》也有相同记载。但是这些书目记载都没有列出该书的具体出版时间。

依据之二：《文艺新闻》1931年3月16日创刊于上海。创刊前，袁殊曾专访黄天鹏，讨教办刊方针。黄天鹏曾在《袁殊来访记：文艺新闻创刊闲话——逍遥阁谈天录之一》中写道：

> 他（袁殊——笔者注）先请我恕他的年少的狂妄，继续着天真的自白对新闻学的志趣，大胆地攻击今日办报者的固步自封。末还说

---

① 黄天鹏. 袁殊来访记：文艺新闻创刊闲话——逍遥阁谈天录之一[J]. 文艺新闻. 1931-3-30.
② 白瑞华. 中国报纸1800—1912[M]. 广州：暨南大学出版社，2011：154.
③ 方汉奇. 国图社推出《民国时期新闻史料汇编》[N]. 古籍新书报，2011-8-28.
④ 《申报》关于《现代新闻学》的三则广告分别为：1931年3月14日：现代新闻学，黄天鹏著，即出；1931年8月16日：现代新闻学，黄天鹏著，在印刷中；1931年9月13日：现代新闻学，黄天鹏著，实价七角。

到寥寥的几位新闻学者的暮气。我吃了一惊,这正是我的心病。在过去,有人歌颂我为集新闻学的大成者,也有人骂我卖新闻文化的膏药。然而到今日为止,中国新闻学的书报,大半出我的手,无论如何,都是千真万确的事实,我实在未老先衰有点暮气了,总是站在资本主义下谈改良报纸;划一新时代作品的《现代新闻学》即社会主义新闻学,彻底的报纸革命,到现在还没问世。近来简直没有发行的可能了。从这一点上袁殊便比我勇敢得多了。①

此文写于1931年3月15日,也就是在《文艺新闻》创刊的前一天。这也是目前发现的唯一一处关于《现代新闻学》这本书内容的介绍。由此可见,截至1931年3月15日,《现代新闻学》还没有出版。有鉴于此,有关文献认为《现代新闻学》1930年由上海联合书店出版的说法自然也就不成立了。

依据之三:笔者在国家图书馆、上海图书馆、e读(全国高校图书馆联合馆藏)、大学数字图书馆国际合作计划网站等均未见其版本,也未见后人引述过该书内容或详细介绍过该书。《天庐论丛》的《天庐先生著作年表》中没有该书;最近两年出版的《民国时期新闻史料汇编》和《中国人民大学新闻学院藏稀见民国新闻史料汇编》也未见收录有此书。而记载《现代新闻学》出版信息的"天庐新闻学丛书"书目等仅是一则广告。后人如果根据广告就认定《现代新闻学》出版了,容易导致以讹传讹。书在出版之前就登广告在当时很普遍,比如黄天鹏的《新闻记者外史》,"这本书的广告,一年前就登出去了"②。又如"天庐新闻学丛书"书目是1931年刊出的,但该丛书中的《新闻学概要》迟至1934年才出版。

黄天鹏为什么会计划写作宣传"彻底的报业革命"和"社会主义新闻学"的《现代新闻学》?但为什么又没有出版呢?笔者认为,这应该是由当时特定的社会环境所导致的。

这一时期,黄天鹏受到马克思主义思潮的影响,也目睹了中国新闻业商业化运作的弊端,他在这种心境下试图对新闻学进行一些新的研究。黄天鹏从日本回国后不久,在复旦大学新闻学会座谈上,就积极呼吁要"建设新

---

① 黄天鹏.袁殊来访记:文艺新闻创刊闲话——逍遥阁谈天录之一[N].文艺新闻,1931-3-30.

② 黄粱梦(黄天鹏).新闻记者外史[M].上海:光华书局,1931:138.

Journalism 的理论造成新闻学的中心"①。1931年2月7日,他又专门撰写了《新 Journalism 的建设》一文,提出从唯物史观和大众出发来开展新闻学术研究的主张。《现代新闻学》也正是计划写作于这一时期,既反映了黄天鹏思想的转变,也可以看作是他对建设"新时代的新 Journalism"的一次大胆尝试。但由于国民党政府实行严格的出版检查制度,黄天鹏此时也进入与国民党有密切关系的《时事新报》供职,后来又与国民党高层关系密切,所以《现代新闻学》的出版自然也就不了了之了。

二、重在总结实际经验的新闻实务研究

黄天鹏早年从事报刊活动,做过记者、编辑、特约通讯员。他对报界的墨守成规和不思进取非常不满,也对新闻人才缺乏导致新闻事业不发达有深刻认识。因而,他的新闻实务类著作与一般同类著作有所不同,更注重从学理上对新闻实务问题进行分析,特别强调健全的新闻人才培养。他认为只有这样,新闻工作才能真正达到真善美。他用笔名写作的一首诗歌《理想中的一个新闻记者》,就深深地表达了他对新闻记者寄托的美好愿望和对新闻记者高尚人格的热烈追求。

(一)《新闻文学概论》——我国第一本研究新闻文体的理论专著

该书1930年8月初版,1941年9月再版,由上海光华书局出版,是黄天鹏在日本撰写的新闻研究著作之一。《新闻文学概论》又名《新闻文学导论》,有日文译本,作者用三年时间才完成此书。②

随着报纸的发展,新闻体裁的运用也日益广泛,"在组织上,在性质上,渐渐地独立起来,成为一种新闻的文学"③。尽管早在1926年3月,徐霄汉(即徐凌霄)就在《新闻学刊》第一卷第二期发表了《新闻文学概论》一文,但后来并没有继续研究撰写成书出版。黄天鹏"觉得新闻文学既经成立了,我们就应当研究……新闻纸是人类精神的食粮,我们应该起来研究和提倡,使他达到真善美的境地"④。1928年,黄天鹏去日本留学期间穷困潦倒,多处求助未果,看尽

---

① 黄天鹏.新闻讲话[M]//新闻学演讲集.上海:现代书局,1931:218.
② 天庐(黄天鹏).自序[M]//逍遥阁随笔集.上海:女子书店,1932:4.
③ 黄天鹏.新序[M]//新闻文学概论.上海:光华书局,1930:1.
④ 黄天鹏.新序[M]//新闻文学概论.上海:光华书局,1930:3.

人间世态炎凉,便"假笔墨以消闲愁,积久而成帙,集而刊之,此《新闻文学概论》之所由来也"①。黄天鹏还自豪地写道:"以新闻文学专书,自我作古。"②

《新闻文学概论》具体阐述了新闻文学的成立、特质、体裁、演进、变迁、分类、影响和将来,分述了评论、新闻、余兴、广告等不同文体,有大量实例,注重新闻写作和综合编辑法的介绍,实用性较强,是国内第一本论述新闻文体的专著。他将新闻文体的发展视为一种文学现象,上升到学理的层面进行研究,提高了新闻学术研究的地位。

此著作也是较早关注文学发展与媒介之间密切联系的专著,其论述虽不乏缺憾,但是却为人们对新闻学的深入研究提供了一种新的视角③,有利于新闻学交叉学科的建立和发展。

(二)《怎样做一个新闻记者》——关于新闻记者工作和素养的专论

《怎样做一个新闻记者》又名《新闻记者论》,于1930年由上海联合书店出版;1931年5月再版时,改为现名。该书作者署名"天庐"(黄天鹏),共分九章,论述新闻记者的起源、地位、资格、分类、责任、教育、待遇、团体及将来等问题。黄天鹏认为,作为一个新闻记者,就是历史的采访者、立言人,所以应该审慎从事,对历史负责。附录为《怎样做一个新闻读者》④《一个新闻记者的自述》和黄天鹏的《跋》;书末还刊有黄天鹏编的《天庐新闻学丛书》书目广告。

应当引起我们注意的一个问题是,黄天鹏在书的开篇引用署名为 MissC. CTien 在"上海江湾"写的诗歌《理想中的一个新闻记者》作为"代序",表明他对一个理想的新闻记者的看法。这首《理想中的一个新闻记者》的作者署名为"MissC. CTien",但到底是谁创作了这首"格调激昂,笔锋犀利"的诗歌,此前的不少著作中都没有涉及这个问题。笔者通过对这首诗歌的落款、内容、写作背景等方面进行分析,认为"MissC. CTien"应该是黄天鹏使用的笔名⑤。

首先,诗歌结尾注明是写于"上海江湾",而上海江湾正是复旦大学新闻系

---

① 黄天鹏. 旧序[M]//新闻文学概论. 上海:光华书局,1930:6.
② 黄天鹏. 旧序[M]//新闻文学概论. 上海:光华书局,1930:6.
③ 贺昌盛. 中国现代文学基础理论与批评著译辑要1912—1949[M]. 厦门:厦门大学出版社,2009:376-377.
④ 很多文献错为《怎样做一个新闻记者》,如林德海主编的《中国新闻学书目大全(1903—1987)》、徐培汀著的《二十世纪中国的新闻学与传播学》、周伟明主编的《中国新闻传播学图书精介》等。
⑤ 刘建明等著的《中国媒介批评史》也认为该诗为黄天鹏所作,但未说明原因。

所在地，也是黄天鹏当时任教的地方。1930年5月，黄天鹏从日本留学回国，受谢六逸邀请，秋季即到复旦大学新闻系任教。《理想中的一个新闻记者》写于1930年11月10日，是在黄天鹏到复旦大学任教之后。这一时期，黄天鹏所作多种著作的序都以此落款或提到这一地名。如"天庐主人1930年，冬日，时客江湾，"①"现在驱驰在江湾道上"②等。

其次，诗歌格调激昂，笔锋犀利，恰与作者当时的心境及对当时新闻业现状强烈不满的情绪相一致。黄天鹏这时刚刚从日本回国，物是人非，引起他无限的伤感。长期的漂泊生活，也使得他感到无比的凄凉和冷落。所以，他在《怎样做一个新闻记者》中就直言不讳地说："我编述这本书是在一个心绪极恶劣的时候，遗漏和不妥的地方，希望读者格外的原谅和指教。"③而且他认为最近几年间新闻界商业化趋势越来越明显，已经到了无法容忍的地步。正是针对新闻界的不良现象，他很有可能创作了这首笔锋犀利、激情四射的诗作。

再次，严格的出版检查制度使得他只能用笔名发表激进言论。国民党执政后，成立了一系列的专门机构，形成了严格的检查体制。国民党中宣部设有中央图书杂志审查委员会，在各省市也都有相应的审查分支机构。1930年12月，国民党更是制定《出版法》以对出版品内容进行严格限制。在这种情况下，为了不招惹麻烦，发表像《理想中的一个新闻记者》这样的激进文字，使用一个外国人的笔名无疑是最为稳妥的办法。书末附录的《跋》中说："Miss C. C Tien的佳作代序，给这小书增了不少的光彩，并致我的谢忱。"④这也应该是作者迫于当时严酷的社会环境使用的假托手法。

（三）《新闻文作法》——关于新闻写作技法

《新闻文作法》一书于1931年由中国新闻函授学校出版。此时，黄天鹏正在《时事新报》担任通讯部主任。

> 通讯部的主要任务是对访员及一般投稿者施以特别的训练：一方面是灌输新闻学的知识，使访员更能尽他的职责，投稿者也能适合

---

① 天庐主人（黄天鹏）. 也是序[M]//天庐谈报. 上海：光华书局，1930：2.
② 黄粱梦（黄天鹏）. 自叙[M]//新闻记者的故事. 上海：联合书店，1931：4.
③ 天庐（黄天鹏）. 前言[M]//怎样做一个新闻记者. 上海：联合书店，1931：2.
④ 天庐（黄天鹏）. 怎样做一个新闻记者[M]. 上海：联合书店，1931：123.

报馆的需要。另一方面是把那些不适用的稿子改正寄回,像国文教员批解课文一般……这是中国新闻界一种新的尝试,由这种新的尝试我就想编述一种类似讲义的东西。——就是新闻纸上的文字应该怎样的作法,简称《新闻文作法》。新闻纸上的文字,我尝作了一本《新闻文学概论》,但这书偏于理论方面,是专为从事新闻事业的人说的。而这本《新闻文作法》却略有不同,比较上侧重技术方面,希望成为一般人应具的写作技能。全篇共分为六讲,拟分讲在《文艺创作讲座》发表。将来也许另行修正出单行本。①

《新闻文作法》一书的内容分为:序论;第一讲新闻文的发端,包括新闻文的意义、起源和形成;第二讲新闻文的内涵,包括新闻文的本质、两元和技巧;第三讲新闻文的分类,包括论说文、叙事文、特殊文和趣味文;第四讲新闻文的作法,分为写实派、印象派、古典派和浪漫派;第五讲新闻文的艺术,包括明快、简洁、风趣和特创;第六讲新闻文的功用,包括社会的反映画、人类生活的记录和日常的文学。

目前,笔者仅查到1931年《文艺创作讲座》第一期发表的该书序论部分,未见有完整的单行本问世。在检索中发现,台湾成功大学台湾文学系所藏文献目录中有该书的检索书号,应是有该书的收藏。

三、梳理新闻业发展理路的新闻史研究

学科是历史的产物,"新闻学研究能否成为真正的科学,就看研究者在何种程度上建构历史意识的神圣地位"②。黄天鹏始终重视新闻史研究,内容涉及中国新闻事业通史、新闻学术史、画报史、新闻教育史、通讯社史、新闻人物史、外国新闻事业史、新闻史观等,并在多个领域做出了开创性贡献。他的新闻历史著作各具特色,或史论结合,或借用小说体裁讲述新闻故事,或从区域视角审视新闻事业的历史发展状况。尤其值得注意的是,黄天鹏还是现代最先关注新闻学术史的学者,拓宽了新闻史研究的范围。

---

① 黄天鹏.新闻文作法(序论)[M]//光华编辑部.文艺创作讲座(第一期).上海:大光书局,1935:2.
② 王春泉.历史意识在新闻学研究中的意义[J].西安电子科技大学学报(社会科学版),2001(1):63.

(一)《中国新闻事业》——一本史论结合的新闻史著作

《中国新闻事业》一书于 1930 年 9 月由上海联合书店出版,是黄天鹏根据在日本新闻研究所撰写的论文增订而成。书中记述了中国新闻事业的历史、现状和将来,并附有全国报馆调查录、国民政府出版条例、新闻界近百年大事记和天庐逍遥阁新闻学藏书编目。该书在当时是很有影响的著作,曾多次再版,在日本以《支那の新闻事业》为名,由东京新闻社出版。此书并非纯粹的新闻史著作,它既注重史料展示,又尝试运用理论阐释新闻现象,初步体现出了史论结合的特点。

黄天鹏写作此书,"一欲以历史之眼光探讨新闻事业之过程,及其对社会文化之影响,而厘定其在学术上之位置;二欲以自身十年治报之经验,记述新闻事业之现状,与其应兴应革之端,露布世人所目为报馆之谜,而共扶掖斯业之发展;三欲以海外观察之所得,鉴既往示将来,俾不复履先进者之覆辙,而获逯致绪坦荡之大道"①。因此,黄天鹏在该书《绪论》中就新闻理论的一些基本问题,如新闻事业的性质、定义等,阐述了自己的观点,认为新闻事业具有"五性",即公共性、舆论性、教育性、艺术性、一般性。在《新闻事业之将来》一节中,黄天鹏更是注重用新闻理论来分析当前的新闻业,并为新闻业的发展指明方向,认为新闻事业的公有化将是未来新闻事业发展的理想途径。

收录我国新闻事业的大量原始资料是本书的一个重要贡献。如《时事新报读者参加商标竞赛会规则》《上海特别市取缔报纸违禁广告规则》《新闻报广告简章》《大公报批销草程》《世界报社附设报童工读学校章程》等。书末随附的黄天鹏托复旦大学新闻系王重言整理的《全国报纸调查录》,体现了当时媒体的区域分布;《报纸之新闻与广告分析》则反映了当时中国报界媒介批评的情况以及定量研究的水平;《天庐逍遥阁新闻学藏书编目》收录了新闻学著作和期刊近 50 种。这些史料对研究这一时期我国的新闻事业都具有一定的参考价值。

(二)《新闻记者的故事》——第一次以"黄粱梦"为笔名的著作

《新闻记者的故事》于 1931 年 2 月由上海联合书店出版,又名"报坛逸话",但不同于《天庐谈报》中的《报坛逸话》。《新闻记者的故事》是同《新闻学讲座》一起由黄天鹏在上海时撰写的,署名"黄粱梦",是黄天鹏第一次使用这

---

① 黄天鹏.自序[M]//中国新闻事业.上海:联合书店,1930:1-2.

一笔名。《新闻记者的故事》是一部新闻记者"外史",讲述了近几十年来新闻界的秘闻和新闻记者可歌可泣的故事,涉及的名人如天南遁叟、饮冰室主人、鉴湖女侠等,报案如苏报案、京报杨翠喜案、臣记者案等。

黄天鹏从日本回国后,追忆以往的黄金岁月,有感于人世沧桑,同时对于当时报界的萎靡不振又不禁引发怀古的心情,就想起了先辈们许多热烈的、可歌可泣的故事,因而决定写作一本《新闻记者的故事》,以唤醒以往的报业热情。正如黄天鹏说:"我固然有追怀凭吊的幽情;然而我立言的主旨,却在'故事'以外先进立身处世的遗泽,使社会对新闻记者有更深刻的认识。"①

该书之所以用"黄粱梦"作为笔名,正如黄天鹏在给莲君的回信中所说:"我也正像这个故事的主人,因为这是做梦,我还想生,又继续着这梦般似的新闻记者生涯了。然而我为象征这个生活,就用了'黄粱梦'这三个字做我的笔名,这也算是一个新闻记者叫做黄粱梦的故事罢。"②

(三)《新闻记者外史》——《天庐谈报》和《新闻记者的故事》的结合

《新闻记者外史》于1931年5月由上海光华书局出版,署名为"黄粱梦"。该书是黄天鹏编写的记述中外记者和报纸逸闻的事迹,也有一些关于个人经历的记述,内容通俗浅显,趣味性较强。

鉴于以往"新闻学理论的书,大半庄严而易涉枯涩;而且是专门的科学,不容易普及一般的读者"。《天庐谈报》和《新闻记者的故事》"在这新闻学刚刚萌芽的时期,为适合一般读者的程度,我又兼在注意到'趣味'方面","这二本小册子的销路,超过一切新闻学书籍的销量记录。申报的'书报介绍'也很称许采用这种叙述的方法,来灌输新闻学的常识。由这上面的鼓励,赶着新年几日的空暇,就来继续这种工作,以《天庐谈报》为内涵,而以《新闻记者的故事》为外形,写了这本急就章的《新闻记者外史》"。③ 该书借助"近乎小说一类的体裁,来描写新闻记者的故事",但作者"编述的动机和目的,并不单纯地给读者以一种兴趣,而是在想使读者从故事里而认识新闻记者,或更进而引起从事这种高尚职业的志愿"④。

---

① 黄粱梦(黄天鹏).新闻记者外史[M].上海:光华书局,1931:9.
② 黄粱梦(黄天鹏).新闻记者外史[M].上海:光华书局,1931:108-111.
③ 黄粱梦(黄天鹏).新闻记者外史[M].上海:光华书局,1931:6.
④ 黄粱梦(黄天鹏).新闻记者外史[M].上海:光华书局,1931:6.

(四)《中华民国新闻事业六十年》——第一本按照区域编写的新闻史教材

1970年,黄天鹏在台湾为国史馆撰修《中华民国六十年史事纪要》及《国民大会通志》时,收集了大量历史资料,他便着手编写了《中华民国新闻事业六十年》。当时,他正好在台湾中国文化学院新闻系主讲《中国报业史》这门课程,该书就作为学生的课外补充教材。①

该书由仿造 NEWS 的字母组成,以东南西北四个城市作为中心来讲述中国新闻事业六十年的发展变迁,体现了黄天鹏的区域新闻学思想。"北"指北京,从民国建立(1912)起至1928年止,北京是政治中心,政治新闻影响全国局势。新闻事业的重镇是上海,其次是天津、广州。"南"指南京,1928年北伐成功后,南京国民政府成为政治中心,新闻事业仍然主要分布在上海、广州等沿海城市。"西"指重庆,抗战全面爆发后,各大报纸以及一些著名报人云集重庆、桂林等地,重庆成为抗战时期新闻事业的领导中心。"东"指台湾,1949年,国民党退守台湾,国民党的党报机关随之迁到台北,并与泰国、越南等地的一些海外华文侨报组成以中国台湾为中心的新闻事业体系。②

黄天鹏是第一个从区域视角来审视全国新闻事业发展的新闻学者。早在1927年《新闻学刊》第四期的《中国新闻界之鸟瞰》一文中,他便根据"中外报章类纂社"的报刊调查统计数据,结合政治、经济和地域对报刊的创办和经营状况进行分析,"颇具报业市场研究的方法论意义"③。在《中国新闻事业》一书中,黄天鹏更是注意中心城市与一般城市、城市与乡村新闻事业的不同。其中"记七大城市报纸之近况"一节从政治、经济、文化等角度分析了上海、北京、南京、天津、广州、汉口、辽宁报业的各自特点,这也表明按照地域来写作新闻史的思想在此时就已萌芽。在20世纪二三十年代,黄天鹏就开始注意审视和研究中国报业区域市场的历史现象。虽然这些阐释和分析还不够完善,但是这种审视区域报业现象的视点与方法无疑是具有前瞻性的,在当前仍具有借鉴意义。

---

① 黄天鹏.新闻教育四十年(下篇)——自由中国新闻教育的复兴[M]//天庐论丛——黄天鹏先生执教四十年纪念文集.台北:黎明文化事业股份有限公司,1981:71.

② 黄天鹏.西来佛金刚法会——记班禅活佛献戒林主席遗事[M]//天庐论丛——黄天鹏先生执教四十年纪念文集.台北:黎明文化事业股份有限公司,1981:343.

③ 李频.大众期刊运作[M].北京:中国大百科全书出版社,2003:355.

（五）《新闻记者之生涯》的《生》——黄天鹏的自传类著作

关于黄天鹏的自传，除了有《寒窗的回忆》《我从事新闻运动的经过》《新闻记者生活的回顾》等几篇文章外，《中国近代报刊史参考资料（下册）》中索延芳的《旧新闻学书刊目录》还记载道："新闻记者之生涯，黄天鹏著。"①《中国新闻年鉴(1983)》的《新闻学书刊简目·建国前出版的新闻学书刊简目（续）》也有相同的记载。虽然笔者并未查检到《新闻记者之生涯》这本书，但据有关史料分析，笔者认为黄天鹏应该写作并出版了自传性著作《新闻记者之生涯》的第一部《生》（即《流浪人》）以及第二部《恋》。

首先，有关黄天鹏自传出版的计划、写作自传的新闻报道和出版预告。1931 年，黄天鹏和友人计划按照自己的报业理想创办一份报纸，并说再过两三年，他三十岁了，想写一部《新闻记者之生涯》来做纪念。②《文艺新闻》第二十一期的一篇《无冕帝王的生涯：生—恋—报三部大曲——天庐主人写自传》新闻报道也说：黄天最近在《时事新报》供职的闲暇时间，开始写自传《新闻记者之生活》，全书分为《生》《恋》《报》三部。《生》是叙述他的身世、故乡的风土以及少年时代的生活；《恋》是一部恋情录；《报》则叙述他从事报业的动机、经过以及数十年来新闻记者的经验。这些报业经验，他还将用来作为沪江大学下期主讲新闻学专修科目的讲稿。全书二三十万字，大约秋季可以完稿；不久即可在现代书局、光华书局发售预约。③ 到了 1932 年 5 月 14 日，上海《申报》又刊登《女子创办"女子书店"出版预告》，称女子书店将出版"黄天鹏自叙传"《流浪人》。④

其次，黄天鹏自己曾在著作中引用了自传的内容。1932 年 6 月 27 日，黄天鹏在《逍遥阁随笔集》中写道，"记得自叙传中有一段感想说：从小为了'家难'离开故乡，到外边度着流浪的生活，在黑暗冷酷的人海中，摸索着自己飘渺的旅途"⑤。同年 12 月，徐仲年在《黄粱集》的《徐序》中也引述了这段话。1933 年 8 月，黄天鹏在《逍遥夜谈选》的"捧"与"骂"中又说："我本是个平凡

---

① 索延芳.旧新闻学书刊目录[M]//中国人民大学新闻系.中国近代报刊史参考资料（下册），1980：816.
② 黄天鹏.新闻记者生活的回顾[J].读书月刊，1931(6)：106.
③ 无冕帝王的生涯：生—恋—报三部大曲——天庐主人写自传[N].文艺新闻，1931-8-3.
④ 鲁迅.鲁迅全集（第 12 卷）[M].北京：人民文学出版社，2005：304.
⑤ 黄天鹏.逍遥阁随笔集[M].上海：女子书店，1932：3.

无聊的人,在我自叙传《流浪人》并不讳言,少年时代痴情的行为,第二部《恋》也不曾掩饰。"①这些都可以表明,《新闻记者之生涯》的第一部《生》(即《流浪人》)和第二部《恋》应该已经写作或出版。

第五节 创建全国性新闻学术研究中心

黄天鹏的新闻学术活动除了创建北京新闻学会(后改名为中国新闻学会)、创办新闻学专业刊物、编印新闻学术研究文集,构建包括新闻学理论、新闻业界实务和新闻史学等内涵的新闻学科体系外,他还通过创办复旦大学新闻学研究室来实现创建新闻学术研究中心之目标。

一、黄天鹏组建复旦大学新闻学研究室缘起

黄天鹏创办复旦大学新闻学研究室,是借鉴当时日本先进的新闻教育方式并结合中国新闻教育实际情况的结果。新闻学研究室的创办不仅提高了学生的动手能力,而且提高了新闻学术研究的水平。

(一) 日本新闻教育对黄天鹏的影响

日本正规新闻教育发轫于1929年东京大学新闻研究室的成立。1927年4月,新闻记者培养的专业民间机构——日本新闻学院成立,这是一所较大规模的专业记者培养学校。创办人永代静雄先生曾经在《新闻及新闻记者》杂志社担当要职,后来相继在《东京每日新闻》《东京每夕新闻》《中央新闻》等媒体工作。1922年1月他创办了日本新闻研究所,并创刊《新闻研究所报》,给当时新闻学研究者提供了一个发表学术成果的民间场所。

黄天鹏在日本留学时,就是在永代静雄的新闻研究所学习新闻学的。该研究所的很多做法和理念对黄天鹏都有着深刻的影响。

这时日本新闻教育还不发达,帝大正筹集六十万美元开办新闻

---

① 黄天鹏."捧"与"骂"[M]//逍遥夜谈选.上海:广益书局,1933:79.

学部,特地到德国聘请新闻学教授主讲,明治大学也拟设新闻学课程。设备较完整和有点历史的,还算东京新闻研究所,所长永代静雄,办有新闻学院及函授学校,印行《新闻大学讲义》十二讲,所中又发行《新闻日刊》,每日一小张,专载新闻论文及新闻界消息,每年编有《新闻年鉴》,该所规模不大,而能兼采德美教育之长,学习兼重,训练新闻专才,实为一完整的新闻教育计划和正确方向。各大报社也尽量与所方合作,予学生以实习和参观的便利,尤其优先就业的机会,更值得称道。我深受了这种自由研究风气的影响,回国后屡想创办中国新闻研究所,附设小型报社,编印新闻丛书。人事匆匆,一再试办,孤掌迄无一成。"①

(二) 满足新闻人才培养的迫切需要

黄天鹏认为,中国"新闻事业幼稚病的症结,可以说是由于专门人才的缺乏","因此新闻教育在我国是最需要不过了"。② 因此,学成归国后,黄天鹏便借鉴日本的做法,提倡建立大学新闻研究室,以培养新闻人才。

1931年新闻学研究室成立后,黄天鹏经常安排学生调查报业情况。假期黄天鹏还亲自率领学生到各地进行考察,参观《申报》《时事新报》等报馆。

参加1935年复旦大学世界报展筹备和组织工作的舒宗侨、唐克明、夏仁麟、盛澄世、盛维荣等都是当时新闻系四年级的学生。报展筹备期间,他们更是把新闻学研究室作为"报展"办公处所,夜以继日地做拆阅、登记、分类的工作,为展览会的顺利举办发挥了作用。

展览室"壁上悬挂的统计图表甚多,皆复旦大学新闻学系同学所制,甚精美;其中民国二十四年四月三十日上海各报软硬性新闻比较表一幅,尤为观众所称誉"③。

1934年前后,黄天鹏因在成都没有参加复旦大学世界报纸展览会的工

---

① 黄天鹏. 新闻教育四十年(下篇)——自由中国新闻教育的复兴[M]//天庐论丛——黄天鹏先生执教四十年纪念文集. 台北:黎明文化事业股份有限公司,1981:39-40.
② 黄天鹏. 新闻人才的养成与待遇[M]//新闻学演讲集. 上海:现代书局,1931:189.
③ 胡道静. 上海世界报纸展览会参观报告[M]//上海通社. 上海研究资料. 上海:上海书店,1984:430.

作,但世界报展的筹备和举办实际上完全是以新闻研究室所做的工作为基础展开的。曾参加这次报展工作的盛维荣后来回忆说:"廿四年是复旦大学创立三十周年,各个学系都有纪念性活动,新闻系师生就以举办世界报纸展览会为主要纪念项目。这是新闻研究室工作的一部分,筹备工作早在一年以前就已开始。最初举办世界报纸调查,尽其可能,搜集各国资料,然后发信分别征求,没有寄来的,再写信去催,以期无漏网之鱼。"①

实践证明,新闻学研究室的创办和运作对新闻人才的实践和调查研究等能力的培养发挥了明显作用。黄天鹏创办的新闻研究室集资料室、研究室、实验室和展览室于一体,为世界报展的顺利举办培养了人才,积累了初步经验,也奠定了必要的物质基础。

(三)建设新闻学术中心点的目标

黄天鹏认为,"上海是全国新闻事业的中心,也是新闻学术的中心,而新闻学术的中心点就是复旦大学新闻系"。他号召全系师生,"勇敢而无疑地负起这个使命来"。

黄天鹏指出,若想把复旦大学新闻系建设成为新闻学术的中心点,就要抓住"本系的灵魂",即本着"为学术而牺牲的精神","使研究室的设备完善,组织严密,为研究新闻学的宝库,同时也可做新闻界的博览馆"②,"新闻学研究室的重要,正像大学的图书馆,或是化学系的实验室一样。一个大学若是没有图书馆,怎么来研究高深的学术?一个化学系若是没有实验室,化学便成了纸上的空论。新闻学系的新闻学研究室也正是这个道理"③。黄天鹏更是将组建新闻学研究室看作是当时复旦大学新闻系"唯一的要图"④。

正是由于上述多种原因,黄天鹏受邀到复旦大学新闻系任教后不久,就向校方提出设立新闻学研究室的建议,并很快就得到了校务会议通过和全力支持,黄天鹏立即开始筹办。

1930年12月17日下午三点,在学期结束之际,复旦大学新闻系召开了一次全体师生大会,推选出下届执行委员九人,通过了研究室具体计划书,并

---

① 黄天鹏.新闻教育四十年(上篇)——中国新闻教育的创办与变迁[M]//天庐论丛——黄天鹏先生执教四十年纪念文集.台北:黎明文化事业股份有限公司,1981:56-57.
② 黄天鹏.复旦新闻学会座谈[M]//新闻学演讲集.上海:现代书局,1931:26.
③ 黄天鹏.新闻人才的养成与待遇[M]//新闻学演讲集.上海:现代书局,1931:19.
④ 黄天鹏.新闻学研究室谈话[M]//新闻学演讲集.上海:现代书局,1931:209.

聘黄天鹏为研究室主任。会上,王德亮、杜绍文两位同学提交了《复旦新闻学系研究室初步计划书》一文,长约万言,其中拟有具体方案。在"缘起"部分写有同学们应遵守的信条,内容是:从今以后,脚踏实地、实事求是地到研究室里研究新闻学,研究室是研究新闻学之府库,研究室是新闻学之源泉,研究室是新闻学之魂灵,研究室是研究新闻学最好之良好(此处的"良好"有误,应为"良友"),研究室是新闻学最好之导师,研究室是研究新闻学之修养所,研究室是研究新闻学之试验场,到研究里去拥护我们的研究室。①

二、复旦大学新闻学研究室的筹建及其运作

黄天鹏按照组建全国新闻学术研究中心的目标对新闻学研究室的内部设置进行规划。他认为,"研究室比讲堂好得多,因为讲堂只给你一种课本的知识,只告诉你一种研究的方法,好像给你一把钥匙,学术宝库的打开,要靠自己的力量。学生要研究真正的学术,只有到研究室去"②。他提出并认真践行新闻学术研究要与新闻事业实践紧密结合的主张。

(一)新闻学研究室的内部设置

1930年寒假,黄天鹏拟定了复旦大学新闻学研究室运作的详细计划,研究室内部设置包括陈列部、图书部、学术部、实习部、调查部五大部分。

(1)陈列部。按照实物标本,陈列品具体分为以下几种:① 新闻的起源——古代信息传播的方法,即口述新闻、手抄新闻等,用图画表现出来。② 报纸的起源——包括三代的告示、汉唐的邸报、清代的京报、近代的政府公报、最初的民报、各类报纸的表报等。③ 印刷的样品——比如木刻活字、铅字、铜模、木版、锌版、铜版以及印刷的手摇机、新式的美德印刷机等。④ 原稿的样子——如新闻采访稿、电报原稿、校对的小样与大样等。⑤ 图解和统计——如通信网、读者比较表、中纸西渐表、发行额与广告额的统计表等。

(2)图书部。图书部包括普通藏书和专门藏书两部。普通藏书依照图书

---

① 冰也.复旦新闻学系全体大会[N].申报,1930-12-19.
② 黄天鹏.新闻教育四十年(上篇)——中国新闻教育的创办与变迁[M]//天庐论丛——黄天鹏先生执教四十年纪念文集.台北:黎明文化事业股份有限公司,1981:44.

馆的分类方法或者暂时先把这类图书寄存于校图书馆,等研究室扩大了,再收回自办。专门藏书是指新闻学类的书,包括新闻书籍、新闻学刊物、报纸汇存、剪报分类、杂类等。

(3)学术部。课外研究及指导统称学术部,也安排有学分。如果有人喜欢课外研究某一专门问题,比如编辑或广告等,就由教授进行指导,研究期间可以提出一些疑难问题或发表研究心得。学期末,教授根据学生的报告研究成果,给以适当学分。

(4)实习部。新闻系应有像报馆一样的专用建筑物,底层设为印刷机器间,第一层为营业部和办公厅,第二层为编辑部和排字部,第三层为教室和大讲堂,第四层为研究室、剪报室、图书室等。楼顶还应设有花园、电报台、气象台、信鸽台等。这样才能真正适合于理论和实际的应用。

(5)调查部。"办新闻教育最重要的,是不能离开现实,所以对新闻事业的现状,要有精确的调查,来作施教的方针。"①调查形式有两种:一是新闻事业调查,主要是制作调查表,寄到各地报馆及新闻团体,请其逐条填写并寄回,学生再进行统计,这些工作具有重要历史价值;二是实地考察,组织"观察团",鼓励学生到国内外去实地考察,或者作为假期作业,学生放假回家时顺便完成,形成报告。

黄天鹏主张创办研究室应从大处着眼,从小事做起。他先把学校的校刊扩大改为日刊或三日刊,原有的编辑室改成了一个小型报社,设社长室、营业部、编辑部、印刷部,暂时没有大的机器,就用油印机代替。整个设备布局都按照报馆的样式。校刊具体的编排也仿照报馆的形式,刊有社评、专电、要闻、本校新闻、副刊、广告、插图等。校刊的工作由新闻学研究室主任或教授进行指导,但采访、编辑、校对、发行等工作都由学生来担任。校刊以发表教育、学术、文艺等消息为主,练习怎样采访,怎样撰稿。这些训练无疑对学生后来的职业发展都起到了很大的帮助作用。

(二)新闻学研究室的兴衰

黄天鹏在1931年春天开始组建新闻学研究室,把教室的隔壁开辟为研究室,同时将自己收藏的二百余册新闻学图书与部分古代报纸捐出来,按照预先

---

① 黄天鹏.新闻教育四十年(上篇)——中国新闻教育的创办与变迁[M]//天庐论丛——黄天鹏先生执教四十年纪念文集.台北:黎明文化事业股份有限公司,1981:45.

的计划推进相关工作。不到三个月的工夫,新闻学研究室“已粗具规模,各报都热心赞助,捐助了许多实际资料,申报馆且把它内部设备摄成有系统的照片陈列。学生的课外活动,都集中到研究室”①。

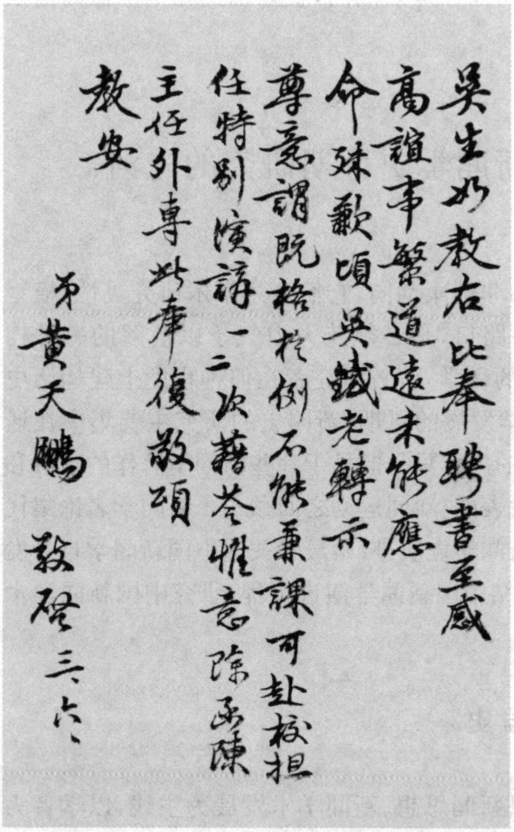
吴生如教右 比奉聘書至感
高誼 事繁道遠未能應
命 殊歉 頃吴蛾老轉示
尊意 謂既格於例不能兼課可赴校担
任特別演講一二次藉荅惟意 除函陳
主任外專此奉復 敬頌
教安
弟黄天鵬 敬啓 三、六、

图 2-4 黄天鹏回复吴南轩的信件

可惜由于“一·二八”淞沪抗战爆发,学校正好在战区,新闻学研究室损失惨重。后来举行报纸展览,又搜集了不少报纸史料。“七七”事变后,复旦大学迁往四川,一开始在重庆化龙桥附中上课。那里是报社疏散区,新闻系学生实习很方便。后来,迁到北碚、夏坝。这期间吴南轩校长邀黄天鹏继续兼课,但黄天鹏因为城中事情忙,他只去做过一次题为《战时新闻管制问题》的演讲。

新闻学研究室的设备一再搬迁,“已荡然无存”②。1942年,该系拟建新闻馆,但战时物质和交通困难,新闻资料征集非常不易,因而仅在规模上得以一定程度的恢复,但研究工作并未实际展开。

黄天鹏“全力创办了新闻学研究室”,“在中国教育史上,是个创例的设施”③。战后,大学新闻系创办新闻学研究室的做法被广泛采用,成为新闻学科建设的重要组成部分。1946

① 黄天鹏.新闻教育四十年(上篇)——中国新闻教育的创办与变迁[M]//天庐论丛——黄天鹏先生执教四十年纪念文集.台北:黎明文化事业股份有限公司,1981:45.

② 黄天鹏.新闻教育四十年(台湾)[J].中外杂志,1979(1):8.

③ 黄天鹏.新闻教育四十年(台湾)[J].中外杂志,1979(1):7.

年,国民政府还都南京后,张步云在南京创办中华新专,并和中央大学(现今南京大学、东南大学等高校的前身)的几位同学拟办中国新闻研究所,邀请黄天鹏担任所长。黄天鹏因藏书尽毁,研究工作荒废,没有答应其邀请,但是他还是尽力赞助。结果中国新闻研究所还在筹议期间,就因国民党军队撤离南京而作罢。

第六节 开中国新闻学史分期研究的先河

"新闻学研究中存在着大量的非健康动向,它们窒息学术研究灵性,横亘在通往真正意义知识探索的十字路口,是必须花大力气予以消解的一种构成……新闻学研究能否成为真正的科学,就看研究者在何种程度上建构历史意识的神圣地位。"[①]在中国新闻学发展的早期,新闻史的研究主要集中在通史、地方史方面,中国新闻学术史的内容只是散见于一些新闻学著作的章节和文章段落中间。黄天鹏1929年发表的《新闻运动之回顾——新闻学名论集代序》和1942年的《四十年来中国新闻学之演进》是最早关注中国新闻学自身发展历史的文章。[②] 由此,他成为总结中国新闻学演进历程,研究中国新闻学术史历史分期的第一人。

一、计划编撰《中国新闻学史》

新闻学史是一种学术史,它以新闻思想、新闻学术发展为主线,以学者为主体,以学派、学著、学刊、学会为具体内容。

黄天鹏在主编《新闻学刊》的时候,就特别关注新闻学术现象。《新闻学刊》开设有专栏《新闻界名人小影》《新闻界名人传略》,并刊发《新闻学作品编目》(上、下)、《新闻学英文书目百种》等。他的《中国新闻事业》一书的附录《天

---

① 王春泉.历史意识在新闻学研究中的意义[J].西安电子科技大学学报(社会科学版),2001(1):63.

② 1953年,黄天鹏在《报学》(半月刊)上发表的《中国新闻学之发展》一文增加了"黎明前后之黑暗时期",对抗战胜利后的新闻学术研究做了介绍。这是他第三篇关于新闻学历史分期的文章。

庐逍遥阁新闻学藏书编目》收录了新闻学著作和期刊近50种。此外,他还收集有英文著述179种(一部分曾刊于《新闻学刊》)、日文著述115种,以及其他各国文字的著述共有23种,另外和新闻有关的著述如广告、印刷、速记等84种。①他对新闻学术现象的长期关注和了解,无疑为他研究新闻学的历史发展演变奠定了基础,创造了条件。

在《新闻学演讲集》的《新闻讲话》中,黄天鹏说:"我近来在编述一部《中国新闻学史》,希望取材有适宜的处置,既可以适用于一般的学者,并且可供学校的课本。"②在《怎样做一个新闻记者》一书中,他又说:"新闻记者不但要求生活的保障,而且进一步而维护职务上的独立与自由。这儿没有多大的篇幅可以详述,我在编撰中的《中国新闻学史》将有详尽的记载。"③虽然《中国新闻学史》这本书最终没有面世,但是黄天鹏对新闻学发展的历史审视却是难能可贵的。

二、"五阶段说"与"四阶段说"之比较

1929年,黄天鹏发表《新闻运动之回顾——新闻学名论集代序》一文,将中国新闻学的发展过程称作"新闻运动",提出了中国新闻学发展的"五阶段说",并揭示了每个阶段的发展特点与规律,从而开启了中国新闻学术史的历史分期研究先河。

1942年,他又撰文《四十年来中国新闻学之演进》,总结中国新闻学的历史发展过程,将中国新闻学40年演进历程分成两个时期、四个阶段。前期是"新闻学的启蒙与建设运动",包括两个阶段:"新闻学术启蒙时期"与"新闻理论建设时期"。后期是"从言论自由到新闻统制",也包括两个阶段:"言论自由纷争时期"与"战时新闻统制时期"。

笔者试将这两次关于中国新闻学发展的历史分期做一个比较分析(见表3-1),以展示其内在的变化和特点。

---

① 黄天鹏.天庐逍遥阁新闻学藏书编目[M]//中国新闻事业.上海:联合书店,1930:317-318.
② 黄天鹏.新闻讲话[M]//新闻学演讲集.上海:现代书局,1931:181.
③ 天庐(黄天鹏).怎样做一个新闻记者[M].上海:联合书店,1931:69.

表 3-1 1929 年的"五阶段说"与 1942 年的"四阶段说"之比较

1929 年的"五阶段说"				1942 年的"四阶段说"			
序号	起止时间	阶段划分	标志性事件	序号	起止时间	阶段划分	标志性事件
1	1903	胚胎时期	松本君平《新闻学》	1	1903—1917	启蒙时期	松本君平的《新闻学》、全国报界俱进会、休曼《实用新闻学》、世界报界大会
2	1904—1912	酝酿时期	"新闻运动之开山祖"梁启超				
3	1913—1918	萌芽时期	休曼的《实用新闻学》、北大新闻学研究会				
4	1919—1926	启蒙时期	著作、刊物、新闻学系、中外国际新闻学术交流	2	1918—1922	建设时期	徐宝璜《新闻学》、圣约翰大学报学系、威廉博士、北岩爵士、新闻学专著、新闻教育
5	1927—1929	光明时期	北京新闻学会、《新闻学刊》、"新闻运动"、《报学月刊》、"报学运动"	3	1923—1931	言论自由纷争时期	主张言论自由与反抗军阀压迫言论、社会主义的新闻理论、政治宣传的工具、假言论自由之名另有企图、报纸商业化和托拉斯化
				4	1932—战事结束	战时新闻统制时期	国家至上、民族至上、战时新闻学

这两次历史分期相隔十多年,其间中国新闻学发生了很大变化。黄天鹏

1942年提出的"四阶段说"与他在1929年提出的"五阶段说"相比,有所承袭,但同时"在理论透视的深度与高度方面,都得到了加强"①。阶段内容阐释也更加详尽,更注重历史背景和国内外形势的分析。两者进行比较,可发现有以下几个特点。

(一)重视西方新闻学对中国的影响

两次历史分期都将1903年松本君平的《新闻学》的引入作为中国新闻学历史发展的起点,认为它的出现标志着中国新闻学从无到有。其中在1929年的历史分期中写道:"商务印书馆刊行《新闻学》一书,为我国人知有新闻学之始","其时新闻纸尚在草创时代,新闻学自不为社会所重视,因兹弗能畅行遐迩,不久遂告绝版,然新闻学已肇其端矣"。② 1942年的历史分期也认为:松本君平的《新闻学》是"我国有专门研究新闻纸著述的起头"③。

两次历史分期都把1913年上海广学会出版的休曼的《实用新闻学》以及北岩爵士和威廉博士来华作为影响中国新闻学发展的重要标志事件。《实用新闻学》,"销行颇佳,国人对于日式新闻学之外,复谂一美式之新闻方式,渐引起世人研究之兴趣,时人研讨或介绍文章,乃数见不鲜。役新闻业者,外感社会需求之殷,内惭本身组织之陋,不能不谋改良增进之策,而新闻学遂应而兴"④,"《实用新闻学》,提供采访编辑各种实际问题的解决方案"⑤,"世界新闻巨子如《泰晤士报》主人北岩爵士,蜜梭利(密苏里)大学新闻学院院长威廉博士等接踵来游,于新闻学亦极力倡导。各地且设新闻讲座,以资宣传,更有赴海外专治斯学者,国人对新闻学之兴趣日隆,于斯可知。故时人称为启蒙时代焉"⑥。

两次历史分期之所以如此,是因为中国新闻学本身就是在西方新闻学的启蒙和影响下产生和发展起来的,且中国早期新闻学者大多数都有留洋经历,所以在对中国新闻学发展演变进行分期的时候,他必然会更加关注这些影响因素。

---

① 李秀云.中国新闻学术史(1834—1949)[M].北京:新华出版社,2004:386.
② 黄天鹏.新闻运动之回顾[M]//新闻学名论集(第二版).上海:上海书店,1930:5.
③ 黄天鹏.四十年来中国新闻学之演进[J].中国新闻学会年刊,1942(1):33.
④ 黄天鹏.新闻运动之回顾[M]//新闻学名论集(第二版).上海:上海书店,1930:6.
⑤ 黄天鹏.四十年来中国新闻学之演进[J].中国新闻学会年刊,1942(1):34.
⑥ 黄天鹏.新闻运动之回顾[M]//新闻学名论集(第二版).上海:上海书店,1930:6.

（二）开始关注新闻学研究受政治的影响

随着社会形势的不断变化，新闻学在政治影响下开始出现裂变。黄天鹏在新闻学发展的初期，就敏锐地觉察到了这种动向。他1929年的"五阶段说"分期明显是按照新闻学自身的历史发展划分的。但是1942年的"四阶段说"分期则将1923年后划分为言论自由纷争时期和战时新闻统制时期，新闻学与政治的关系开始凸显出来。

1923年至1931年间，新闻学开始分化。一方面，有主张言论自由与反抗军阀压迫言论的，另一方面，"也不无假言论自由之名以掩护他们另有作用的行为"。而且，"也有若干论调，认为新闻纸不过是一种政治宣传的工具，在新闻学方面，也唱过所谓社会主义的新闻理论"。① "九一八"事变后，"敌人的侵略凶猛，反映到新闻界上，在国家方面是新闻管制之建立，在报界本身是言论自由说转变而为舆论的统一"，即"国家至上""民族至上"舆论的形成。② 举国一致的舆论的形成，是战时新闻统制时期最显著的特征。战时新闻学成为时代的主流，新闻学的发展进入了一个新阶段，呈现出更加多样化的态势。

（三）中国新闻学科自觉意识日益明显

难能可贵的是，黄天鹏在1942年的"四阶段说"历史分期中特别强调了建设中国本位新闻学的问题，呼吁要有适合中国国情并切中新闻界实际应用的新闻学理论。中国新闻学科独立发展的自觉意识更加明显。

任何一个学科的发展，都不能割断自身的发展历史。20世纪上半叶，新闻学是中国学术园地中最年轻的成员之一，在当时，"新闻无学"的论调还很盛行。在此情况下，黄天鹏先后两次梳理中国新闻学的历史发展过程，对"新闻有学"进行了最有力的论证。"黄天鹏以阐释中国新闻学术史观第一人的身份在中国新闻学术史上占据重要的位置。"③

三、三种不同时域下新闻学史分期之比较

自从1929年，黄天鹏提出中国新闻学术史的历史分期后，关于中国新闻

---

① 黄天鹏.四十年来中国新闻学之演进[J].中国新闻学会年刊,1942(1):35.
② 黄天鹏.四十年来中国新闻学之演进[J].中国新闻学会年刊,1942(1):36.
③ 李秀云.留学生与中国新闻学[M].天津:南开大学出版社,2009:297-301.

学史的分期问题便逐渐引起学界的关注,其他学者也先后发表有关见解。现将黄天鹏1942年的《四十年来中国新闻学之演进》、钱辛波在1985年《新闻学刊》第一期发表的《中国新闻学发展的五个阶段》及唐远清在2008年《对"新闻无学论"的辨析及反思》一书中,关于中国新闻学历史发展的分期进行比较(见表3-2),从而展示不同时域下新闻学术研究视点的变化及学者们对新闻学术发展规律的把握。

表3-2 三种不同时域下新闻学史分期之比较

1942年黄天鹏"四阶段说"			1985年钱辛波"五阶段说"			2008年唐远清"六阶段说"		
序号	起止时间	阶段划分	序号	起止时间	阶段划分	序号	起止时间	阶段划分
1	1903—1917	启蒙时期	1	1833—1894	准备时期	1	1834—1917	萌芽时期
2	1918—1922	建设时期	2	1895—1917	萌芽时期	2	1918—1935	建立时期
3	1923—1931	言论自由纷争时期	3	1918—1941	资产阶级新闻学建立	3	1936—1956	初步发展时期
4	1932—战事结束	战时新闻统制时期	4	1942—1976	无产阶级新闻学建立	4	1957—1976	发展停滞时期
			5	1977—1985	特色社会主义新闻学	5	1978—1997	恢复发展时期
						6	1998—2008	兴盛时期

(一)中国新闻学术历史分期的起点追溯得更远

中国的新闻学研究到底应该从何时算起,这是进行新闻学术史分期首先要考虑的问题。1942年,黄天鹏的分期将起点确定为松本君平的《新闻学》引进的时间1903年。钱辛波的历史分期以国内第一份近代化报纸《东西洋考每月统纪传》创办的时间1833年作为起点。唐远清则将我国第一篇论述报刊的文章《新闻纸略论》在《东西洋考每月统记传》上发表的时间1834年作为起点。这三种划分应该说都具有一定的代表性,不过将中国第一篇新闻学论文出现的1834年作为起点更加合理。新闻史学者刘京林也认为,19世纪初期,在外国传教士和外国商人办的中国近代报刊上刊登的一些论述报纸的文章,如1834年1月在广州出版的《东西洋考每月统记传》上的《新闻纸略论》等是我国有关新闻学研究的滥觞。① 新闻学论文和著作比较,论文毕竟是新闻学研究更为初级的形态,这也反映了中国新闻学术研究的不断深入。笔者认可唐远清的观点。

(二) 高度肯定北京大学新闻学研究会的历史地位

这三种历史分期都注意到了北京大学新闻学研究会在中国新闻学术发展过程中的重要作用,并且都把北京大学新闻学研究会作为中国新闻学建立的重要标志之一,反映了不同时代的学者间的共识以及对规律的认识。

1918年北京大学新闻学研究会的成立,标志着中国新闻学教育和研究的正式开始,是中国新闻学历史发展过程中的一个重要分水岭。黄天鹏对这一事件高度重视,但在认识上也有个过程。在1929年的"五阶段说"分期中,他以1918年为界,将此前分为胚胎、酝酿和萌芽三个时期,划分很详细,并把北京大学新闻学研究会的成立作为萌芽时期的标志。1942年的"四阶段说"分期则将1918年之前全部划为启蒙时期,而将北京大学新闻学研究会的成立作为中国新闻理论建设时期的开端。两者比较,1942年的划分应该更加合理,和后来钱辛波、唐远清等学者的划分都是一致的。这也表明,黄天鹏对于中国新闻学历史进程的认识比之前更加成熟了。

(三) 新闻学研究逐渐回归本体意识

这三种不同时域下的新闻学历史分期也折射了中国新闻学研究与政治若即若离的关系。

1942年正值抗日战争时期,政治因素在新闻学的历史分期中自然凸显出来。1985年,意识形态在学术界的影响还非常大,钱辛波就是用阶级分析的观点来研究中国新闻学的历史发展,将新闻学术的传播主体进行了资产阶级与无产阶级的意识形态区分,将徐宝璜的《新闻学纲要》、邵飘萍的《实际应用新闻学》等著作问世作为中国资产阶级新闻学建立的标志,带有很明显的"革

---

① 刘家林.中国新闻史[M].武汉:武汉大学出版社,2012:512.

命史范式"的特色。但是到了2008年,学术研究的本体意识日益受到学者重视,唐远清的历史分期划分就更多地体现了新闻学科自身发展的规律。新闻学研究的自由空间得以释放。"对一向与'国事'交织在一起的新闻学来说,摆脱政治的旋涡,成为独立的研究对象,不能不说是新闻学的一次革命。"①

第七节 黄天鹏新闻学术活动的特征

黄天鹏的新闻学术活动,最早是从1922年他出版第一本新闻学著作开始的。但从1922年到1927年间,却几乎没有新闻学研究成果问世,所以实际上他的主要新闻学术活动是从1927年开始的。

这一时期,新闻学的研究已经开启,并取得了一些初步成果。"四位中国新闻学的开创者和他们的六本书:1919年徐宝璜的《新闻学》、1922年任白涛的《应用新闻学》、1923年和1924年邵飘萍的《实际应用新闻学》和《新闻学总论》、1925年和1927年戈公振的《新闻学撮要》和《中国报学史》","在新闻学基本理念和研究框架方面,为后来的学科发展奠定了基础。"②黄天鹏处在这样的一个阶段,面临的主要任务就是怎样把前人的新闻学事业进一步开拓和创新,起到一个承前启后的作用。

一、明确的学科目标:"建设中国式的新闻学"

"学科是历史的产物,并以一定的措辞建构起来。"新闻学学科的形成和建立,也是由特定的措辞(学会、专著、教育、学刊等)构建起来的。一般认为,一门独立学科的建立有诸多标志,如大学讲堂将其列为讲授的内容;独立的学科理论体系的建立;学科意识的明确。③

黄天鹏乐此不疲地写作、出版书籍,披荆斩棘地开辟新闻学研究领域,创建学会、主编学刊,长年不辍地潜心钻研新闻学术,和同时期的徐宝璜、邵飘

---

① 陈力丹.论中国新闻学的启蒙和创立[J].现代传播,1996(3):27.
② 陈力丹.新闻传播学科发展的文献保障与实践基础[J].新闻大学,2013(4):3.
③ 邓绍根.从"新闻学"一词的源流演变看中国新闻学学科的兴起与发展[M]//郑保卫.新时期中国新闻学学科建设30年.北京:经济日报出版社,2008:57.

萍、戈公振一样,其目标就是初步搭建起新闻学科的框架,最终建设成一个新的学科王国。黄天鹏更是"有这样的雄心伟愿"[①],他还试图建立一个全国性的新闻学术研究中心。黄天鹏的整个新闻学术活动也都是为实现"建设中国式的新闻学"这一目标开展起来的。

中国新闻学肇始于1919年徐宝璜的《新闻学》问世之时。1920年,上海圣约翰大学建立报学系,由此中国高等学校正规新闻学教育拉开了帷幕,新闻学在中国开始成为一门独立且专门的学科。但此时真正了解、认识和研究新闻学的人并不多,新闻学者的学科角色意识还处于模糊状态。最典型地表明了当时新闻学者的学科追求的,当属邵飘萍的《我国新闻学进步之趋势——新闻学应列为普通学科》一文。

这一时期,中国新闻学还处在初创阶段,社会上一些人认为新闻学不是学问,做记者也不必学新闻学。甚至有人认为,学了新闻学的人到报馆,还要花一段时间把大学学来的那一套理论忘掉,抛于脑后,然后才能来做记者。"新闻无学论"的存在和蔓延,对新闻学的学科地位和学科发展带来了消极的影响。在很长一段时间内,新闻学的学科地位没有得到应有的尊重,其理论价值与实践意义受到一些人的质疑和否定,学术成果受到轻估和贬低,研究队伍受到冲击和影响。

黄天鹏不但在言论上坚决反对这种"新闻无学论"的说法,而且用积极的行动去改变这种状况。他创编第一本纯粹新闻学术刊物,建立第一个大学新闻研究室,整理大量新闻学术文献资料,来推动学术研究,提升新闻学科地位;他开展新闻理论、新闻实务和新闻史研究,架构新闻学科体系,以力破"新闻无学论"的说法;他主张全面专业技能与记者职业修养兼备的新闻人才培养目标,普及民众新闻教育,奠定学科发展基础;他提出"中国式的新闻学""新时代的新Journalism"和"崭新而完美的新闻学理论"等主张,探寻学科发展方向。他撰写了许多文章和著作,强调新闻教育对于新闻工作的重要性。他通过一系列的新闻学术活动说明"新闻有学",并以自己的实际成果充实和丰富了新闻学,更加有效地证实了新闻学的学科价值,更好地维护了新闻学的学科地位。正如黄天鹏在《报学月刊》最后一期的《卷末杂记》所言:"我把我的生命,献给司报之神。我们已经有点浅薄的成绩了,今后更抖起精神,'杭育'!'杭育'!报学光明!"[②]

---

① 王春泉.生产《新闻学》与生产的《新闻学》[M]//程曼丽.北大新闻与传播评论(第4辑).北京:北京大学出版社,2009:27.

② 黄天鹏.卷末杂记[J].报学月刊,1929(4):108.

二、坚定的路径选择：专业化建设与普及推广并重

随着西学东渐和中国近代社会的发展，尤其是辛亥革命推行民主共和，五四时期又倡导民主和科学、思想自由和言论出版自由等新思想，新闻专业化程度也开始日益提高。新闻业逐渐成为一种职业，新闻教育、新闻学会、新闻研究的出现和发展成为中国新闻专业化的重要标志。20世纪二三十年代，黄天鹏用自己的研究和学术活动推动了新闻学术的发展，促进了新闻学的普及。

1930年，黄天鹏计划成立"复旦大学新闻学研究所"，目的是"聚全国之英才，以事倡导发扬，造成一新闻学术之首府"。① 虽然后来仅创办了一个新闻学研究室，但在学科发展成熟和专业化标志的诸要素如专业出版物、学会、研究机构等方面总算有了实质的推进和成果。"黄天鹏梳理了我国新闻学术发展史，创办专业学会和专业刊物、创设专业研究机构，编辑出版了大量学术文献集，作出了一些开创性研究，以自己的专业化学术研究和活动，深化和推动了我国新闻学科的发展，并扮演了总结者、组织者的角色。"②

鉴于当时"新闻学理论的书，大半庄严而易涉枯涩，而且是专门的科学，不容易普及一般的读者"③，黄天鹏编著并出版了大量通俗易懂的新闻学著述，不遗余力地普及新闻学知识。1929年到1934年，黄天鹏的新闻学著作名字多取为"入门""概要""概论""故事""外史"之类，并运用通俗浅显的语言来阐释新闻原理，用生动幽默的方式讲述新闻历史事件和人物。

这也体现了他从事新闻学术研究的初衷。黄天鹏所追求的，不是什么高深玄妙的庞大理论体系的建构，而是将自己所学的新闻理论与从事新闻工作的实际经验相结合，再以适合初学者的浅显方式表述出来。他正视当时中国普通大众还不了解新闻也有"学"，真正知晓新闻学的人数量十分有限这一事实，为中国新闻学找到了一个具有可操作性的推广方式。④

1934年出版的《新闻学概要》是中华书局"中华百科全书"的一种。黄天鹏出版该书的初衷是"以深入浅出之叙述，予初学新闻学者以基础的知识，力

---

① 黄天鹏.再版题记[M]//新闻学名论集.上海：上海联合书店，1930：2.
② 张振亭，陈玮.专业化与大众化：黄天鹏新闻思想及实践初探[J].南昌大学学报（人文社会科学版），2012(6)：128.
③ 黄粱梦（黄天鹏）.新闻记者外史[J].上海：光华书局，1931：8.
④ 李秀云.中国新闻学术史（1834—1949）[M].北京：新华出版社，2004：374.

求为一应用的新闻学"。该书是"按着初学新闻学的人的程度编的,可作为一般国民的常识书籍"①。他认为,"新闻事业的发达,不在于少数的新闻学者埋头做书,而在于新闻学的普及大众,个个具有新闻学的常识,对于新闻纸有正确的认识,人人都是新闻人,新闻业才表现了她的力量和意义"。②"新闻学是一门独立的社会学科。评定一门学科知识是不是能够独立地成为一门科学,首先要看这门学科所研究的对象是否具有自己特殊的矛盾性;其次要看其是否形成自身特有的学科知识和理论体系;第三要看社会对这门学科知识的认知及接受程度。"③

黄天鹏为适应一般读者的知识程度,又兼注意到内容的"趣味"方面,写成了两部别具一体的著述:《天庐谈报》和《新闻记者的故事》。事实证明,这两本小册子的销量超过当时其他新闻学书籍的销量。《申报》的《书报介绍》也很称许用这种叙述方式来普及新闻学常识的做法。黄天鹏不但认识到普及新闻学知识的重要性,而且找到了一种可行的途径,并身体力行,不遗余力。

在黄天鹏新闻思想体系和新闻实践中,新闻的专业化和普及化这两个方面始终是并行不悖、相辅相成的。

三、科学的史料意识:注重史料收集与整理

黄天鹏不仅是一位新闻理论学者,也是一位新闻史学者,他十分注重新闻史料的收集和整理。他"从事新闻事业,盖已十年,此十年中,研习之余,即以搜罗新闻学术论著,以备参考为事,久而成癖"④。这说明,黄天鹏之所以能成为我国最先开展新闻学术史历史分期研究的学者并非偶然,这和他在新闻学术活动中有较强的史料意识是密切相关的。

"20世纪30年代,新闻学者黄天鹏编辑出版了30多种新闻学书籍(本人所著十几种),使得中国新闻学创立之初的文献得以比较完整地保存下来。"⑤他收集的史料是非常丰富的,涉及多方面内容。学者给予评价最高的是黄天

---

① 黄天鹏.新闻学概要[M].上海:中华书局,1934:1.
② 天庐(黄天鹏).逍遥阁随笔集[M].上海:上海女子书店,1932:82-83.
③ 郑保卫.论新闻学学科地位及发展[M].北京:中国传媒大学出版社,2010:5.
④ 黄天鹏.新闻学论文集[M].上海:光华书局,1930:3.
⑤ 陈力丹.新闻传播学科发展的文献保障与实践基础[J].新闻大学,2013(4):4.

鹏编辑出版的六种新闻学论文集中所保存下来的早期新闻学术论文。这些学术论文涉及的中国学者有徐宝璜、邵飘萍、戈公振、潘公弼、吴贯因、黄天鹏、王小隐、张一苇、吴天生、吴天放、周孝庵、汪英宾、鲍振青、程沧波、张继英、王世杰、邹宗孟、王伯衡、徐彬彬、徐一士、顾红叶、周鲠生、胡政之、戴季陶、孙伏园、刘国帧、罗志希、胡仲持、白鹏飞、叶楚伧、陶孟和、孙几伊、蔡元培、赵叔雍、陈顾远、马克晓、刘陔、吴稚晖、谢六逸、樊仲云、郭步陶、郭鸣九、陶希圣、黄逸民、钱伯涵、钱鹤、张相时、潘公展、朱少屏、赵君豪、汪競英、萧郎、严独鹤、陆舍农、朱其清、蒋震泉、孙恩霖、丁叔良、祈伯文、方宗鳌、冯武越、李昭实、吴定九、陈布雷、邵力子、顾昂若、汪一庵、张友鸾、张君劢、夏奇峰、周瘦鹃、谢东发、张竹平、万叶、王一心、吴凯声、刘墨镠、半六、笠丝、琅玕、米内、百韬、亦乐、阙名等，共计百余位。外国学者有威廉、鲍惠尔、岛谷亮辅、采菊诗屋主人（日本）等。此外，还有《新闻记者的故事》《新闻记者外史》和《天庐谈报》等中记载的梁启超、彭翼仲、秋瑾、王韬、章太炎、于右任、汪精卫、戴天仇、黄远生、林白水等人的新闻故事和《申报》《时报》以及国外的一些新闻故事等。

1930年黄天鹏撰写的《中国新闻事业》一书共326页，其中附录155页，附录中的"国民政府出版条例""天庐逍遥阁新闻学藏书编目""新闻界近百年大事记""全国报馆调查录"等都是资料性的。黄天鹏写作的新闻史方面的文章有《新闻运动四十年》《中国新闻学之发展》《新闻教育四十年》《五十年来画报之变迁》等。特别需要注意的是除新闻事业史外，他还开展了通讯社史、日本新闻事业史、新闻教育史、新闻学术史、中国画报史、华侨报刊史等方面的研究。其中中国画报史、华侨报刊史、通讯社史都是黄天鹏较早涉足研究的领域，具有开创性的意义。

在《五十年来画报之变迁》一文中，黄天鹏将中国画报史分为石印、铜版、影写版三个时期。石印时期以《点石斋画报》为代表；铜版时期主要介绍了上海《时报》的《图画周刊》、北京《晨报》的《星期画报》以及《上海画报》《北平画报》等。影写版时期主要以上海《良友》为代表，并与同时期的《申报》《新闻报》以及《时报》的画刊进行比较，介绍了各自在取材和美术方面的特点。

当时学者对画报史的关注和研究还很少，一直到50年代，"我国还没有一部比较详细、系统、全面地研究我国画报发展历史的图书或文章，比较全面地研究画报发展各阶段某些有代表性的画报的文章也难得看到，这是一件遗憾的事"①。然而,黄天鹏在30年代的时候就能够从技术变革的角度来审视画报的发展变迁,表达了自己的独到见解。虽然文章简短,但是很具前瞻性。

中国新闻学术的产生和发展是中西文化交融的结果,经历了与中国社会变革密切相关的较为长期的历史过程。就其得以转型的"变量"因素而言,许多因子的积聚,可以溯源到清末民初的西学东渐时期。中国新闻学术虽有一些新的变化,且黄天鹏也做出了很多新闻学术贡献,但总的说来,均不过是量的集聚,并不构成全局性的质的跃进。

新闻学整体性的转型过程只有到中华人民共和国成立以后才获得了更充分的条件,从而得以较为全面地启动和加速前进。但是这一时期的主流新闻学已经是政党新闻学而并非是新闻本位新闻学,由徐宝璜、邵飘萍、黄天鹏等所开启和推进的新闻学术研究从30年代开始就没有成为主流,只是作为后来新闻学研究的一个参照物而已。

---

① 俞月亭.我国画报的始祖——点石斋画报初探[M]//中国社会科学院新闻研究所《新闻研究资料》编辑室.《新闻研究资料丛刊》一九八一年第五辑(总第十辑).北京:新华出版社,1981:181.

第四章 以新闻本位为中心：
黄天鹏新闻思想研究

思想是观念性的东西,它来源于现实,受社会多种因素的影响。同时,思想也指导着人的实践活动。黄天鹏的新闻思想不是凭空产生的,而是一定社会环境的产物。当时不断兴起的社会思潮和媒介生态环境必然给他的思想观念留下时代的印迹。

第一节 黄天鹏的新闻学科思想

黄天鹏本着"为学术而学术的精神"[①],围绕"什么是新闻学""怎样建设新闻学"等问题展开思考,提出不同时期建设中国本位新闻学的目标和路径,这既反映了当时中国新闻界的现状,也反映了他的新闻思想观念和事业理想的发展历程。

一、新闻学是研究新闻纸学理的科学

20世纪二三十年代,中国现代新闻学才刚刚得以发展起来,新闻学的学科意识还很模糊,新闻学与其他学科的界限也不明显。在一个世纪之前,"学者还不承认新闻也能成为一种独立的科学,或认为历史的别支,或认为文人的末技,那时世人都存'新闻也能成为科学吗'的疑问。到了近代新闻纸包涵万象,成为人类精神的粮食,新闻确有成为专门科学的基础,才引起世人的注目和研究的兴趣,在科学界中占了一席新位置。"[②]当代学者黄顺铭在《学术漫游

---

① 天庐主人(黄天鹏).天庐谈报[M].上海:光华书局,1930:"也是序".
② 黄天鹏.新闻学概要[M].上海:中华书局,1934:1.

中的追求》一文中说,"在我国新闻学的发展历史上,曾经有过两种截然对立的论调——'新闻无学论'(20世纪20—30年代的王小隐、刘元钊持此主张)、'新闻有学论'(20世纪30—40年代的黄天鹏、钱克显、储玉坤即为代表)"。①

(一) 新闻学的特征一:综合性

根据《辞海》的解释:科学是运用范畴、定理、定律等思维形式反映世界各种现象的本质和规律的理论知识体系。科学是社会意识形态之一。按研究对象的不同,科学可分为自然科学、社会科学和思维科学,以及总结和贯穿于三个领域的哲学和数学。按与实践的不同联系,科学可分为理论科学、技术科学、应用科学等。

蔡曙山认为:"科学是一种研究活动,它以自然、社会、人及思维为对象,研究这些现象和规律及其应用。科学因其研究对象的不同,可以分为自然科学、社会科学、人文科学和思维科学。科学研究是以问题为中心的,凡是有问题存在的地方就会有科学和科学研究。"②

从上述对科学的界定可以看出,科学属于一种理论知识体系,但有时它又被用来指称知识创造活动或获取知识的特定方法。总之,"就科学本身而言,知识常常是其直接的表现形式,与之相联系,科学往往被理解为一种知识系统。""从动态的角度看,科学总是展开为一个过程:科学知识形成于科学的研究活动,科学方法也惟有在具体的运用中才能获得现实性的品格。总起来,就其内在向度而言,科学表现为科学知识、科学方法、科学活动(过程)的统一。"③

新闻学属于何种科学?它与其他科学之间存在什么样的关系?在对这些问题的探讨过程中,新闻学的创立者们揭示了新闻学作为一门综合性交叉学科的性质。

早年,徐宝璜就从学习新闻学的角度论证新闻学的交叉学科性质:"新闻学,也正如其他科学,不能离各科而独立。且恒甚于其他各科。""一个新闻学的专门研究者,不能把社会学、经济学、哲学概论、政治学、法理学、政治学史、

---

① 黄顺铭.学术漫游中的追求——阅读《新闻传播学论稿》的感悟[J].当代传播(汉文版),2007(1):98-99.
② 蔡曙山.论我国大学文科的发展阶段及办学理念[J].学术界,2004(1):8.
③ 杨国荣.科学的形上之维——中国近代科学主义的形成与衍化[M].上海:上海人民出版社,1999:2.

外交史、英美日本文学史、世界史等普通知识,也得认真掌握新闻学概论、新闻采集法、新闻编辑法、广告学等专业知识,那种'混乱瞎学,临阵磨枪'的做法是行不通的。假如我们希望自己对于新闻学或新闻业有相当的贡献,我们一定先要把前边的基础,比前边还要复杂的基础,使它立好,然后再教以专门的新闻学。否则,就像在不牢固的基础上建立房屋,那是很危险的。总之一句话,没有各种学科的必需常识,实在不能学新闻学;犹之乎楼阁不能建造在白云里。"①这表明,徐宝璜将人文社会科学看作新闻学的知识基础。

黄天鹏则从新闻学的研究对象入手,揭示新闻学的性质。他认为新闻学是研究新闻纸的科学,而新闻纸又与人生有着密切关系,受着社会多方面的影响,新闻学的性质关系多方面的人生,一般人都有研究的必要。就新闻纸的性质来讲,其已成为人生的日用品,和早餐一样重要,与人生关系密切,②所以新闻学也就具有综合性的特征。

黄天鹏在继承徐宝璜观点的基础上,进一步认为:

> 研究新闻纸的学理的科学,就是新闻学,它的性质在表面上看起来,似乎不过新闻的采编,论说的撰述,及营业的广告发行而已。其实只就新闻二字来说,已包涵世界上其大无外其小无内的事物,非有很好的学问和修养,洞明人生一切的关系,未必能彻底的领悟。所以新闻虽仅一种科学,而却需要着许多科学来帮助的。③

无论从新闻事业产生的历史来讲,还是从新闻学研究的历史来看,新闻学都是一个比较年轻的学科。新闻学科的建设,一是要依靠对新闻实践的总结、升华,二是要借助于其他学科的研究成果,尤其是相关的人文社会学科,如哲学、历史学、社会学、法律学、语言学等等。离开了新闻实践的支持,新闻学就失去了存在和发展的依据;离开了其他学科的帮助,新闻学的体系就很难系统化,也难以展开多方面的研究。

新闻学的研究对象是复杂多变的现实生活的一部分,新闻学具有综合性,因而学习新闻学的人,首先,应该学习基础的知识。具体而言,应当包括本国文、外国文、心理学、论理学、统计学,以及商业、社会、政治、经济等各种科学的

---

① 徐宝璜.新闻学讲话[M]//黄天鹏.新闻学名论集.上海:上海联合书店,1929:24.
② 黄天鹏.新闻学概要[M].上海:中华书局,1934:5.
③ 黄天鹏.新闻学概要[M].上海:中华书局,1934:4.

学识。其次,在这些知识的基础上,再掌握专门的知识,即新闻学的原理和事实,包括新闻的采访编辑、报馆的组织管理、营业的广告发行以及印刷照相等。再次,还要掌握一些辅助的知识,如经营方面关于商业社会等学识,编辑方面关于政治经济等学识。① 由此,也可以看出新闻学的综合性特征。黄天鹏的关于新闻记者修养的论述也是以新闻学的综合性特征这一点为基础的。

(二) 新闻学的特征二:独立性

"按照现在比较通行的科学分类方法,整个科学世界常常被一分为三:自然科学、人文科学和社会科学。自然科学以人类面对的自然世界为研究对象,目的在于获取关于自然世界的真理性认识,即把握自然事物的本质及其运动变化的规律;人文科学则以人本身的知情意和人的生存处境、生存状况为对象,作出认知主体的探索和思考;社会科学以整个社会以及社会各个领域为基本对象,研究社会及其各个领域的变化特点和发展规律。自然科学与人文社会科学之间的区别比较明显,人文科学与社会科学之间的界限则相对比较模糊,互有渗透,但二者之间还是有所不同……严肃一点讲,社会科学是对一定社会现象、社会领域、社会活动之'是'的探索和求取,从严格意义上说要求研究者以价值中立或者价值无涉的态度对待自己的研究对象和结论,因而,它更靠近自然科学的特点。人文科学,也就是人们传统上所说的文史哲学科,通过对各自研究对象的认识反映,为人们提供相关的事实判断,因而人文科学,也是一个认识体系、知识体系,但文史哲在为人们提供与反映对象相符合的真知的同时,也为人们提供理想性的、应该如何的价值判断和伦理评判。这些判断或者评判不是对事实本身的反映,而是基于事实判断甚至是超越事实判断的某种价值表达,是研究者情感态度和价值取向的阐释,这也正是人文科学的特征所在。"②

黄天鹏提倡,新闻学不应该附于人文学或从属于社会学,而应独立。新闻学虽然是社会科学,但同时和自然科学有着密切的关系。图书馆把它编在总类里面,或独立一门,是较适当的方法。他说:"新闻学就性质上说,既不能归入文学类,也不应附属在社会学类,而应独立一门的。它的性质虽然是社会科学,而同时在应用方面,和自然科学也有很多的密切关系。好像天空行星的

---

① 黄天鹏.新闻学概要[M].上海:中华书局,1934:12.
② 杨保军.新闻活动论[M].北京:中国人民大学出版社,2006:8-9.

地球星一般,和许多环绕着它的星象,互相维系着。"①

黄天鹏虽然也认为新闻学与其他学科有密切的关系,但并不因此否认新闻学的独立性;相反,却积极倡导新闻学的独立。黄天鹏指出,"我国近来新闻教育已风起云涌,新闻学的书籍也渐渐的多了,可见现代新闻学的位置,不只在学术界中确立了,而且在各种科学中占着重要的位置了"②。

在这里,黄天鹏强调了新闻学与人文科学、社会学、自然科学的区别和联系,他主要是针对"新闻无学论"来说明新闻学应该成为一门独立的科学。这也就是说,首先指出新闻学作为一个独立学科存在的根据,以及它与主要相关学科的关系。其次就是关系到新闻学的科学性、客观性问题,这直接关系到新闻学,特别是新闻理论还是不是科学理论的问题。这两个问题的核心是新闻学有无独立的学术或者科学品格。③ 强调新闻学科的独立性对于当时方兴未艾的新闻学发展无疑具有重要意义。

中国新闻学从诞生到发展至今已近一个世纪,但是从实际情况来看,"一个学科的存在是以其独立为前提的。中国无论是现代乃至当代,新闻传播长期被视为政治的一部分,作为政治学的附庸,新闻学没有真正获得学科性的独立身份"④。新闻学要想真正独立,还需要在本体研究方面不断深化和提升。相对于"新闻无学"以及仅把新闻学看作是政治学分支的观点来说,黄天鹏强调新闻学的专业独立性表现了他从新闻事业的本身出发探讨新闻规律的新闻本位意识。

(三) 新闻学的特征三:实践性

一门学科的发展,首先需要实践:在实践中不断总结,不断深化其基础理论,将其上升为系统化的知识;在这种系统化知识的指导下,经过人们更好地实践,再推动其学科建设。这是一个循环往复、不断进步的过程。

新闻学是一种实践性很强的科学,更需要实践作基础。开展新闻学研究要密切关注现实社会中的新闻实践,新闻学研究的最终目的也就是为了更好地指导新闻实践。新闻学的研究依赖于新闻事业的发展和进步,新闻学的研究也必须为新闻实践服务。

---

① 黄天鹏. 新闻学概要[M]. 上海:中华书局,1934:5.
② 黄天鹏. 新闻学入门[M]. 上海:光华书局,1933:6-7.
③ 杨保军. 新闻活动论[M]. 北京:中国人民大学出版社,2006:10.
④ 胡正强. 中国现代媒介批评研究[M]. 北京:中国传媒大学出版社,2010:247.

黄天鹏从新闻纸与人生以及社会发展的关系出发,论述了新闻学的实践特征。新闻学"这种新科学的内涵,以新闻纸为研究的对象,探讨新闻纸上的各种问题,求一至善的解决方案,而形成新闻学的理论根据"。"一种科学的成立,都要在其对象特别发展以后,新闻学也是如此。"①

新闻学的对象是新闻纸,新闻是社会的反映,是活的动的事业。穷原竟委也只用动的科学方法来研究。因为现在的新闻社差不多完全以科学的方法来经营和管理了,我们研究也只有从科学方法上着手。在学理上自然要精密的探讨,同时也要并重实际的试验。分析的研究也应该注意的,我在日本曾听一位德国教授说,德国对于分析最为注意,这是最好的方法,这是动的科学,需大家的合作,不是静的工作,一人可埋头钻研。②

黄天鹏所说的"动的科学方法",就是针对新闻学的实践性提出来的。新闻学具有明显的实践性,在新闻教学中也必须体现这一特征。黄天鹏在复旦大学任教期间,就曾参照日本的课程体系和中国当时新闻界的急迫需求,提出了新闻系的课程体系设置,"新课程于讲授理论之外,注重实习的工作,使毕业学生有实际应用的技能,尤其写作的能力,以应职业上的需要"③。

二、建设"中国式的新闻学"

1903 年,西方现代新闻学开始传入中国。在随后的十几年里,国内流行的几本新闻学著作,大多是译述美国或日本的作品。黄天鹏根据新闻学特定的研究对象以及新闻纸与人生的密切关系,认为新闻学的研究必须要关注具体的国情和新闻事业的实际状况,这样才能把新闻学的理论运用到实践中去。

(一) 提出建设"中国式的新闻学"目标的过程及社会背景

20 世纪二三十年代,从总体上看,中国的学术体系"所面对的问题就是如

---

① 黄天鹏. 新闻学概要[M]. 上海:中华书局,1934:2.
② 黄天鹏. 新闻学入门[M]. 上海:光华书局,1933:12 - 13.
③ 黄天鹏. 新闻教育四十年(上篇)——中国新闻教育的创办与变迁[M]//天庐论丛——黄天鹏先生执教四十年纪念文集[M]. 台北:黎明文化事业股份有限公司,1981:40.

何吸收西方的思想文化而避免其负面影响,以实现中国的现代化","所谓的中国的现代化,就是在'传统—现代—西方'之间建立的三维甚或多维的坐标下的一套话语体系"①。中国的新闻学术研究正好出现于这一时期,所以从一开始就存在着译介、转述国外新闻学理论、新闻思潮,并进行"中国式转化"的问题,即结合中国实际,对国外新闻学理论和新闻思潮如何加以理解、吸纳和重建的问题。

徐宝璜的《新闻学》、任白涛的《应用新闻学》、邵飘萍的《新闻学总论》等国人撰写的新闻学著作相继问世,标志着中国新闻学开始起步。但中国新闻学术研究并没有迅速取得长足进步和发展,"专著数量不多,研究内容也不完备,专著作者或为留洋学者,或为报纸执业者,以学人论新闻实务不免隔靴搔痒,而报人涉学理又难窥门径,往往拾人牙慧,甚至辗转抄袭,以壮篇幅,凌乱驳杂,难成体系"②。

1927年1月,在黄天鹏的倡议下,"以研究新闻学术,发展新闻事业为宗旨"③的北京新闻学会成立,并出版第一本纯粹新闻学术刊物《新闻学刊》,黄天鹏担任主编。《新闻学刊》一创刊就在《本刊编辑部启事》中提出:"《新闻学刊》本研究之态度,独立之精神,批评之眼光,以解决新闻纸上一切问题,期于斯学有所贡献。"④

《新闻学刊》问世一年后,黄天鹏应邀在北平《全民日报》主编《新闻学刊》的姊妹杂志《新闻周刊》。在《新闻周刊》的发刊词中,黄天鹏提出要"厘定新闻学理","予同业及国人明显之认识";"探讨新闻法术","根据学理与原则,下以严格之批评,指示应走之径途"⑤。他还提出"建立中国本位的新闻学理论基础,第一要适应民族性的要求,第二为文字表现的美化,第三是伦理观念的加强……新闻学的最高境界,可以哲学的真善美三字来说……(也就是保证)新闻本质要真,写作技术要美,效果影响要善……(这些意见)曾引起同业的争辩

---

① 李春雷,任惠.媒介与学术——以20世纪二三十年代为视角[M].天津:天津古籍出版社,2007:10.

② 单波.20世纪中国新闻学与传播学·应用新闻学卷[M].上海:复旦大学出版社,2001:70.

③ 黄天鹏:新闻运动之回顾——新闻学名论集代序[M].上海:上海联合书店,1929:3.

④ 本刊编辑部启事[J].黄天鹏.新闻学刊,1927(1):2.

⑤ 黄天鹏.《新闻周刊》发刊辞[M]//新闻学刊全集.上海:光华书局,1930:360-361.

和响应,后来在报学杂志(即《报学月刊》——笔者注)还出了个专号"①。

(二)黄天鹏提出建设"中国式的新闻学"的动因分析

黄天鹏主张建设"中国式的新闻学",按照他自己的说法,是因为他认为新闻纸有两种特质:"第一是民族性。东西的风俗、人情、趣味完全不同,在新闻的认别上,就很有差异,例如西洋的新闻界说在我国就不大适用。第二是文字性。西洋的拼音字是横行的,中国方块字却是直行,标题书版各方面,都有很大的不同;至于经营管理设备等等,物质和技术上,至少相差数十年,还在其次。中国实在需要一种适合国情而切合新闻界实际应用的书。"②因而,新闻学的研究首先就要从中国的国情和新闻界的实际出发。

所谓"动的科学方法"③,也就是关注新闻事业现状,注重新闻实践的研究方法,而"人类之生活在未脱离民族或国家,而进于世界大同之前,新闻纸必有其民族性与文字性之存在"④。"研究新闻学当然要探讨学理,但学理是要实用的,所以要研究新闻纸,把新闻学原理实施于新闻纸,把新闻纸照新闻学原理来做,才能成为理想的新闻纸,才不负研究新闻学的工夫。"⑤

新闻学本身就是一门应用性很强的学科,新闻理论的研究需要为新闻实践服务。离开了新闻实践,新闻学就失去了生存的根基,也失去了发展的动力。"新闻学要切于应用,是不能忘民族和文字性的,中国需要中国式的新闻学。"⑥"新闻纸基于民族性和文字性这一点上,中国式的新闻学是当有一点中国式的色彩的。"⑦

黄天鹏的这些观点也对他的学生产生了深刻的影响。复旦大学学生杜绍文后来就对建构中国本位的新闻学理论体系进行了初步尝试。杜绍文认为,中国新闻学理论体系的建构,仍在幼稚时期,既有的研究成果,不是稗贩欧美,就是抄袭东洋,是拾人牙慧的结果,与中国国情格格不入。从事新闻理论研究

---

① 黄天鹏.中国第一本新闻学杂志[M]//天庐论丛——黄天鹏先生执教四十年纪念文集.台北:黎明文化事业股份有限公司,1981:32-33.
② 黄天鹏.中国新闻学之发展[M]//天庐论丛——黄天鹏先生执教四十年纪念文集.台北:黎明文化事业股份有限公司,1981:6.
③ 黄天鹏.新闻学概要[M].上海:中华书局,1934:11.
④ 黄天鹏.中国新闻事业[M].上海:上海书店,1930:3.
⑤ 黄天鹏.新闻学入门[M].上海:光华书局,1933:44.
⑥ 黄天鹏.我从事新闻运动的经过[J].读书月刊,1931(2):113.
⑦ 黄天鹏.新闻讲话[M]//新闻学演讲集.上海:现代书局,1931:218.

的人,或削足适履,或隔靴搔痒,这是新闻学术研究的一大憾事。

杜绍文指出,"中国本位新闻学"有三大要素:其一,"实用价值",新闻理论必须能够切合实际需求;其二,"综合学术",新闻学不仅为一种"技术",而且是较技术更进一步的"综合学术";其三,"远大性能","可由不断地观摩与发掘,而呈现更光辉更伟大的造就"。三大要素缺一不可,"因为学以致用,不能应用就丧失学的价值;新闻学是一门新科学,已非单纯的技术所能概括;而光明的远景,给予人们新的活力和新希望,又为完成此一理论体系的心理基础"。

杜绍文还认为,新闻学理论体系的建构应注意:一个中心——反"差不多主义";两种方法——学与做的打成一片;四条途径——使报学够得上"学"的资格,使报业渐做到"业"的程度,使报人可享受"人"的权利,使报史能树立"史"的声价。新闻学的理论,要实践"学"的资格,应当留心两个主要条件:一是科学,一是实学。何谓科学? 科学是一种有法则、有系统、有步骤的学问,不尚玄虚,不可附会。"新新闻学"应为一种有原理(法则)、有条理(系统)、有层次(步骤)之独立的与完整的学问。何谓实学?"新闻基于事实,新闻业则由于需要,同理,新闻学则为满足事实需要而诞生的学科。故检讨其组成的因素,是一个不折不扣的一'实'字,实事求是,不容牵强,新闻学的新理论,是一种切实的工具,真实的事理,笃实的教程,一点不能稍涉浮泛,一点不能无的放矢。"①

三、建设"新时代的新 Journalism"

由于受马克思主义思潮的影响,黄天鹏也曾一度尝试运用马克思主义的立场、观点和方法来开展新闻理论的研究。"新闻学术研究时常在科学精神与政治原则间的平衡木上左右摇摆,新闻学者自身的认识与行为只是影响其变动的一种主观因素,受政治的现实影响这个客观因素或许更有决定意义。因为对我国新闻学的发展进行历时性和共时性的考察可以发现,政治对新闻学术研究和新闻学的学科发展,都一直有着重要甚至主导的现实影响。在这种影响下,新闻学者的价值取向、研究思路、学术追求等也难以避免地被打上了政治的烙印。"②

---

① 杜绍文.新闻学之新理论的新体系[N].大众新闻·创刊号,1948-06-01.
② 唐远清.对"新闻无学论"的辨析及反思:兼论新闻学学科体系建构和学科发展[M].北京:中国广播电视出版社,2008:277-278.

(一) 提出建设"新 Journalism"的过程及社会背景

20世纪30年代前后,中国民营报业得到充分发展,营利性质更加明显,报业托拉斯开始形成,但是"中国新闻学的书籍,不过寥寥几本,而这几本又大半是介绍西洋的学说"①。面对中国新闻界现状,黄天鹏积极探讨建设适合我国国情的新闻学的愿望更加强烈。

1930年从日本回国后,在复旦大学新闻学会进行座谈时,黄天鹏积极呼吁要"建设新 Journalism 的理论造成新闻学的中心"②。1931年2月7日,他专门撰写了《新 Journalism 的建设》一文,分析了当时新闻界出现的问题,提出从唯物史观和大众出发来开展新闻学术研究的主张。

《新 Journalism 的建设》一文认为最近几年间,新闻界的"警钟频惊","新闻纸居然有独占化的趋势了,黄金霸占了新闻界,垄断了新闻界……自由竞争已成历史上的名词,其结果不但斩丧新闻界新的生机,新闻业也成了纯粹的企业……新闻纸独占的结果,只成了一张'赚钱'的废纸"③。

他认为:从中国新闻学术界"所有的新闻学书籍中来检阅,大半移译东西洋的学说,这也许是初期必经的现象。最堪注意的是这寥寥的几个作家的中心思想,老是在大谈'改良政策',在过去或可以说是时代的关系,但在黄金独占了一切的现在,'改良政策'简直是空谈。"④为此,黄天鹏大声疾呼:"为解决迎头的大问题,新闻人迫切的需要着新的组合来应付新的环境和担负新的使命","我们要从唯物史观来解决新闻业的实际问题,从大众的出发点来作新闻业社会化的运动。由这二点来做新 Journalism 的理论的中心,就是我们所应建设的新的'新闻学'","我们并不希望新闻业为一种绝对的公益事业,而放弃营业致危及本身的生存,但我们却诚恳地希望其不要只着眼营利,而牺牲其对社会公众的责任。"⑤黄天鹏在1933年出版的《新闻学入门》一书《自序》中说:这篇文字"很可代表我在辍笔前对新闻学的转变,特地附在卷末代跋。"⑥

1931年6月1日,黄天鹏与袁殊、张航庐在《文艺新闻》发表的《故新闻学

---

① 黄天鹏.新闻讲话[M]//新闻学演讲集.上海:现代书局,1931:218.
② 黄天鹏.新闻讲话[M]//新闻学演讲集.上海:现代书局,1931:218.
③ 黄天鹏.新闻学入门[M].上海:光华书局,1933:67-68.
④ 黄天鹏.新闻学入门[M].上海:光华书局,1933:68.
⑤ 黄天鹏.新闻学入门[M].上海:光华书局,1933:67-70.
⑥ 黄天鹏.新闻学入门[M].上海:光华书局,1933:2-3.

大师:九江先生周年祭辞》一文中说:"现在社会之急变,新闻纸又入一新时期,自然需要着新兴 Journalism 的产生。我们要有先生创造的精神来建设一种新的新闻学,以大众为出发点,着重唯物观来解决新闻业的实际问题,使新闻业成为社会化的公共事业。"①

这一时期,黄天鹏对新闻学理论进行了新的研究,曾想写作自称为"划一新时代作品",即建立"社会主义新闻学,彻底的报纸革命"的《现代新闻学》②,这可以看作是黄天鹏对建设"新时代的新 Journalism"计划的一次大胆尝试。虽因时局原因,该书最终未能出版,但是该书被列入计划,且在后来的文章中还多次提及,可见《现代新闻学》在黄天鹏当时心目中的重要位置。

黄天鹏在《我从事新闻运动的经过》《新闻学演讲集·例言》等多篇文章中也谈到建设"新 Journalism",强调"新闻学在中国已进入了一个新的时代了,今后不应仍事稗贩欧美日本的学说,我们应该创造一种新的 Journalism。同时还应把这种学术普及化、应用化"③。

(二)黄天鹏提出建设"新 Journalism"的动因分析

和第一阶段比较,黄天鹏这一时期关于建设中国本位新闻学的新思考,除继续强调新闻学要适合国情,切合新闻界实际应用外,他还明确提出从唯物史观,从大众出发来建设新的新闻学。为什么此前此后都信奉资产阶级新闻思想的黄天鹏,会突然提出从唯物史观和大众出发来开展新闻学术研究呢? 20世纪 30 年代,马克思主义思想在自由知识分子中的广泛传播,以及用历史唯物论作为一种思想方法进行研究和著述成为当时文化学术界的时尚,都应该是黄天鹏这一思想变化的重要动因。

20 世纪 30 年代,马克思主义成为中国知识界的主导性潮流,并以不可替代的科学性、权威性与深刻性,被很多学者当作是观察、解决中国社会问题的重要方法。"1928 年至 1932 年短短的时期中,除了普罗文学的口号外,便是唯物辩证法和唯物史观之介绍。这是新书业的黄金时代,在这时,一个教员或一个学生书架上如没有几本马克思的书总要被人瞧不起了。"④"左派势力活

---

① 黄天鹏,袁殊,张航庐.故新闻学大师:九江先生周年祭辞[N].文艺新闻,1931-6-1.
② 黄天鹏.袁殊来访记:文艺新闻创刊闲话[N].文艺新闻,1931-3-30.
③ 黄天鹏.新闻讲话[M]//新闻学演讲集.上海:现代书局,1931:2.
④ 唐宝林.马克思主义在中国 100 年[M].合肥:安徽人民出版社,1997:159.

跃,整个文化界都被他们垄断。"①徐谦曾对蔡元培说:"我本来不想'左倾',不过到了演说台上,偶然说了两句'左倾'的话,就有许多人拍掌。我不知不觉地就说得更'左倾'一点,台下拍掌的更多更热烈了。他们越热烈地拍掌,我就越说越左了。"②"'左倾'之世风,竟使一位清末翰林出身的国民党大员也不得不跟着跑,可见三十年代中国人的社会主义热情确已达到令人难以想象的地步。"③"左联"提出的文化大众化观点即真正健全的文化应该是为着大多数民众的利益服务,启迪大众、教育大众,也成为当时很多知识分子的共识。

  处于这样一个马克思主义盛行的时代环境中,黄天鹏不可能不关注马克思主义,也难免不受其影响。早在1925年,黄天鹏就对社会主义新闻事业有所了解,写作有《苏俄新闻事业》一文,对苏俄新闻事业的利弊做了分析。1929年他又去日本留学,考察过多家报馆,对西方新闻学与新闻事业有了更深刻的认识。黄天鹏与后来成为中国左翼文化运动发起人之一的袁殊在日本相识。回国前,黄天鹏曾在苏俄边境考察。回国后,两人交往甚密:袁殊在创办"左联"外围报刊《文艺新闻》前曾登门拜访黄天鹏,请求其办刊方针与指导;在《文艺新闻》创刊会议上黄天鹏也以赞助人身份列席。1931年10月,我国第一个研究无产阶级新闻学的学术团体——中国新闻学研究会成立,黄天鹏和袁殊都是重要发起人。而《中国新闻学研究会成立宣言》中就指出:"新闻之发生,是依据于社会生活的需要,社会生活的整体,是基于被压迫的广大的万万千千的社会群众",从而明确提出了新闻大众化问题。学会还声称"将以全力致力于以社会主义为根据的科学的新闻学之理论的阐扬"④。

  从这一时期发表的文章以及社会活动来看,黄天鹏明显受到了马克思主义的影响,并且开始用唯物辩证法和唯物史观方法来分析中国新闻事业面临的问题。他既看到了西方商业化报刊的弊端,也看到了政党和国有报刊的不足,极力主张公有化,认为这是理想新闻业的未来。他评价说:"资本主义之侵入,今日已启其端,平民化与合作化,最近亦必实现。而正鹄之公有说,本类于理想,所以重言之者,俾执斯业者勿忘其本质耳。"⑤或许正是因为黄天鹏这种

---

  ① 苏雪林. 苏雪林致胡适[M]//中国社会科学院近代史研究所中华民国史组. 胡适来往书信选(中册). 北京:中华书局,1979:325.

  ② 胡适. 福建的大变局[N]. 独立评论,1933-12-3.

  ③ 张太原. 二十世纪三十年代的马克思主义思潮[J]. 中共党史研究,2011(7):120.

  ④ 中国新闻学研究会成立宣言[M]//陈瘦竹. 左翼文艺运动史料. 南京:南京大学学报编辑部,1980:146-147.

  ⑤ 黄天鹏. 中国新闻事业[M]. 上海:联合书店,1930:17-18.

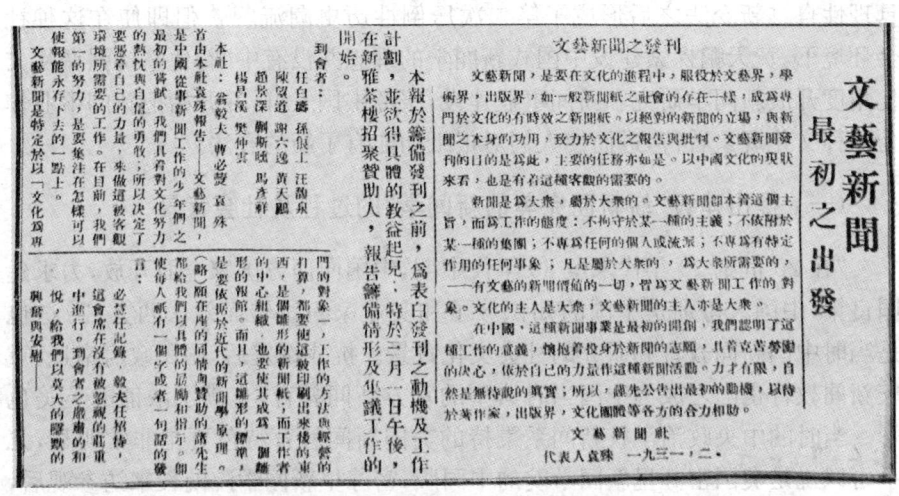

图 4-1 黄天鹏与《文艺新闻》之报道

对于新闻事业价值的理性追求,后来有学者称他为"是一个具有强烈的历史意识和人文情怀的新闻教育家和新闻思想家"[1]。

但由于此时的黄天鹏已进入与国民党有密切关系的《时事新报》供职,且他原本就与国民党高层人员关系密切,加之随后国统区的政治环境因素,他这一刚刚萌生的思想转变也随之戛然而止。但是正如李屏南在《人物评价论》一书中所说:人物的思想转变是有大小之分的,大到一个新质的出现,小到一个微量的变化,这些都是需要我们评价人物的时候注意的,尤其是对微量的变化切不可轻视和忽略不计。[2] 这对于全面地认识黄天鹏也是具有重要指导意义的。

四、建设"崭新而完美的新闻学"

抗战时期,中华民族与日本侵略者的矛盾成为当时中国社会的主要矛盾。主流报纸连同新闻论述,都围绕着战争运行,以"服务于民族解放战争"为主题和标志的"战时新闻学",几乎被所有的政治文化派别所认同。纯新闻学研究和执着于政治文化派别之争的新闻理论思潮,不再受到人们的关注,"新闻工

---

[1] 张育仁.重庆抗战新闻与文化传播史[M].重庆:重庆出版社,2009:329.
[2] 李屏南.人物评价论[M].长沙:岳麓书社,2000:138.

具理性自维新变法之后形成了第二次压倒性历史潮流"①。但即使在这种社会环境下,黄天鹏探索建设中国式新闻学的理想并没有中断,他坚持强调从文化角度开展新闻学研究和新闻事业建设,服务中国人群,并开始把新闻事业作为一种文化现象看待,进而使人们对报纸功能有了新的看法。

(一)提出建设"崭新而完美的新闻学"的过程及社会背景

"在20世纪20年代末至30年代中期,中国向西方国家全面开放,力求建国良策,中国人特别是中国的知识分子和实业家纷纷转而效法西方。"②这也是当时中国新闻教育和研究的社会文化背景。抗战爆发后,国民政府南迁,重庆新闻教育也随之成为中国当时典型的官方新闻教育,充满了浓郁的英美色彩。当时的中央政治学校新闻系秉持的美国新闻教育特色更是非常明显,几乎可以说是美国密苏里新闻学院的中国版,密苏里新闻学院院长来访参观后,也称赞该校新闻系是"中国的密苏里"③。

1941年3月16日,中国新闻学会在重庆成立。该会"以研究新闻学术,改进中国新闻事业"为宗旨,与黄天鹏早期创办的北京新闻学会宗旨基本相同。该会除出版《中国新闻学会年刊》外,还筹办了多场学术演讲会。19日,黄天鹏应邀在中央政治学校进行了题为"四十年来中国新闻学之演进"的演讲,后整理发表。当时虽然正值抗战时期,但从文中仍然可以强烈地感受到黄天鹏对中国新闻学的发展满怀期待。他指出:

> 在新闻阵容中,我们鉴于英、美之所谓言论自由,既不过是少数资本家或政党之护符,过去德、意的法西斯统制,报纸又成为少数统治阶级的工具,而苏联之国有政策,也全为阶级利益而努力,都不是我们所需要的。在三民主义之共和国中,我们需要一种适合于新时代的新闻理论与新闻事业。中政校新闻系主任马星野氏,曾主张根据中央文化事业计划纲要所订定三项原则:即(一)根据总理"保持吾民族独立地位,发扬我固有文化,且吸收世界文化而光大之"的遗训,择善取长,以建设我民族健全久远之文化基础;(二)本"三民主义"之原则,以文化力量建立全国民众精神上之国防;(三)对于一切

---

① 张育仁. 重庆抗战新闻与文化传播史[M]. 重庆:重庆出版社,2009:269.
② 费正清. 中国:传统与变迁[M]. 北京:世界知识出版社,1998:123.
③ 张育仁. 重庆抗战新闻与文化传播史[M]. 重庆:重庆出版社,2009:286-290.

文化事业,切实负起保育扶持之责任,以督促指导奖励及取缔等方法,除莠培良,促成协同一致之发展。又该项纲领二十条中,其与新闻事业直接有关的,如第十六条"集中新闻界之意旨,使在民族意识之下从事新闻事业之改进,并由中央注意新闻人才之训练";第十七条"严厉取缔不利国家或有伤风化之记载与广告",本此原则所指示,来建设新的新闻学,重新估定新闻的价值与经营的方法,使新闻事业尽其服务人群的责任,创造合于人类理想的文化。我们希望马氏的新著,不久问世,以供新闻界人士的研讨,共同来建设这新时代的新闻学……在这四十年代中,我们要重新认识报纸的功用,固在报道消息领导舆论,但最大的目的,仍在推动文化,服务人群……我希望十年后我来论述《五十年来中国新闻学的演进》的时候,一种崭新而完美的"新闻学"理论已经完成,就是撷取欧洲大陆学派的偏重学理与美国式教育的趋重实际技能两者之长,适合本国的文化及政治经济社会新形态的新闻学术已经完成,领导新的新闻事业进入新时代,使每个国民都有合乎理想的精神食粮。①

在十二年后的 1953 年,黄天鹏继续提倡创建"崭新而完美的新闻学理论",主张"以报纸推动文化,以文化促进国家的建设",认为"新的新闻事业"就是要发扬中国传统文化,启发民族的思想,"尽服务人群的责任",以新闻事业为研究对象的新闻学理论建设,也应该从这一点出发,要符合人类社会文明潮流,促进社会和文化发展。"一种学术的发达,总在其本体及对象发展到相当时期以后……以科学的方法研究新闻纸的理论和实际问题,而求得完满解答的新闻学的产生,自有其时代的意义……建设新的新闻学,我们要重新评估新闻的价值,整订经营的方法,新闻事业所造成的新文化,更能尽其服务人群的责任……领导新的新闻事业,迈向新的大时代。"②

(二) 黄天鹏提出建设"崭新而完美的新闻学"的动因分析

黄天鹏"崭新而完美的新闻学"的思想观念中蕴含着中国新闻学术研究要有国际视野,撷取欧美新闻学所长的观点。这也是黄天鹏长期以来的主张。

---

① 黄天鹏.四十年来中国新闻学之演进[J].中国新闻学会年刊,1942(1):35-36.
② 黄天鹏.中国新闻学之发展[M]//天庐论丛——黄天鹏先生执教四十年纪念文集.台北:黎明文化事业股份有限公司,1981:15-16.

1927年,他主编《新闻学刊》时,就表现出既注重中国本位,又具有开放的编辑意识和宽广的国际视野的特点。当时《新闻学刊》不仅密切追踪国际新闻界的最新发展,而且与众多海外新闻学者和新闻记者也有着密切的关系。驻外记者李昭实、鲍振青、夏奇峰等都常为该刊撰文。黄天鹏认为:新闻学是现代勃兴的科学,并没有悠久的历史。在我国,因为新闻事业的落后,新闻学始终没有奠定它在科学中的位置,而欧美新闻学经过多年的探讨和阐扬,早已卓然成为专门的新学科,所以开展中国新闻学研究自然要参考借鉴西方所长。①

黄天鹏"崭新而完美的新闻学"思想也包含用"三民主义"作为指导的观点,强调从文化角度开展新闻学研究和新闻事业建设,服务中国人群。这与他对"国父印刷业遗教"的深入研究以及对报纸功能的新认识有着密切关系。

孙中山在1916年用英文撰写的《实业计划》被译为中文后,在报刊登载,广为传播。1928年,国民党执政,孙中山被奉为"国父",他的《实业计划》也被称为"国父遗教""总理遗教",成为治国纲领,影响非常广泛。

"国父印刷业遗教"是孙中山《实业计划》中的一部分,即"总理实业计划第五计划第五部印刷工业"。该计划认为,"此项工业为以知识供给人民,是为近世社会一种需要,人类非此无由进步。一切人类大事皆以印刷记述之,一切人类知识以印刷蓄积之,故此为文明一大因子……以应中国公众之所需"②。

"国父印刷业遗教"强调印刷业与人类文明、社会文化发展的关系,并从民生主义出发,提出发展印刷工业及其辅助工业,富有深远的理论价值和启迪意义,"在民国时期的历史背景下,以'总理遗教'的话语方式,被专家学者从多方面加以阐释"③。抗战时期,国民党新闻政策即以"奉行总理遗教,建立三民主义之文化为其最高理想",④重庆时期的《国民党中央文化事业计划纲要》也是以此为准绳制定的。

1941年,黄天鹏负责筹办中央出版事业管理处,曾对"国父印刷业遗教"进行详尽研究,并做出了分区实施计划,著有《国父印刷工业计划之研究》一书。新闻业是印刷出版业的一部分,对于国家进步、文化发展具有重要作用。

---

① 黄天鹏.四十年来中国新闻学之演进[J].中国新闻学会年刊,1942(1):32-33.

② 孙中山.总理实业计划第五计划第五部印刷工业[M]//孙中山选集.北京:人民出版社,1981:359-360.

③ 于翠玲.孙中山〈实业计划〉对印刷工业的论述及其影响——以民国时期印刷杂志对"总理遗教"的阐释为中心[J].安徽大学学报(哲学社会科学版),2012(2):119.

④ 黄天鹏.中央出版政策及其实施[M]//天庐论丛——黄天鹏先生执教四十年纪念文集.台北:黎明文化事业股份有限公司,1981:84.

因而，黄天鹏对"国父印刷业遗教"的研究也促使他对新闻事业功能和新闻理论建设有了新认识。1943年，他的《中央出版政策及其实施》一文也是根据"国父印刷业遗教"，提出印刷出版业要发扬固有文化，介绍世界新知，以适应文化建国的需要。①

抗战胜利后，由于国民党集团及其主导下的南京国民政府在美国支持下坚持"一党专制"的习惯思维和做法，致使中国社会政治军事环境很快演变成为国共两党军队的全面内战，国人因疲于战事及后来的政权更迭，黄天鹏建设"崭新而完美的新闻学"的理想当然就失去了实现的条件和可能，他也就只能扼腕自叹了。

在近60年的新闻生涯中，黄天鹏曾多次提出要创造"新闻的新时代""新的新闻时代""崭新而完美的新闻学理论""新的新闻事业""新的大时代"等观点。在《论新闻》一文中，他就说："新闻学源出于史，今日之新闻，即明日之历史。我们要以中华传统之史学精神，撷采西洋传播科技，创造'新闻的新时代'。"②

虽然在不同时期，黄天鹏对于他心中"新闻新时代"理想的表述和含义并不完全相同，但从根本上来看，他所谓"创造新闻新时代"，具体地说，"就是要建立中国的新闻学说和发展适合国情的新闻事业"③。为了实现这一理想，他一生不仅积极倡导"新闻运动"，而且在理论和实践上都进行了一些探索和尝试。这也代表了中国一代新闻学者的思想历程和信念追求。

第二节　黄天鹏的新闻理论观点

从媒介生态的视角来看，新闻传播活动实质上就是记者、媒体、政府、大众等社会因素相互作用的结果。黄天鹏以促进中国新闻事业的发展为目标，在

---

① 黄天鹏.中央出版政策及其实施[M]//天庐论丛——黄天鹏先生执教四十年纪念文集.台北:黎明文化事业股份有限公司,1981:92.
② 陈纪滢.陈序[M]//黄天鹏.天庐论丛——黄天鹏先生执教四十年纪念文集.台北:黎明文化事业股份有限公司,1981:16.
③ 黄寿年.黄天鹏与新闻学[M]//普宁县地方志编纂委员会办公室.普宁丛考,1991(2):147.

长期的新闻实践和新闻学术活动中提出了自己的新闻理论观点。这些认识大多以欧美新闻思想为基础,以"新闻为本位",在一定程度上也结合了中国社会发展需要和新闻事业实际状况,既与同时代的一些新闻学者的思想观点有相同之处,同时也有黄天鹏自己的一些创新和思考。

在本节中,我们主要从新闻的概念、新闻事业的性质、新闻记者的培养、新闻事业的经营管理、大众的新闻教育等方面来探讨和研究黄天鹏新闻理论观点,以展示黄天鹏新闻思想的价值和现实意义。

一、新闻定义中的"事实"具有四种属性

明确学科意识的形成,是一门学科建立的重要标志。什么是新闻?这是新闻理论研究学者开展新闻学研究首先要解决的问题。徐宝璜、邵飘萍、黄天鹏、戈公振、任白涛等都曾在著作中对新闻概念进行定义,并出现了"事实说"和"报道说"两种说法[①]。而黄天鹏对于"新闻"概念内涵的分析则是独树一帜。

(一)黄天鹏关于"新闻"定义的四重分析

结合中西的学理,黄天鹏给新闻下定义为"新闻就是最多数人所注意而感兴趣的最新的事实"。为什么要对"新闻"下这样一个定义,他对新闻的定义解释说:

> 近来又加上了二个附件。(一)是兴趣,新闻要有兴趣,才能吸引读者和深入读者的脑海,就是没有兴趣的事实,也要靠着编述的手腕,来引动读者的心眼。(二)是伦理观,这种有兴趣的事实,是不违背道德律的,在读者是有利益的。[②]

黄天鹏认为新闻的内涵表现在四个方面:

> 第一,新闻是事实,这是构成新闻的基本要素,没有事实,便没有新闻……第二,新闻为新的事实,事实虽为新闻,但要有时间性的限

---

① 李秀云.留学生与中国新闻学[M].天津:南开大学出版社,2009:84.
② 黄天鹏.新闻学概要[M].上海:中华书局,1934:66.

制。事实太久的变成历史,已久的变成旧闻,必须最新发生的才算是新闻……第三,新闻为具有社会意义的事实。事实固为新闻,但事实太多了,要具有社会意义的才能算是新闻。这句话的含义是事实于社会要发生影响的,才算是新闻……他的行动为多数人所欲知道,或于社会能发生若干影响的,这事实便成为新闻了……第四,新闻为经过编制印刷的事实。①

在他看来,事实是新闻内涵的核心层,除此以外,还要是新事实、具有社会意义的事实,并且是经过记者采访、编辑、印刷、发行,送到读者的手里,这样才算是一条完整的新闻。

(二)黄天鹏"新闻"定义的两重特征

黄天鹏的"新闻"定义从本质上是"事实说"一派。新闻"事实说"学派的核心观点是"新闻就是事实"。这一主张虽然自身存在一定缺陷,但却是新闻学建立时期最为流行的主张,奠定了这一时期新闻学理论体系的基石。

徐宝璜是中国新闻学术史上第一个给"新闻"下定义的人,也是新闻"事实说"的开创者。徐宝璜认为:"新闻为多数阅者所注意之最近事实"②,并认为"新闻"有三个构成要素:事实、最近、阅者,而最重要的要素是"事实","最近"与"阅者"都是"事实"的限定语。而黄天鹏所说的"社会意义的事实",就是指事实能够产生社会影响并为大多数人所关注,这实际上就是徐宝璜所说的"多数阅者注意"的事实,但黄天鹏的表述更直接明了。

黄天鹏在对新闻概念内涵的分析中,突出了"新闻发生的过程"及"公众与新闻工作者所起的作用"因素,使新闻又带有了"报道说"的某些特征。"报道说"的代表人物之一是潘公弼。他认为:"新闻者,为一般社会人士所欲应知之事实,而为新闻记者,以最经济之文笔记载者也。"③"报道说"的另一代表人物袁殊则主张:"新闻是把时宜的报道,给予群众以兴味;而最良的新闻,是给最大多数人最大的兴味。"④在此,新闻不是客观事实本身,而是对事实的报道。而报道过程的发生,必然有新闻工作者的主观价值判断。

---

① 黄天鹏.新闻学概要[M].上海:中华书局,1934:56-59.
② 李秀云.留学生与中国新闻学[M].天津:南开大学出版社,2009:84.
③ 潘公弼.新闻编辑法[M]//黄天鹏.新闻学名论集.上海:联合书店,1930:129.
④ 袁殊.学校新闻讲话[M].上海:湖风书局,1932:3.

黄天鹏认为:"新闻为经过编制印刷的事实",并指出具有社会意义的新事实,只是新闻的内容,事实成为新闻,还需有形式,即"外壳"。而这一形式恰恰靠新闻从业者的采访、编辑、印刷、发行等一系列环节,最后送到读者的手中才算完成。可见,黄天鹏对新闻媒体与新闻从业人员在"事实"成为"新闻"过程中所起的作用给予了充分的肯定,兼顾了"报道说"的有关内容。

新闻既然是事实,就应该和观点分开,新闻报道必须坚持客观报道原则。在"言论本位"时代,各种政论文体是报纸的主角,事实的报道与意见的发表常常结合在一起。在"新闻本位"时代,新闻取代言论文章而成为报纸的主角,新闻记者必须要站在第三者的立场上,将事实和意见分开,坚持客观报道。客观主义新闻报道思想是指在新闻报道过程中,新闻工作者不能有任何主观的立场、观点、价值判断与倾向性。这也是"新闻本位"思想的首要含义。

"客观主义"新闻报道思想起源于19世纪,在美国和英国广泛地被赞为20世纪前25年中对于新闻学的独特贡献……在美国新闻界中,客观报道的加速发展,是由于报刊中政党派性的衰落以及报纸由表示意见的刊物变为传播新闻的工具所造成。广告的增加和销路的扩大,有利于报纸处于客观的理想地位。报纸记者认为他们的工作需要一种超然的态度。他们成为当代争论的旁观者而不是参加者。他们小心地避免党派色彩或评价的任何表现。新闻是单纯的纪事;意见必须与新闻明确地分开。①

客观主义报道思想在中国的广泛传播与流行是在五四运动以后。中国早期新闻学者凭借新文化运动带来的宽松文化氛围,在中西文化的交流与碰撞中,开始建立中国的新闻学科。在这一过程中,他们充分借鉴与吸纳了西方的客观主义报道思想,作为自己新闻学理论体系的重要组成部分。

新闻报道要坚持"新闻本位",如何实现"新闻本位"?黄天鹏主张,新闻记者应当"立在第三者的位置,唯一的职务是在真确地报告。一种事实的发生,不必问其性质如何,与自己的关系如何,凡为最多数阅者所注意所要知道的事实,都应为忠实的记载,大公无私的批评,不许有或种作用的意志存于期间。因此,新闻记者的地位,在社会上是超越的,在精神上是独立的,在记载上是客观的"②。并且,"新闻记事乃如摄影之机,不应带主观之色彩,事实为记事之主脑,执笔乃属于第三者之位置,著于纸上者,纯以客观出之,使成一写实之纪

---

① [美]威尔伯·施拉姆,等.报刊的四种理论[M].北京:新华出版社,1980:70-71.
② 黄天鹏.新闻学概要[M].上海:中华书局,1934:84-85.

事"①。这也反映了在黄天鹏眼中,新闻专业主义关于新闻"事实"的基本观点。

(三)黄天鹏"新闻"定义内涵解释之原因

黄天鹏对新闻内涵的解释,主要是受到了美国"趣味主义"新闻思想与日本"实益主义"新闻思想的双重影响。

美国学者普遍强调新闻的"趣味性",那句"狗咬人不是新闻,人咬狗才是新闻"成为最具有象征性的流行语,而日本学者更多地强调新闻报道对人生、对社会有"实益"。日本的新闻学来源于欧美的学说,早期的日本几位新闻学者都是受过德国式和美国式新闻教育的。"不过他们对新闻应该有兴味这一点外,还加上了实益主义。所谓实益,就是新闻的作用对读者应该有利益的。现在日本新闻界的伦理运动即基于此点出发。我(黄天鹏——笔者注)对杉村楚人冠的话差不多完全同意,新闻的确是不能下一个放诸四海而皆准的定义。"②

"实益主义"的思想源自黄天鹏在日留学期间对日本新闻业的接触和考察。具体来说,"实益主义"的主要内涵就是主张"报纸登载新闻的标准,完全拿多数人的实际利益做标准,凡是一种新闻,有害于社会或国家利益的,那就没有登载的余地"③。实益主义新闻观实际上侧重于强调新闻伦理原则对新闻实践活动的自律和倡导。

此外,黄天鹏还认为,对"新闻"的定义不要千篇一律,追求一个统一的定义是不切合实际的,也是不必要的。这种观点很值得提倡,它既符合复杂多样的新闻实践,也符合事实是第一性的,新闻是第二性的唯物主义新闻观。

二、报纸是公共利益代言人

黄天鹏做过记者、编辑、特约通讯员,办过通讯社,也办过报刊,在上海担任过《申报》要闻版主笔、《时事新报》经理,在重庆还领导过出版《重庆各报联合版》,但他对新闻事业的状况总是不甚满意。那么到底应该为社会建立怎样的新闻事业,这是黄天鹏工作和生活中一直在思考的问题。新闻媒体是新闻

---

① 黄天鹏.新闻文学概论[M].上海:光华书局,1930:108.
② 黄天鹏.新闻学概要[M].上海:中华书局,1934:65.
③ 周孝庵.最新实验新闻学(2版)[M].上海:时事新报馆,1930:396.

传播活动的核心,新闻学者、新闻记者、社会大众以及政府的活动都是围绕新闻媒体展开的。报纸应该成为"公共利益代言人"的观点,是黄天鹏关于新闻事业认识的核心观点,该观点主要包括以下几方面的内涵。

(一)"坚守公共性"是新闻事业最重要的特征

从清末到民初,新闻纸"由无聊士人舞文生涯以至认为开通民智利器,议论时代以至进为新闻时代,皆现急速之转变"①,"新闻事业已经由政论本位(以宣传维新或革命为主)到新闻本位(以报道新闻为主,已渐趋商品化),由津贴本位转向营业本位"②。

"新闻纸居然有独占化的趋势了,黄金霸占了新闻界,垄断了新闻界……自由竞争已成历史上的名词,其结果不但斩丧新闻界新的生机,新闻业也成了纯粹的企业。"新闻业"因为有巨大的广告费的收入,又有普遍众多的读者,却变成了一种赢余的事业。资本家投了巨大的资本,招揽专门的人才,为完善的设备,其事已有较稳的把握,差不多成为确当投资的事业。而产生了大资本的新闻社,造了二大潮流,一是托拉斯(trust)化,一是企业的组合(syndieate)了"③。

如何解决在这种背景下新闻纸"商品化"的问题,黄天鹏提出了新闻事业"五种性质"说,即公共性、舆论性、教育性、艺术性和一般性。他认为,这五种特质中,公共性是后四种特质的出发点,一般性是前四种的总归宿。在新闻事业的所有性质中,"新闻事业最重要的性质,可以说是以公共的事业为基础。换句话说,新闻事业是公众的事业"④。他认为,新闻事业营业的立足点是建筑在公众利益上面,但也不能纯为公益,成为公共的慈善事业。健全的报业应该是以公益为精神,以营利为手段。⑤

黄天鹏在《中国新闻事业》一书中对新闻事业"公共性"的含义、必要性及效果进行了详细的论述,他认为:

> 新闻纸主要之目的,在宣传新闻于公众,新闻以事实为依归,而不容私见作用于其间。从事新闻事业者首应认识其公共之特性,新

---

① 黄天鹏. 新闻学论文集[M]. 上海:光华书局,1930:2.
② 黄天鹏. 中国新闻事业[M]. 上海:联合书店,1930:58.
③ 陶良鹤. 最新应用新闻学[M]. 上海:复旦大学新闻学会,1930:86.
④ 黄天鹏. 新闻学概要[M]. 上海:中华书局,1934:16,111.
⑤ 黄天鹏. 新闻事业的研究[M]//新闻学演讲集. 上海:现代书局,1931:9.

闻纸乃社会公共之机关，与营业牟利者异其旨趣。营业者可以牟利为前提，而新闻纸则应以公众之利益为准则，报告正确之消息，贡献公允之意见，皆其应循之正轨。吾人评判新闻纸价值之高低，即可以其公共性之多寡定分寸。质言之，若带御用之色彩，违反社会之公意，众必共弃之也。今日新闻事业虽卷入营业之漩涡，然主持者倘止知以商业之手段经营，而忘其本来之特质，则其终必失败也无疑。此种观察，可以由顾客与读者之眼光判别之，顾客之于物也，惟以个人之利害为衡，而读者之于报也，则以公众之利害为则。着眼既殊，效果自异。故新闻事业之经营者，与新闻纸之读者其务派虽各不同，而其共役此公共之机关则一。世人每谓共和国之元首为公仆，此称正可以赠之新闻记者，故当其力谋营业独立之顷，若时时不忘为公众之机关，为多数人谋福利，必得群众之信仰与拥护，无冠帝王之权既树，发行额数自增，广告收入自丰，而本身亦赖以发荣，是不啻得公共为后盾，而共同维持其生命也……此种公共性发展之极，则予自私自利的新闻纸以共弃之制裁，而纳之于正轨。是新闻事业藉公众之扶掖以前进，而公众藉新闻事业以致用，其两方之关系更为密切也。①

"舆论"是社会公共性的一个重要方面，黄天鹏也因此认为新闻纸应该代表舆论。他明确地表示：

近来学者有倡新闻纸不能代表舆论说，意谓公众的意见，断非少数记者笔下所能代表，而主张新闻纸职务止在忠实报告而已，评判应仟之于读者。但是这只见到一面，其实事实如何，即舆论的所在，舆论事业的舆论性，仍然不会消灭的。②

人类的生活，在未脱离民族或国家而进于世界大同之前，新闻纸必有其民族性与文字性的存在，而舆论性亦因此而有不同。最初代表国民的舆论于政府，次则代表国家的舆论于国际，最后则代表民族的舆论于人类，而致人生之享受。以今日的情形而言，新闻纸自为国民舆论的代表，一国政治的隆替，国民思想的趋向，社会状况的程度，

---

① 黄天鹏.中国新闻事业[M].上海：联合书店，1930：1-2.
② 黄天鹏.新闻学入门[M].上海：光华书局，1933：49-50.

皆可于新闻纸中求之。①

在欧美各国,随着新闻事业的企业化经营规模不断扩大,自由主义报刊理论的弊端日益显现,报纸对于商业利益的过度追求早已引起诸多学者对新闻事业的性质进行充分的关注和研究。

卡·约斯特在《新闻学原理》中就说:

> 商业才能、原理及方法,对有效的新闻事业是不可或缺的东西。虽然我们这样说,但新闻事业决不能完全受制于谋利的欲望,即使此种利益无损于人,也不应如此。报纸的生产,绝非单纯的生产企业而已,照规矩讲,每一个报纸的刊行,主要的是在阐扬某项原理,支持某种原则,完成某些公共服务,或满足某种大众的需求。……在竞争的商业制度下,利润是很可能获得的,事实上报纸确实能够获得利润。报纸获得利润,当然是一件美事,然而如果把利润放在第一位,从而压制其他一切新闻学的基本原理的时候,利润往往会自然地消失。②

可见,约斯特既将新闻事业看作是创造利润的营业工具,又把其看作是公共舆论的机关。这种新闻思想传入中国后,很快被一些学者所接纳。邵飘萍在《新闻学总论》中写道:"从事于新闻事业者认明此种事业之特质第一当彻底觉悟新闻纸之为社会公共机关,根据事实与信奉真理皆以社会公意为标准。"③戈公振、任白涛、郭步陶、张九如等学者对此也都有相似的论述。

这一时期,黄天鹏首先借鉴国内外新闻学者的观点,提出新闻事业"五种性质"说,并对新闻事业"公共性"的含义、必要性及效果进行了详细的论述。也有学者认为这实际上是实益主义新闻观的具体体现。实益主义新闻观主要包括以下内容:第一,报纸必须具有独立的地位,不依附任何政党与势力。第二,新闻记者必须具有高尚的人格,必须具有社会责任感,必须具有远大的理想。第三,提倡"新闻伦理"运动,反对商品主义,反对黄色新闻,主张新闻报道

---

① 黄天鹏.新闻学入门[M].上海:光华书局,1933:48-49.
② [美]卡·约斯特.新闻学原理[M].中国人民大学出版社1960年内部批判版,译自美国1924年英文版.
③ 邵飘萍.新闻学总论[M].北京:北京京报馆,1924:7.

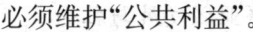

必须维护"公共利益"。

(二)"实现公有化"是新闻事业的发展趋势

通过考察分析国内外媒体,黄天鹏认为日本、美国的以营业为本位的新闻业,虽然可"获得正确敏捷精详趣味之新闻,以最完美之制作而贡献于买主之读者",可使报纸因独立而成为"社会之共器",但亦不是新闻事业发展的正轨。其流弊在于:把新闻当作商品,一心只为博取读者的欢心,难以保证新闻之真;又因过分依赖广告,报纸常常为广告主所左右,卷入资本主义的旋涡,落入"商品化"潮流。① 而苏俄新闻业是国家垄断情况下的"国有"报业,因失去竞争,遂养成迟缓风气,"轻视本埠消息,喜用概括而欠明显之标题,遂成畸形之发展"②,而且"新闻事业完全受党之支配,私人支持编辑之独立报,已无存在之可能,成为清一色之新闻界,党指鹿为马曰,此马也,全国报纸必随声附阿曰,此马也。若此种者已失舆论之精神"③。

既然美日新闻业"商业化"和苏俄新闻业"国有"都不尽如人意,黄天鹏便结合当时世界新闻事业发展趋势以及中国新闻界的实际状况,提出了他理想中的新闻事业——公有化的新闻业。他认为:

> 夫新闻事业既为社会之公器,又为人生享用之一种,则自非少数人所可操持,且舆论之代表,民众之喉舌,亦非少数人所可代庖;故应由少数人之手,移于法人组织之下经营之,宜也;法人云者乃得政府许可之合法团体,以某公益为目的者。新闻事业由其出而经营,另组专会以主其事,既可集中财力与人才,并可免除营业本位资本主义之流弊。而于发行与广告无谓之竞争,加以禁止与限制,使其循正轨以发展,执笔有适当之保障与遵守,自可发挥布衣宰相之权威。一报之记载,无所忌惮,则可秉笔直书;一报之评论,无所畏惧,则可直言是非。信如是,则新闻纸与权势金钱之结纳,自无从发生,而言论之尊严,新闻事业之职责,乃可整个之完成也。今日报纸所标榜之宗旨正大,消息灵通,评论严允,编制新颖,始可不托空言,而达理想之境也。此说实行方法,虽多待乎讨论,而予意

---

① 黄天鹏. 中国新闻事业[M]. 上海:联合书店,1930:169.
② 黄天鹏. 新闻学刊全集[M]. 上海:上海书店,1930:132.
③ 黄天鹏. 中国新闻事业[M]. 上海:联合书店,1930:168.

在原则上实为新闻事业应走之正鹄也。……新闻事业之发展与社会制度之变迁,至有密切之关系也,如英美之卷入资本主义也,苏俄之骤变为国家管理也,固非学者理想所可左右。特吾曹每云站在将(时)代之前头,不能不有一理想之鹄,以为发展之目标。若以我国最近之将来言,则一方固应求营业之独立,而一方不应忘其为社会公共之机关,则于发展之正鹄①。

资本主义之侵入,今日已启其端,平民化与合作化,最近亦必实现。而正鹄之公有说,本类于理想,所以重言之者,俾执斯业者勿忘其本质耳。②

面对20世纪30年代前后新闻业的托拉斯化、反托拉斯的运动以及"新闻社的组合化"趋势,黄天鹏认为:"这可以说是物极必反的现象,新闻业终必进化到公有的新时代,新闻学也将进于更昌明更伟大的新时代。"③1929年,徐宝璜在《新闻事业之将来》一文中也认为"报纸之公共化"是报纸未来的发展趋势之一④。

(三)"推动文化发展和服务人群"是新闻事业的基本职能

新闻媒体作为文化事业的重要组成部分,应该以公益为立足点,时时以致力于公益任务的精神来辅助营业的发展。这对于国家的进步具有重要作用。

黄天鹏认为:"新闻事业营业的立足点是建筑在公众利益上面。凡事以公众的利益为前提,有损害公众利益的,纵能获利也不应该为。""健全的新闻事业,一方是致力于正当的营利方法,以树立事业的物质基础,以扩大其为公众利益而努力的任务;一方面是认清新闻事业是建筑在公益的立足点上,时时以努力公益的任务的精神,以辅助营业的发展。"⑤

他认为:一个国家的进步与文化事业有着重要关系,而人民之文化事业,书籍、新闻为两大端,两者之间,新闻事业之于文化,应有比较更重要之关系,盖每日刊行报纸,尽为关于政治、社会、经济、教育之消息,人民日日接触,浸淫

---

① 黄天鹏.中国新闻事业[M].上海:联合书店,1930:169-170.
② 黄天鹏.中国新闻事业[M].上海:联合书店,1930:17-18.
③ 黄天鹏.新闻学概要[M].上海:中华书局,1934:124-125.
④ 徐宝璜.徐宝璜新闻学论集[M].北京:北京大学出版社,2008:151.
⑤ 黄天鹏.新闻学概要[M].上海:中华书局,1934:105,112-113.

于正义,研讨于大势,以订其从违,以觇诸舆论,则智识较丰者,可以进于国情世况,以奋发而导扬;智识较逊者,亦得切磋于文字,以端其趋向。① 所以,报纸在注重自身经营的同时,也要承担起宣扬文化的职责。在重庆中央政治学校的演讲中,黄天鹏仍然强调:"在这四十年中,我们要重新认识报纸的作用,固在报道消息,领导舆论,但最大的目的,仍在推动文化发展,服务人群。"②

三、新闻记者应专业技能与职业修养兼备

黄天鹏既有丰富的新闻实践经验,又有多年的新闻教育经历。他从民国十七年(1928年)杭州新闻记者公会新闻讲习班开始,到民国六十三年(1974年)中华民国总工会干部新闻讲习班止,从事新闻教育达四十多年。他对新闻记者提出了全面的要求,并对后辈寄予厚望。他说:"我好像识途的老马,只能识途罢了,而负这建设'新 Journalism'的使命,要青年们才能胜任。我们严整我们的队伍,一致地向前进,成功就在我们的前面期候着。"③他在《怎样做一个新闻记者》《新闻学概要》等著作中对新闻记者的职业特点、资格和素质要求进行了具体的论述。

(一)"专才"与"全才"结合的职业特征

五四运动后的十年间,新闻学在中国已经成为一种专门学科,在很多大学中设有专科,中国的新闻教育已经起步,但是新闻专门人才的缺乏,仍是新闻事业幼稚病的症结。当时担任记者的,"不是昏庸老朽,就是无聊的文氓——自然专门的人才,也不能说完全没有,不过是极少数罢了。因为叫这些盲人骑瞎马的人来负了这么大的责任,毋怪新闻事业的不能发达了"④。

黄天鹏认为:中国的新闻教育应该培养专才型和全才型记者,尤其是要注重经营人才的培养。

> 新闻记者在这新时代中,单靠一支"起承转合"的笔是不行的,纪事需要剪裁配合,出奇制胜,而选择弃取之间尤需要丰富的常识。从

---

① 新史氏(黄天鹏).中国报业概况[J].报学月刊,1929(3):45-46.
② 黄天鹏.四十年来中国新闻学之演进[J].中国新闻学会年刊,1942(1):36.
③ 黄天鹏.我从事新闻运动的经过[J].读书月刊,1931(2):114.
④ 黄天鹏.新闻学演讲集[M].上海:现代书局,1931:189.

前论政那种"策论式"已感到不够,现在,尤须对每个问题均有透彻的了解,犀利的观察和卓越的判断。即经营方面,如广告的招揽,发行的推广,印刷的改进,尤其同业间的竞争,种种环境的需要,使得记者们必须研究学问。①

这也就是说新闻记者首先必须是专才。新闻事业分为新闻记者和新闻业者,从事哪一方面的工作,就要侧重学习哪方面的学理和技术。而且,因为"新闻学的对象是新闻纸,新闻是社会的反映,是活的动的事业。穷原竟委也只有用动的科学方法来研究",所以"在学理上自要精密的探讨,同时也要并重实际的试验,分析的研究也应注意的……还有要时时留心报上的变迁,有机会参观报馆的内容,事实地的考察研究。"②,"新闻事业是一种专门职业……社会要重视专业与专才的关系和绩效,新闻事业才有长足的进步"③。

黄天鹏还结合自己的经历说:"各种书籍纵不能多读,关于自己业务范围以内的新智识,都须尽量吸收的,譬如我编国际新闻,关于报纸和杂志上的国际事件,便应剪存以备查考;各国研究国际问题的著述,便应时代的探讨,使自己也成为国际专家。"④

"新闻记者在智识方面要常识化,在学问方面要专门化,才能来负担新时代的新使命。"⑤在沪江大学与《时事新报》合办新闻科训练班的时候,黄天鹏对于新闻记者的培养,更进一步主张:"除基本知识和辅导知识外,还要把专门知识分为编辑和经营两大部门,以造就专门人才。"当时,士大夫观念仍深植于大学生头脑之中,搞经理业务的很少,志愿选择新闻系的学生,也是志在编辑而非经理。⑥ 在这种情况下,能够提出培养经营人才可谓是极具远见卓识,起到了振聋发聩的作用。

除此之外,黄天鹏还主张,新闻系的学生应该具有基本知识、新闻专门知

---

① 黄天鹏.中国新闻学之发展[M]//天庐论丛——黄天鹏先生执教四十年纪念文集.台北:黎明文化事业股份有限公司,1981:6.
② 黄天鹏.新闻学演讲集[M].上海:现代书局,1931:178-179.
③ 黄天鹏.新闻教育四十年(上篇)——中国新闻教育的创办与变迁[M]//天庐论丛——黄天鹏先生执教四十年纪念文集.台北:黎明文化事业股份有限公司,1981:53.
④ 黄天鹏.寒窗的回忆[J].读书月刊,1931(3):123.
⑤ 天庐(黄天鹏).怎样做一个新闻记者[M].上海:联合书店,1931:15.
⑥ 黄天鹏.新闻教育四十年(上篇)——中国新闻教育的创办与变迁[M]//天庐论丛——黄天鹏先生执教四十年纪念文集.台北:黎明文化事业股份有限公司,1981:47,60.

识、辅导知识、实际知识,掌握做新闻从业员的一般技能,有主持舆论指导社会的能力①,这样才能成为一个健全的人才②。

(二) 以"史家精神"为追求的基本职业修养

"今天的新闻就是明天的历史",这句话说明了新闻与历史的紧密关系。有人认为,早些历史时期的宫廷史官具有后来新闻记者的某些属性。③ 王安石将《春秋》称之为"断烂朝报",蔡元培也认为中国报纸起源于《春秋》。更有学者甚至将"孔子成《春秋》而乱臣贼子惧"比作最早的新闻舆论监督。

早在国人办报初期,王韬就提出过"其立论一秉公平,其居心务期诚正"④的要求,郑观应也主张"执笔者尤须毫无私曲""胸中不染一尘"。⑤ 在中国报人中,最早明确提出记者要具有"史家精神"这一命题的当属杰出的报刊活动家梁启超。

1902年,梁启超在《敬告我同业诸君》一文中说:

> 西哲有言:"报馆者现代之史记也。"故治此业者不可不有史家之精神。史家之精神何? 鉴既往,示将来,导国民以进化之途径者也。故史家必有主观客观二界,作报者亦然。⑥

1919年蔡元培在为徐宝璜的《新闻学》所作的序言中说:

> 余惟新闻记者,史之流裔耳。古之人君,左史记言,右史记事,非犹今之新闻记某某之谈话若行动乎?"不修春秋",录各国报告,非犹今新闻中有专电通讯若译件乎? 由是观之,虽谓新闻之内容,无异于史可也。⑦

---

① 黄天鹏. 新闻教育四十年(上篇)——中国新闻教育的创办与变迁[M]//天庐论丛——黄天鹏先生执教四十年纪念文集. 台北:黎明文化事业股份有限公司,1981:40-42.
② 黄天鹏. 新闻学演讲集[M]. 上海:现代书局,1931:179.
③ 戈公振. 中国报学史[M]. 北京:中国新闻出版社,1985:20.
④ 王韬. 论日报渐行于中土[M]//弢园文. 上海:三联书店,1998:111.
⑤ 郑观应. 盛世危言·日报[M]//张之华. 中国新闻事业史文选. 北京:中国人民大学出版社,1999:9.
⑥ 梁启超. 敬告我同业诸君[M]//梁启超政论选. 北京:新华出版社,1994:87.
⑦ 蔡元培. 序[M]//徐宝璜. 新闻学. 北京:北京大学新闻学研究会,1919:1.

可见,蔡元培也是将记者职业看作是史官的流裔,认为记者和史家的职责是可以等量齐观的。

报纸是历史的记录,这要求记者要能充分认识到自己肩负的使命和责任,以史自役,坚持对历史负责的"史家精神",即"忠于事实、秉笔直书、超然独立、不畏强权"①,也就是章太炎在《〈新纪元报〉发刊辞》中所说的:"事不可诬,论不可宕,近妇言者不可听,长乱略者不可从。毋以肤表形相而昧内情,毋以法理虚言而蔽事实,毋以众情涌动而失鉴裁。"要求记者立足于客观公正立场来报道真相,发表评论,不受权力与金钱驱使。

传统的"史家精神"办报也对黄天鹏产生了深刻影响。他认为新闻应该为历史代笔,也崇慕以"史家精神"来办报。黄天鹏的学生沈新民曾回忆说,"天鹏先生讲,做个称职记者,必须有两个以上头脑,才能慎思明辨,不为利诱,不为势劫"②。

黄天鹏认为,新闻工作者的修养与史官的修养有着极其相似的地方。在《新闻学刊全集》中,他就说:"以现时言,新闻记者无位置,似乎颇小,但与昔之史官,不无相同之点。""今天的新闻记者,就是历史的采访者、立言人;今天的报馆编辑,就是历史的纂修;总主笔及总编辑等于历史的监修,其余任何一位新闻从业员都为历史分担着责任,都是历史的创造者。"③"从事新闻业者以事论说,应以大无畏的精神,公正无私的态度,默察国民大多数的心理,与人群的利益正义,议事立言,自为国民的喉舌,先得民众之心而言之。信是,既得大多数人的同情与信仰,自为舆论的执衡人。"④

(三)合格新闻记者的基本资格条件

报纸在社会上的影响力和地位决定了对记者的基本要求,记者被称为"无冕之王""社会之公人""人群之导师",合格的新闻记者应该具备多方面的素质。

早期新闻学者对新闻记者应该具备的素质也都有相类似的论述。徐宝璜

---

① 徐新平.史家办报——中国资产阶级报业的主导思想[J].求索,2002(3):203.

② 黄寿年.三十年代的新闻学者黄天鹏[M]//普宁县政协文史资料研究委员会.普宁文史(第2辑).1988:54.

③ 陈纪滢.陈序[M]//黄天鹏.天庐论丛——黄天鹏先生执教四十年纪念文集.台北:黎明文化事业股份有限公司,1981:16.

④ 黄天鹏.新闻学入门[M].上海:光华书局,1933:50.

认为记者应该具备新闻学常识、强健的记忆力、扎实的国文根底和外语能力等。邵飘萍将合格记者资格概括为：高尚的品性、必需的知识和经验、健康的身体。任白涛的概括是：健全的常识和刚健的意志。

黄天鹏认为："新闻记者要求的最低的限度，对于新闻事业要有正确的认识与信仰，而在学问和技术上又有相当的修养。"具体来说就是：第一要有健全的身体，而又有活泼礼貌的风度；第二要有丰富的常识，而又有专门的学问；第三要有冷静的头脑，而又有热烈的情感；第四要有敏锐的眼光，而又有强健的记忆力；第五要有灵敏的手腕，而又有勤勉的习惯；第六要有交游的新闻鼻，而又有优美的文笔；第七要有道德的涵养，而又有独立尊严的人格——品性为立身的根本，谁都要有完全的人格。

黄天鹏也认为，记者的特殊身份使他们多受诱惑，其立身准则与独立的人格不能忽视，否则将危害匪浅。他指出：

> 要有道德的涵养，而又有独立尊严的人格——品性为立身的根本，谁都要有完全的人格，而在新闻记者尤其重要。因为新闻记者受引诱的机会多，而堕落后的影响比别人大。新闻记者握着宝刀来平定世界，操着法官般褒贬的权威，一举一动为人群的表率。处此万恶的环境中，想利用他的人们，利诱势逼，来软化新闻记者，以遂一己的野心的很多。新闻记者要不为金钱所诱惑，威武所屈服，而保持其公平正道的态度，尊严崇高的人格，全赖着道德的涵养。若是没有修养而堕落，则贻害于社会真不堪言了。故新闻记者首要尊重道德，拥护正义，养成高尚独立的人格。英人常说："伟大人格者的一支笔，胜过一把刀。"①

在《怎样做一个新闻记者》一书的开篇，黄天鹏用《理想中的一个新闻记者》这首诗歌表明他对"理想的新闻记者"的看法，并且明确地提出：

> 我们理想中的新闻记者，要具卷首 MissC. CTien 的序诗那样的人物。对新闻事业有正确的认识与信仰，而在学问和技术上又有充分的学养。自然我们是希望新闻记者都是大学新闻学系出身，而又

---

① 黄天鹏.新闻学概要[M].上海：中华书局，1934：92-97.

有丰富的经验的专门人才,方配戴上这无冕的王冠。①

在激情四射的诗作中,黄天鹏对记者秉持爱国、独立、勇敢、正直、奋进、理性和追求真理、不畏胁迫的品性,特别是对他们应有的高尚人格,表达了很高的寄望,但也隐含着他对当时记者背离职业理想的拳拳批评之意。②

在《新闻文学概论》一书中,黄天鹏还认为:

> 读者对报的要求,是一种正确的新闻,不是一种带有色彩的消息;是一种公平的评论,不是一种有作用的鼓吹。御用的政治机关报,纵有一派人欢喜看,一无所见的阅者是屏绝这种报。这种划地自限的机关报,因为发行额的低减,终于失败了。或改变他的方针,从营业方面以谋他的生存……
>
> 投靠政党是不啻自杀政策的,像英吉利自由派的每日新闻,保守派的晨报,以及日本的"日日"等报,都先后的觉悟,改变御用的色彩,而以"消息正确评论公允"自诩了。由言论本位变成了新闻本位,由津贴本位变成了营业本位,于是报业成为一种新的企业。报业既进化到今日营业的样子,新闻便成了一种商品——尤其是美国,商人以经营商业的眼光来经营报业,每每只顾到营利部分,而忽略了报人本身的使命,就有人慨叹报纸的堕落,鼓吹着新闻伦理的运动。近来又因为资本主义的侵入,大有托拉斯化的倾向,又有一种公众来经营报业的呼声……
>
> 新闻纸是人类精神的食粮,我们应该起来研究和提倡,使他达到真善美的境地。③

四、社会大众应普及新闻教育

新闻传播是新闻媒体与社会大众之间的一种互动活动。新闻学的发展也受制于社会的认知和了解。黄天鹏很早就意识到了两者间的互动相生关系,并

---

① 天庐(黄天鹏).怎样做一个新闻记者[M].上海:联合书店,1931:13.
② 刘建明,等.中国媒介批评史[M].福州:福建人民出版社,2011:353.
③ 黄天鹏.新闻文学概论[M].上海:光华书局,1930:3.

称之为"连环式的关系"。① 黄天鹏认为,无论是新闻事业还是新闻学术研究要想有长足的发展,必须普及大众对新闻学的了解,并提出了"人人都学新闻学"的社会理想。黄天鹏除了身体力行推动新闻学的普及之外,他还对普及新闻教育的方式和途径进行了探讨、分析和设计,成为中国早期媒介素养教育的倡导者之一。

(一)人人都有新闻学的常识

中国新闻学者关于媒介素养教育的思想最早可以追溯到20世纪20年代初,尽管当时没有"媒介素养教育"的明确提法,但已涉及这方面的内容。

早在1924年,邵飘萍就提出:

> 新闻学上普通之知识,不独新闻记者所应具,即多数国民,最好亦能使之相当了解。庶几对于新闻之论载,可以减少错误之观察,且所谓新闻知识者,不仅应用于新闻而已。凡观察社会上政治上一切事物,苟其具有新闻之知识,则较诸一般人为易觅得事物之要领,加以正当明确之判断。然则新闻学云云,固所以学为新闻记者,实即处世穷理之学,欲在社会上政治上有所活动者,皆应视为一种必要之知识而研究之。②

任白涛也在《应用新闻学》一书中说:"新闻学者,实一种最名贵之应用科学也。狭义言之,乃政治学、社会学、教育学及文学诸学科之必修学科。广义言之,无论从事何种业务者,皆不可不具此知识也。"③他也将新闻学列为普通人都应该具备的知识。④戈公振不仅强调,"新闻学是无条件的一种国民必修课",⑤而且认为,"社会对新闻学了解太少,以记者为职业,在我国比在其他国家更难","欲除此弊,非提倡报学不可"。⑥

随着社会地位的明显提升,新闻事业获得种种赞誉。"世人之论新闻事业者曰:人类公共之机关也,民众舆论之代表也,广义之社会教育也,各种艺术之

---

① 黄天鹏. 新闻学概要[M]. 上海:中华书局,1934:113.
② 邵飘萍. 新闻学总论[M]. 北京:京报馆,1924:1.
③ 任白涛. 应用新闻学[M]. 上海:亚东图书馆,1937:4.
④ 任白涛. 应用新闻学[M]. 上海:亚东图书馆,1937:4.
⑤ 戈公振. 新闻教育之目的[J]. 报学月刊,1929(2):49.
⑥ 戈公振. 中国报学史[M]. 上海:商务印书馆,1928:1.

综合也,一般人之必需品也",是"人类精神之食粮""人群活跃值(之)记录""人生享用之一种""现代之史也""与人生之关系有衣食之同等价值"。黄天鹏认为:新闻学要"将新闻纸置之研究室中,检讨之,分析之,议论之,以求一应改进之良策,而致益用于人生",使新闻事业"力谋如何始可臻于真善美","谋所以求精之方法"。由此,他主张:人人都要具备新闻学常识。①

黄天鹏也和以上学者一样花大力气阐述推广新闻学的诸多好处,如可以增加读者对新闻记者和新闻纸的了解,可以更好地获取和理解新闻报道的内容,可以提高人们的思考力、观察力和判断力等,但他特别强调普及新闻教育可以培养社会对报纸的批评和监督能力。

他说:"我们对新闻学有相当的了解,对新闻社有若干的常识,则对新闻纸的记事,自有较深的认识。新闻纸的评论,也有更明确的判断。在社会上为报纸的监督者"②,可以使大众"知道尊重舆论的威严,以及记者的人格,来督进新闻事业的发展"③。"报纸是社会公共的言论机关,是民众的喉舌,读者与报馆并不是商店与顾客的关系,而只是职务上的不同而已,所以报上的立言应以公众利益为前提,站在大众的地位来说话。""凡有不知自爱的报纸,自堕报格,为一党一派所利用,违背大众的利益而不顾,则应予以警告,警告无效,予以不阅看的裁制,报既没有人要看,自然关门大吉,违背公众利益的报纸,自然逐渐的淘汰,或转变而从善了。"④

我国早期的媒介素养教育思想与国外的媒介素养教育思想之间存在着一定的差异:"中国重在新闻学学理知识的普及,让民众尤其是青少年对媒介有所了解与认识;而当今西方国家则重在媒介批评精神的培养。在当今新闻事业已经得到充分发展,新闻教育也得到充分重视与普及的情况下,如何培养学生的媒介批评精神更具有现实意义。中国早期的新闻学者与教育工作者,对实施媒介素养教育提出了种种方案,其中有不少在今天仍具有借鉴意义。"⑤

此外,黄天鹏倡导开展"新闻运动"的目的就是通过普及新闻学的知识,促进新闻学术研究和新闻事业的发展。他认为:"新闻事业之发展,有待于新闻学术之昌明……吾国今日新闻事业,尚在幼稚时期,新闻之重要与价值,国民

---

① 黄天鹏.中国新闻事业[M].上海:联合书店,1930:1-13.
② 黄天鹏.新闻学概要[M].上海:中华书局,1934:6.
③ 黄天鹏.怎样阅报[J].读书月刊,1931(5):55.
④ 黄天鹏.怎样阅报[J].读书月刊,1931(5):53.
⑤ 李秀云.中国现代新闻思想史[M].北京:中国社会科学出版社,2007:210-211.

尤乏相当之认识,记者位置之尊严,社会与其自身,尚不明白其责任之所在,欲救此弊,新闻运动尚矣。"①

"新闻事业的发达,不在少数的新闻学者埋头做书,而在新闻学的普及大众,各个具了新闻学的常识,对于新闻纸有正确的认识,人人都是新闻人,新闻业才表现了她的力量和意义。"②

也正如邵飘萍所说的:"吾人既为中国之从事于新闻业者,决不能谓新闻之进步须待夫新闻业之进步。尤不能谓新闻业之进步,须坐待社会之进步而始进步也。盖'互为因果'云者,最初之因,自有赖于吾人之努力,必人人皆有此种善因之决心,然后生生不已,而相互之关系乃见。"③

(二)"人人都阅报"

由于报纸与人生有着密切的关系,阅报逐渐成为人们的日常生活内容,报纸成了人类的精神食粮。黄天鹏在《怎样阅报》一文中提出了"人人都阅报"的主张。

他认为:"人类本来是求知的动物,因有欲知道的欲望,才有了对报纸的要求。报纸的制造者就应了这种需求,搜集许多许多人要知道的事件在一起,来供给人们这种需要。""报纸是社会的缩影,我们既然在社会上做个'社会人',对所处的社会自然非明了不可。报纸也是一部现代的历史,一部人类活动的现象的记录",报纸"像一面反映着整个社会的镜子。我们每日阅报,就是阅我们所在的社会"④。

黄天鹏认为:阅报"在公众上可以沟通人类的思想感情,促进世界的大同。在个人上可以增加新的智识,获得生活必需的学问来应付新的环境。"尤其是东西方以及不同地方的报纸通过"交换双方的消息,使两个天涯海角地域的民众互相了解,互相熟识渐渐发生感情来,不幸的事件便可消灭了。不幸发生误会也易于解释。这是报纸在人类方面最大的贡献,也是我们阅报最大的益处。"⑤他主张:"把它认作终身的导师,生活必需的新智识的宝库,这样才能发

---

① 黄天鹏.新闻学刊全集[M].上海:上海书店,1930:368.
② 黄天鹏.新闻人[M]//逍遥阁随笔集.上海:上海女子书店,1932:82-83.
③ 邵飘萍.我国新闻学进步之趋势[N].东方杂志,1924-3-15.
④ 黄天鹏.怎样阅报[J].读书月刊,1931(5):42-44.
⑤ 黄天鹏.怎样阅报[J].读书月刊,1931(5):56.

见阅报的效能,阅报的真意义。"①

黄天鹏不仅倡导"人人阅报",还具体介绍了阅报的方法。第一,根据个人的志趣选择适宜的报纸;第二,根据个人时间和需要合理安排精阅、浏览和备阅的方法,要关注重要的新闻报道,不能一味满足于低级趣味;第三,对报纸的内容要进行鉴别、判断;第四,担负起对报纸的监督责任,督促报纸进步;第五,研究报纸,具备新闻学的常识。②

(三)中等学校开设新闻必修课

为了普及新闻学常识,黄天鹏认为中等学校也应该开设新闻学课程。1931年,黄天鹏指出:在日本,新闻记者的教育已为一般人所承认,"在中等教育也已有加进新闻学一门为必修的课程的动议,最低应给予中学生以'新闻纸是什么'的观念"。③ 对于教育者而言,这个"最低"限度的观念具体包括三个方面:一是引起学生对于作文更有嗜好心,而养成其写作的力量;二是增加学生的观察力;三是使学生认识新闻纸是指导公众的公共机关,对新闻纸的发达及关于社会的影响,也有相当的学识。

其实,"在我国民营报纸发展的'黄金十年'(1927—1937)中,越来越多的学者著书立说,倡导在中国普及新闻教育。他们都认为普通民众,包括中小学生都应该学习一些新闻学知识"。④

黄天鹏认为,大学或专门学校的新闻教育,已成为一种职业的教育。而中等学校新闻教育却有所不同,不是培养新闻记者,而是要使学生对新闻纸有一个正确的了解,产生一定的兴趣。

他认为这样至少可以让学生养成五种能力:

(一)具有写作的技能,在报上随时能自由地发表意见。(二)对新闻纸有阅读的兴味和习惯,藉以获得多量的知识。(三)无论任何种类的新闻纸,都有敏锐的判别眼力,不致为有作用的新闻纸所同化。

(四)能尽读者的责任,有监督记者的力量,督责新闻社的向上。

---

① 黄天鹏.怎样阅报[J].读书月刊,1931(5):58.
② 黄天鹏.怎样阅报[J].读书月刊,1931(5):56.
③ 天庐(黄天鹏).怎样做一个新闻记者[M].上海:联合书店,1931:38.
④ 张振亭.专业化与大众化:黄天鹏新闻思想与实践研究[M].南昌:江西人民出版社,2014:203.

（五）为职业上另辟一新途径，将来也可从事高尚的记者职业，或是宣传和编纂这一类工作。

当然，"在中等教育里面，教员不必存有要养成一个新闻记者的观念。只要使学生对新闻纸有一个正当的认识，或引起相当的兴趣就够了"①。

当时，由于中国新闻教育还不够发达，人们对新闻教育还有不少质疑，"许多教育者不但不教授新闻记事怎样的写法，甚至也不教给新闻纸怎样的读法"，反而认为读新闻纸对中学生来讲是徒费光阴的，"这偏见的造成，是由于（1）教育者缺乏关于现代新闻纸的知识，（2）误认新闻纸将给学生以不良的影响，（3）教育者关于新闻纸的制作及选读，未曾受过相当的训练。基此三因，新闻教育相当的训练要来实施在中等学校内，似乎一时不易办到"②。

为此，黄天鹏指出，中学教员在教授作文时顺便教给"新闻记事"的写法不是什么难事，而这样做可以培养中学生对事物的"一种精确的观察力"，可以使中学生有敏捷的思想，"最低对新闻纸有选读的眼光"。黄天鹏建议："新闻普及教育在中等学校内可以作为作文方法来教授"，教授的要点是：要多读，多闻，多见；引起写作的兴趣；自己所写的东西，不但要供给读者，而且还要有左右读者的力量；作品不仅要得到教员的好评，更需要公众的赞赏；由新闻作品而增加对别的文章的评判力；有评判思想价值的能力；对于新闻的搜集与制作，要发挥独创性；有相当的印刷知识。③

中国早期的一些新闻学者和新闻教育家虽然对媒介素养教育都进行过阐释，并倡导推广新闻教育，普及新闻学知识，也出版了一批普及型的书籍和小册子，但是由于内忧外患的政治环境以及缺少国家政策层面的规划设计等原因，这一时期的媒介素养教育也仅仅是一种思潮而已，并没有成为真正的新闻教育实践。

五、政府组织应"尊重、扶植和善待新闻界"

新闻事业在政治民主、经济发展、社会进步中发挥重要促进作用，而新闻事业作为社会大系统中的一个子系统，具有社会性。特定时期的政局稳定情

---

① 黄天鹏.新闻学概要[M].上海：中华书局，1934：7，104.
② 天庐（黄天鹏）.怎样做一个新闻记者[M].上海：联合书店，1931：38-39.
③ 天庐（黄天鹏）.怎样做一个新闻记者[M].上海：联合书店，1931：39.

况、政府对媒体的管理制度、政策调控、决策透明度以及媒体受控度等对媒体的生存和发展都有着重要影响。社会尤其是政府应该尊重、扶植和善待新闻界,这样才能形成一个健全的新闻业。这是黄天鹏新闻思想观念的重要内容之一。这一思想观念的主要内涵包括以下几个方面。

(一) 认识并尊重新闻业的"营业"性质

民国初年,新闻界逐渐开始进入"以营业为本位"的发展阶段。"从其性质分析起来,现代的新闻纸也是一种营业了,它一方面以新闻来卖给读者,即是新闻发行;另一方面以广告卖给广告主,即为新闻广告",但其"在物质方面,生产与消费不能相抵,所恃以为补救的广告,又因商业的不振,招致极感困难;教育又未普及,推广销路也不容易。其他如交通的不便,人才技术的幼稚等无一不足以阻碍新闻业的发展"。更有甚者,社会上仍然有相当一部分成员还是仅仅停留在新闻纸是纯粹"社会公器"的时代,对新闻业通过经营获得发展的物质条件多有误解。

面对这种社会环境,黄天鹏认为务必"使社会对新闻纸有正确的认识,来扶助督责新闻纸的发展;新闻经营者能以营业为手段,而达到服务公众的目的。这个运动已弥漫世界新闻界,成为一种新的改革潮流了"①。

> 现代新闻纸既不能纯为营利的,也不能纯为公益的,健全的新闻纸,必兼有这二种性质。就是一方尽力于营业的方法,巩固它的性质的基础,能多为公众的利益献力。他一方面又以服务公共机关的精神来辅助营业目的的发展。这个连环的关系,譬如车的两轮,缺一个便不能前进的。根据这个原则,新闻纸不能为了建筑自身物质上的基础,而但致力于营利,而牺牲对社会公众的责任。同时社会也不能只望其为公忘私,而危及新闻纸物质生命的存在。因为有了物质上独立的机关,才能为公众来服务;也必以公共利益为前提,而物质机关才能永固。②

当时,邮电业已逐步兴起。邮电与新闻事业的繁荣有着密切的关系,国外均有新闻邮电优待减价以促进新闻业发展的做法。1921年,"万国报界大会

---

① 黄天鹏. 新闻学概要[M]. 上海:中华书局,1934:22.
② 黄天鹏. 新闻学概要[M]. 上海:中华书局,1934:21-23.

决要案"也曾提请世界各国政府扶助本国报纸,但是我国当局向来不重视新闻电讯业的发展。上海日报公会两次提交"优待新闻事业使用邮电办法"之请求,都因种种借口而被拖延。

黄天鹏对此认为:"政府既无积极赞助之力,重以生活环境等种种变迁,则已成者有捉襟见肘之虞,未成者有难于组立之势","新闻事业在我国虽有尽六十年之历史,然其幼稚,毋庸讳言,若令长此以往,势必并此幼稚者而不能久存,则岂国人之所愿,亦岂国家前途之幸","盖论于今日,当局之足为赞助,而新闻事业之需要尤殷者,正在此邮电之使用耳","则此等所费不多,而收效绝钜以赞助新闻事业之办法,自亦当应为首肯者矣"。

他还满怀期望地说:倘当局能先自邮电交通入手,以尽其赞助培植之能,则所费略减,自易扩充,循序渐进,必有发扬之一日,此岂人民之不自努力,亦当局之提创未尽耶,愿拭目俟视之。①

(二)保障新闻记者的"待遇与地位"

黄天鹏在《新闻人才的养成与待遇》一文中认为新闻人才培养成了,但并不意味着新闻事业就必然可以健康发展。因为"这个人才的出路要怎样办呢?这种人才在报馆里要怎样保障他的生活,使他得以安心的服务?要怎样保障他的职务,使他得到发展的自由?又要怎样保障他的人格,使他不致为一不堕落的完人?"黄天鹏特别强调"这个问题是极其重要的"。②

因为在当时的社会环境里"无聊文人之末路"的偏见仍有市场,中国新闻记者的地位极为低下。

> 记者的笔完全屈服在馆主的淫威下,受着他不合理的指挥,精神上已失却了记者的尊严,差不多成了资本家的机械式的干着。……而馆主也施着他的淫威,用人晋俸随着他的喜怒哀乐,往往无故的辞退职员,借故开除工友,使服役的人员感到失业的痛苦,或是生活的彷徨,而向着堕落的路上走去。故以今日的现状论,新闻记者的位置,时时的岌岌可危,记者的人格,刻刻在感着受压迫的痛苦。而我国海隅营新闻业者对记者地位的蔑视,与待遇的冷酷,尤令有志的人士的寒心。驯致馆中人员蒙宠召者乃属先意承志,

---

① 黄天鹏.中国新闻事业[M].上海:联合书店,1930:106-116.
② 黄天鹏.新闻人才的养成与待遇[M]//新闻学演讲集.上海:现代书局,1931:198.

摇尾乞怜的奴隶们。而清廉自好者,倔强不污者,乃悉遭摈斥。这样的恶现象,记者自己的人格,先告破产,试问怎样可以加上了无冕的王号,称为社会的导师呢?①

针对中国新闻记者的境遇,黄天鹏认为亟待解决的问题包括人格的独立、职业的保障、位置的提高、公益的设施、同业的互助、优待的条例和保险的预备等方面,"其他一切关于记者的安乐与自由,记者都应看着时势的需要,为适当的设施与建树",因为"新闻记者为人群社会服务,国际与政府自然要有优待的办法"。他还提出"以人才为本位"的目标,尤其是呼吁"记者法律上、社会上的位置与保障,应督促当道适当地优待"。②这些观点可谓触及到了问题的症结。

根据新闻记者职业的地位,黄天鹏特别强调新闻记者职业上的独立性。他说:

> 新闻记者的职业位置,和普通商店的雇佣有别。报馆固然是营业的性质,但另一方面却具有服务公众的意义。商店的职员固可一心一德为店方谋利益,而新闻记者却要顾到读者一方面的权利。在职业的形式上为馆主的佣工,而精神上是服务社会的公仆。换句话说,在职业的精神方面应该是独立的和自由的。③

如何保障新闻记者的基本权利?黄天鹏以英国新闻业协会、欧美新闻记者会、东京新闻记者同盟会为例,说明这些新闻团体在保障新闻记者权益和地位方面发挥了重要作用。"欧美各国的记者,早就有了这种痛苦,而努力来解除。于是用扶助的原则,组织团体来保障记者的生活、人格的独立,而有新闻记者的联合会,与资方对抗。""最近再进一步,不只求着生活的安全的保障,而致力于职业行使时的独立自由,换一句话说,是记者人格的独立与自由,资方也有了相当的觉悟,而各尊重各的职务了。"④在黄天鹏看来,成立新闻行业组织应是保障记者权益、争取言论自由的一条重要途径。

---

① 黄天鹏.新闻人才的养成与待遇[M]//新闻学演讲集.上海:现代书局,1931:192.
② 黄天鹏.新闻人才的养成与待遇[M]//新闻学演讲集.上海:现代书局,1931:197.
③ 天庐(黄天鹏).怎样做一个新闻记者[M].上海:联合书店,1931:11.
④ 黄天鹏.新闻人才的养成与待遇[M]//新闻学演讲集.上海:现代书局,1931:198.

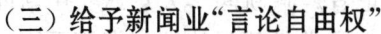

（三）给予新闻业"言论自由权"

"新闻出版自由是新闻传播事业的本质特征之一，没有出版自由，新闻事业的正常发展便无从谈起。"①尽管在孙中山领导制定的《中华民国临时约法》中就明文规定：中华民国的"人民有言论、著作、刊行及集会、结社之自由"。②但正如黄天鹏所言，即使在民国已经成立多年后，由于政局动荡、军阀横行，政纲上所赋予公民的言论自由权利并没有得到遵行。"自国都南迁……检查新闻弥严，言论之自由，反不如昔日，精神所受之痛苦，较前尤甚也"③，"从海外回到故国，听说天下已太平了，想着这支笔儿，大概可以恢复自由了罢。走到望平街才知道并没有那么一回事，报上依然开着空白的天窗。折入四马路逛逛书店，老板又告诉许多禁书的冤枉。"④

黄天鹏以自己的亲身经历，在一篇《编辑后记》一文中历数了当局对报刊活动的压迫和摧残。

> （《新闻学刊》）于满城风雨的古都，冰天雪地的初春诞生下来，在亲朋庆贺欢乐声里，她的微弱的保姆，却变成无形的囚徒了：有尽义务的护卫使，有不花钱的跟随人，蓬莱不时有赳赳者的光临，函件有不速客代劳披阅，危机四伏，在在可尝铁窗的风味。……这一年来的首善之区，已成秦始皇的时代。……在这种低气压之下，名刊丛立的北京，大半摇其葬钟！即学校的讲义，也须检查后付印。

1927年夏天，北京劝业场毁于火灾，《新闻学刊》"经售处"付诸一炬。同时，北京"整顿学风，各样号房类多撤职，本刊售款存书，俱随以去"，而邮寄的部分刊物又屡屡被扣留或失落。⑤

在言论惨遭浩劫的社会大背景下，黄天鹏亲身经历过《新闻学刊》的出版带来的流离之苦和软禁之痛，这使得他特别关注言论自由问题。他自己称之

---

① 吴廷俊. 中国新闻事业史[M]. 武汉：武汉大学出版社，2009：11.
② 中华民国临时约法（中华民国元年三月十一日公布）[M]//王培英. 中国宪法文献通编（修订版）. 北京：中国民主法制出版社，2007：300.
③ 黄天鹏. 中国新闻事业[M]. 上海：联合书店，1930：136.
④ 黄天鹏. 清廷的严禁书报令[M]//新闻记者的故事. 上海：联合书店，1931：37-40.
⑤ 黄天鹏. 编辑后记[M]//新闻学刊全集. 上海：上海书店，1930：402-405.

为处女作的 1922 年出版的《新闻与新闻记者》与《新闻学大意》《实用新闻学》《新闻学总论》《中国报学史》,"虽彼此对新闻学各部门的铺叙繁简不同,但在理论上维护言论自由,发扬舆论力量则无二致"。并且,他还曾"特约戈(公振)、汪(英宾)、周(孝庵)诸氏分撰《言论自由论文集》,以阐扬言论自由的真谛"。在《新闻学论文集》中,我们可以看到许多主张言论自由与反抗军阀压迫言论的文章。比如,陶孟和的《言论自由》就从人的认知能力出发,从政治学学理角度倡导批评政府的言论自由。黄天鹏主编的《报学月刊》每期都有关于言论自由的论文,这时期因军阀对言论自由的摧残,愈发引起新闻界人士对言论自由的维护,发扬舆论的力量。①

针对当时社会的言论自由状况,黄天鹏称之为"纸上的自由",即"新闻纸的自由""写在纸的自由""成废纸的自由"。他沉痛地指出:

> 自由写在纸上不算,见之法令不行,实际自由成了废纸。最近大人先生们又允许给我实际的自由了。请我们自由言论,欢喜还未已,却又变成空心圆了。日来竟有人来替我们保护自由,又有人扣留报纸指导我们的自由。我十几年来对自由的真谛本来就闹得昏了。现在是暗无天日更扣不清了。②

"(新闻界)精神方面的痛苦似尤有甚于物质,最显著的则为社会对新闻业没有真正的认识,当道纵有认识而不加尊重,'言论自由'实为今日新闻界所最切要者。因为解除这种困难,新闻界遂有新的自由运动。"③

黄天鹏之所以如此热切地争取言论自由,除了因为他切身经历过出版之困难、被查禁之痛苦及险些入狱之外,可能还与他早年从事过革命活动和接触过西方新闻学思想,又在日本留学时细心考察过"脱亚入欧"的日本新闻业有关,这些都有助于形成他自由、民主的思想观念。

---

① 黄天鹏. 中国新闻学之发展[M]//天庐论丛——黄天鹏先生执教四十年纪念文集. 台北:黎明文化事业股份有限公司,1981:7-9.
② 黄天鹏. 纸上的自由[M]//黄天鹏. 逍遥阁随笔集. 上海:女子书店,1932:65.
③ 黄天鹏. 新闻学概要[M]. 上海:中华书局,1934:22-23.

第三节 黄天鹏新闻思想的特征探析

中国的新闻学是在西方新闻学的影响下产生的。中国早期的新闻学者大多数都有到西方国家留学的经历,他们把西方新闻学理念带回到了国内。梁启超、徐宝璜、邵飘萍等人的新闻思想都对黄天鹏有一定影响。黄天鹏接受了新闻学先辈的学术营养,并从中国当时新闻业实际出发进行了一些富有个性化的前瞻性思考,形成了黄天鹏新闻思想的突出特征。

一、受"西方新闻学"思想的影响非常明显

西方新闻学是黄天鹏的新闻思想观念直接的、主要的理论来源和影响因素。其中,美国和日本的新闻学都在黄天鹏的新闻思想观念上打上了深深的烙印。

1903年,日本人松本君平的《新闻学》由上海商务印书馆翻译出版,由此西方现代新闻学开始引入中国。1913年,美国人休曼的《实用新闻学》有了中译本。早在厦门读书时,黄天鹏就读到了松本君平的《新闻学》和休曼的《实用新闻学》等书,在深受启发的同时也深切感受到当时中国报业的不足和与西方的差距。一定程度上,这也成为他后来不断革新新闻业,提出"建设中国式的新闻学"的重要动因。中国早期的新闻教育在教学模式、课程设置、教学环节设计上等,都采用了"美国式"。专业师资和教材几乎都源于美国,还有一部分受日本影响。

黄天鹏接受的新闻学教育蕴含着西方新闻学思想的熏陶。作为中国最早的新闻学专业的一批学生,虽然他就学的北京平民大学新闻学系是国人自己办的新闻教育机构,但他所接受的新闻理念却大多是西方的。1919年北京大学新闻学研究会出版的徐宝璜的《新闻学》,是黄天鹏的新闻学"启蒙的课本"[1]。这本新闻学著作虽然参考了若干中文资料,引证论述也结合中国实际,但是其中的新闻学理念都来自美国。"徐宝璜等把美国当时的新闻专业主义理念,比如'自由''独立'以及与政府之间的'第四权力'等理念全盘搬来。

---

① 黄天鹏.黄序[M]//徐宝璜.新闻学.北京:中国人民大学出版社,1994:14.

新闻实务的教材,内容也大抵来源于欧美报业已有的经验和看法。"①邵飘萍的《新闻学总论》《实际应用新闻学》等书也自觉地将欧美新闻理论和中国的实际情况以及自身十余年的从业经历进行了结合。1927年商务印书馆出版的戈公振的《中国报学史》,"留有西方新闻学的深深烙印,书中自始至终都在用欧美的报学发展过程、新闻理念、业务手段、新闻教育等等进行比照"②。

黄天鹏对新闻事业性质的认识带有西方新闻学的明显印记。约斯特的《新闻学原理》认为:"商业才能、原理及方法,对有效的新闻事业是不可或缺的东西。虽然我们这样说,但新闻事业决不能完全受制于谋利的欲望,即使此种利益无损于人,也不应如此。报纸的生产,决非单纯的生产企业而已,照规矩讲,每一个报纸的刊行,主要的是在阐扬某项原理,支持某种原则,完成某些公共服务,或满足某种大众的需求……在竞争的商业制度下,利润是很可能获得的,事实上报纸确实能够获得利润。报纸获得利润,当然是一件美事,然而如果把利润放在第一位,从而压制其他一切新闻学的基本原理的时候,利润往往会自然地消失。"③

可见,约斯特既把新闻事业看作是创造利润的营业工具,又看作是公共舆论机关。这种思想传入中国后,很快被中国新闻学者所接受,并结合了中国新闻事业实际和思维方式加以论述。黄天鹏在1934年出版的《新闻学概要》一书中说:"新闻事业最重要的性质,可以说是以公共的事业为基础","新闻事业应以公益为精神,以营业为手段。"④

随着欧美各国新闻事业的企业化经营规模不断扩大,自由主义报刊理论的弊端日益显现,报纸对于商业利益的过度追求也引起诸多学者对新闻事业的性质进行充分的关注和研究。日本实益主义新闻观不断兴起。实益主义新闻观认为报纸必须具有独立的地位,不依附任何政党与势力;新闻记者必须具有高尚的人格,必须具有社会责任感,必须具有远大的理想;提倡"新闻伦理"运动,反对商品主义,反对黄色新闻,主张新闻报道必须维护"公共利益"。⑤

---

① 陈昌凤.中美新闻教育传承与流变[M].北京:中国广播电视出版社,2006:73.
② 陈昌凤.中国新闻传播史:传媒社会学的视角[M].北京:清华大学出版社,2009:167.
③ [美]卡·约斯特.新闻学原理[M].中国人民大学出版社1960年内部批判版,译自美国1924年英文版,第6-13页.
④ 黄天鹏.新闻学概要[M].上海:中华书局,1934:111-113.
⑤ 李秀云.日本实益主义新闻观的引介及其历史贡献[J].齐齐哈尔大学学报(哲学社会科学版),2008(11):2.

日本实益主义新闻观与欧美新闻专业主义不是截然分开的,也并非是两种完全不同的新闻思想,两者实质上有密切的联系。日本实益主义新闻观只是欧美新闻专业主义内在原则在特定状况下的发展和具体呈现。黄天鹏曾留学过日本,因此接受了日本实益主义新闻观的一些观点。他的新闻定义以及针对报纸企业化经营带来的不良现象的分析等都带有实益主义新闻观的印迹。

黄天鹏一方面积极主张建设"中国式的新闻学",另一方面他的新闻思想观念又明显受到西方新闻学的影响,在1930年前后还受到马克思主义的影响,处于一种矛盾的困境之中。仔细审视20世纪二三十年代学人的思想历程,不难发现在近代社会的风云际会中,众多先贤们给后人留下了"善变"性格的思想轨迹。在学术领域里,梁启超也是时时"不惜以今日之我难昔日之我"[①],"近代思想人物这种一时难以评判的'善变'性格,与其说是反映了他们的思维混乱,毋宁更深刻些说,这是社会的大动荡、中西文化的猛烈冲撞、新旧矛盾的尖锐冲突、阶级之间矛盾的严重激化、民族存亡的生死搏击等等在其内心深处的放映"[②]。这既是中国新闻学术研究落后的一个明显的时代印记,也是那个时代剧烈变化的社会环境在当时新闻人思想变化路径上的投影之一。

二、以"新闻专业主义"为中心的新闻本体意识

新闻专业主义是美国政党报纸解体之后在新闻同行中发展起来的一种公共服务的信念。新闻专业主义体现着新闻事业的基本规律,在业务上体现着新闻工作的基本要求,在思想上体现着新闻记者的理想和追求。黄天鹏在他的新闻生涯中,多次提到要创造"新闻的新时代""新的新闻时代",而他自己也为着"新闻的新时代"理想进行了不懈努力。他把新闻专业主义作为理想新闻业的标准,认为理想的新闻事业在当前条件下,一方面要求报业经营的独立,另一方面要不忘报纸为社会的公共机关,追求为公众利益服务。同时,他认为理想新闻业的实现,还需要具有新闻专业主义精神的新闻记者,社会公众对新闻业的理解和支持以及政府对新闻业的尊重和扶持等。黄天鹏的新闻思想观念主要注重对新闻、新闻现象、新闻事业本身的论述,体现出一种明显的"本体

---

① 梁启超. 清代学术概论[M]. 上海:上海古籍出版社,1998:86.
② 李春雷,任惠. 媒介与学术——以20世纪二三十年代为视角[M]. 天津:天津古籍出版社,2007:25.

意识",也由此被称为"以新闻为本位时代的总结者"①。

五四时期,各报纸普遍加强记者队伍建设,一些报刊在加强国内新闻采访与报道的同时,还特聘记者,加强国外新闻报道。五四运动后,中国出现了留学热潮,许多留学生做起了兼职通讯员与特派员。我国新闻界逐渐实现了从"言论本位"向"新闻本位"的转变,由此带来的公共服务精神、客观主义报道理念等新闻专业主义理念,成为中国新闻本位思想的突出反映。黄天鹏承接前辈的新闻学研究,并在新闻学原有议题上对前人的观点进行了一些总结和发挥。比如他将任白涛提出的新闻事业四个特质——公共性、人类性、教育性、艺术性,发展为五个特性:公共性、舆论性、教育性、艺术性、一般性,而其中前四个特性又融合了徐宝璜的观点。再如,他借鉴戈公振报纸定义的三类方法,从报纸的形式与作用上认定"新闻纸"是以报告新闻为主体,而附载评论广告,定期为公众刊行之印刷物等。②

黄天鹏还对新闻事业发展趋势以及广告在报纸经营中的主体地位做了更深入、全面的探讨。对于以往的研究,他是不满意的。他曾对新闻事业的研究做了这样的总结:"十年以还,新闻论著,几有所见,而纪实之作,则未之见。盖通论之篇章,易于命意,若实际之状况,非调查无从捉笔也。吾业向清壁垒,讳言报馆内事,世有举以相询者,则闪烁其辞,或大事铺张;载之典籍,亦复如是。""时人之论新闻事业不发达之原因也,不外:一政治未上轨道,言论每受摧残;二教育不普及,新闻纸未至人人必读之地位;三商业衰落,新闻纸之广告费,收入极为有限;四交通不便,消息及运输滞而费昂;五工艺未兴,机械纸料油墨,无一非舶来品,至关于内部方面,则人才之缺乏也,组织之未善也,探访之无术也,编辑之不得法也,无一非今日新闻界之通病。此诚的言,无可与讳。然此牵涉于社会问题至繁且巨,谚云河清几时,新闻纸既站于上时代之前头,即应于荆棘丛生中开辟一新出路。"③他通过比较苏、日、美新闻事业,对苏俄"国有"方式与当时国内报纸趋之若鹜的"商品化"潮流,都提出了质疑。广告被他看作是一种经营手段,而且被视为支持报纸走以新闻专业主义道路的必要条件,以及新闻业发展程度的标志,从而指明了以新闻为本位、以广告收入为支撑的报业发展方向。同时,他又在这一点上看到了徐宝璜所没能注意的

---

① 单波.20世纪中国新闻学与传播学·应用新闻学卷[M].上海:复旦大学出版社,2001:67.
② 黄天鹏.中国新闻事业[M].上海:上海书店,1930:1.
③ 黄天鹏.中国新闻界之鸟瞰[M]//新闻学刊全集.上海:上海书店,1930:69-70.

东西,即广告本位带来的商业化流弊,而这就赋予了以新闻为本位的独立报业更全面的内涵。

抗战时期,战时新闻学成为当时的主流新闻学。而"黄天鹏是一个具有强烈的历史意识和人文情怀的新闻教育家和新闻思想家。即使是在战时,他也并不认为'军事第一,胜利第一'大前提之下的新闻管制符合人类文明的潮流,认为只不过是一种暂时的权宜之计,但如果政府以此为借口而实行长期的管制,那就是违逆人类文明潮流的愚蠢之举了。在策应和推动战时中国民主及宪政运动发展的过程中,他的人文思考堪称可贵而卓越"①。新闻事业的价值理性追求是贯穿黄天鹏新闻思想观念的一条重要主线。黄天鹏对新闻专业主义的研究和追寻,无疑提升了新闻学的地位,凸显了学科特征。

三、注重"新闻记者伦理"

注重新闻记者伦理是黄天鹏新闻思想观念的鲜明特征之一。他在《天庐谈报》《中国新闻事业》《新闻记者的故事》等著作以及其他文章和学术座谈中多次强调这一问题。他于1922年出版的《史官与记者》专门谈到治史方法、史家"四识"(史学、史识、史才、史德)及新闻记者与史官的关系等。1930年出版的《怎样做一个新闻记者》具体论述了新闻记者的起源、地位、资格、分类、责任、教育、待遇、团体及将来等问题。他甚至专门写了一篇关于新闻记者的专文,即《新时代的新闻记者》,其中提出:"我们理想中的新闻记者,就是新时代的新闻记者,对新闻事业有正确的认识与信仰,而在学问和技术上又有充分的学养。"②

在《怎样做一个新闻记者》一书开篇,黄天鹏用诗歌《理想中的一个新闻记者》表达了他对理想新闻记者的要求。"她不为名,她不为利,她不愿做社会底蠹虫,她不愿做权威阶级底奴隶! 她从心底敬仰着博爱、正义的新闻事业,她要做一个勤敏、忠诚的新闻记者,她要为人类制造真、美、善底食粮,她要为人类摄映繁剧活动的影像! ……她向帝国主义敲响击彻宇宙的丧钟,她代被压迫同胞燃烧革命,反抗的警锋,她用她那寒锐笔尖,瞄准恶者的污点,表彰良者之积善……太阳哟! 在新生,热情哟! 在沸腾,肮脏,阴湿底中华新闻道上,她在举行大扫除:踢开刺足的石砾,拔除塞路的荆棘,新闻纸的灵魂,被她浴在光

---

① 张育仁.重庆抗战新闻与文化传播史[M].重庆:重庆出版社,2009:319.
② 黄天鹏.新时代的新闻记者[J].潮声月刊,1932(1):54.

和热中,洗涤得新新。"①

　　黄天鹏认为,新闻事业对国家和社会都有着重要影响,是以追求真善美为目标,而记者的特殊身份使他们多面临诱惑,所以新闻记者的立身准则与独立的人格不能忽视,否则将危害匪浅。他认为,记者"要有道德的涵养,而又有独立尊严的人格——品性为立身的根本,谁都要有完全的人格,而在新闻记者尤其重要。因为新闻记者受引诱的机会多,而堕落后的影响比别人大。新闻记者握着宝刀来平定世界,操着法官般褒贬的权威,一举一动为人群的表率。处此万恶的环境中,想利用他的人们,利诱势逼,来软化新闻记者,以遂一己的野心的很多。新闻记者要不为金钱所诱惑,威武所屈服,而保持其公平正道的态度,尊严崇高的人格,全赖着道德的涵养。若是没有修养而堕落,则贻害于社会真不堪言了。故新闻记者首要尊重道德,拥护正义,养成高尚独立的人格。英人常说:'伟大人格者的一支笔,胜过一把刀'"。② 这是新闻记者伦理的最高目标,也是黄天鹏对新闻事业专业化风范理想境界的期待。正如普利策所说:"只有最高尚的理想,最严谨追求真理的热望,最正确丰富的知识以及最诚挚的道德责任感,才能拯救新闻事业,使其免于为商业利益的附庸,一味追求自私自利以及与公共福利为敌。"③

　　黄天鹏对"理想中的新闻记者"的要求也体现了新闻专业主义的影响。新闻记者伦理观是新闻专业主义发展到一定时期的必然结果,是新闻事业在向专业化方向发展的过程中逐步形成的,两者都强调公众利益、公正无私,正派、真实、准确。新闻记者伦理在很大程度上也就是新闻行业的一种自律规则。"新闻自律可以说是新闻职业主义的制度表征,或者说是职业主义的制度化,自律规范就是把职业主义变为一种约束的规范或机制。"④

---

　　① 天庐(黄天鹏).怎样做一个新闻记者[M].上海:联合书店,1931:1-5.
　　② 黄天鹏.新闻学概要[M].上海:中华书局,1934:97-98.
　　③ 马骥伸.新闻伦理[M].台湾:三民书局,1997:16.
　　④ 商娜红.制度视野中的媒介伦理·职业主义与英美新闻自律[M].济南:山东人民出版社,2006:80.

第五章 黄天鹏在中国新闻史上的地位和影响

黄天鹏一生钟爱新闻事业,既从事新闻实践,又投身新闻学术研究,努力开创中国新闻事业和新闻学的新时代,在多个领域做出了开拓性贡献,是民国时期追求新闻理想的知识分子的典型代表之一,在中国新闻史上具有重要地位和影响。

第一节 政治视角:对国家和社会有强烈责任感的新闻人

黄天鹏在大陆生活的几十年,正是中国社会发生巨大变革的时期。民族危机降临、政治形势剧变以及时局的剧烈动荡,催生了一大批有责任感的新闻人:他们可能分属于不同的党派,有不同的政治信仰,但是他们都曾对国家和社会抱有强烈的责任感,在各自的事业领域做出过重要贡献,黄天鹏就是这个群体中的一员。无论是在反对军阀的民主革命时期、抗日战争时期,还是在民主政治斗争中,黄天鹏追求理想,探寻真理,怀有强烈的忧患意识,向往自由、民主,表现出了一个新闻人对国家和社会的高度责任感。

一、大胆针砭社会时弊

新闻记者担负着光荣而艰巨的社会责任,需要有强烈的社会责任感,把自己的工作看作是服务国家、服务人民、捍卫真理、捍卫正义的神圣事业。这也是民国时期很多新闻人的共识。当年,黄天鹏选择新闻为职业时,也是怀着"谋有所贡献于人群,献身新闻事业"的远大抱负。

黄天鹏进入报刊活动领域是在北洋政府时代,而北洋政府对新闻事业的管理是宽松和严酷并存。由于大小军阀混战不断,"政府法律不健全,法治精神的欠缺,行政管理机构和人员的缺位,客观上都为新闻业的发展创造了比较宽松的环境,各种思想、各种批评都可以较为自由地在报纸上出现"。但是当时的政治环境依然比较险恶,"种种证据表明对新闻业最大的威胁不是来自政府,而是来自掌握政权之人的专擅和一念之间,他们出于各种集团或个人目的,钳制新闻传布、捕杀报人,这是新闻业面临的最大和最直接的威胁"[1]。袁世凯政府颁行的《戒严法》《治安警察条例》等一律受到沿用,惨遭封禁的报刊和摧残的报人数量难以统计。警察厅署是管理政策的执行者,其主要职能就是检阅报纸,罚金、抓人、封报成为他们的主要手段,如北京的《益世报》《五七杂志》《救国周刊》等就是应京师警备司令部的来函要求,被京师警察厅查禁的。[2]

面对北洋军阀政府的白色恐怖,黄天鹏毫不退缩,大义凛然。1926年,报人邵飘萍和林白水先后惨遭杀害,新闻界笼罩在一片白色恐怖之下。在1927年《新闻学刊》创刊的第一期上,作为主编的黄天鹏就刊载了邵飘萍的遗照和遗著《我国新闻学进步之趋势:新闻学应列为普通学科》。第二期又刊登了邵飘萍夫人汤修慧的文章《先夫子言行纪略》,抨击时人"屈服于法律破产之治下,既失一切自由,复何真是非之可言",抨击军阀政客"诡计中伤,层出不穷"。[3]

国民党政权统一全国后,尽管黄天鹏属于国民党,且和国民党高层关系密切,但仍写了多篇反对当局钳制舆论、压制自由的文章,如他在《黄粱集》的《无题》中写道:"有一天写了一篇东西,有人劝我不要发表,临时重起炉灶,找不到适当的题目,就用'无题'来乱谈一顿,凑凑篇幅。呜呼,天皇圣明,臣罪当诛,国法严重,偶语弃市。将来笔杆与枪杆同科,视为违禁之品,则无题之文亦绝响,报纸必成无字天书,而天下太平亦,岂不懿欤盛哉。"[4]他的文集《逍遥阁随笔集》和《逍遥夜谈选》中收录有多篇批评国民党政府破坏报馆和摧残报人的文章。

在当时那样一个血雨腥风的时期,很多人都只求明哲保身而三缄其口。只有对国家、对社会有强烈责任感的人才勇敢站出来捍卫真理、捍卫正义,维

---

① 王润泽.北洋政府时期的新闻业及其现代化1916—1928[M].北京:中国人民大学出版社,2010:11.
② 戈公振.中国报学史[M].北京:中国新闻出版社,1985:256.
③ 汤修慧.先夫子言行纪略[J].新闻学刊,1927(2):65-66.
④ 黄粱梦(黄天鹏).黄粱集[M].上海:光华书局,1933:47.

护人间的正义。在这一点上,黄天鹏算得上是一个敢说话的有责任感的新闻人。

二、积极主张奋力抗日

黄天鹏在日本留学期间即呼吁国人警惕日本野心。在"九一八"事变前夕,他采访了"万宝山事件",撰文揭露日本侵华阴谋。"九一八"事变后的1931年10月5日,黄天鹏与任白涛、翁毅夫、袁殊联名在《文艺新闻》上发表了《新闻学研究者向中国新闻界紧急请求》,要求"拒登日电,广载抗日报道,加强新闻界的团结,筑起新闻长城"①。抗日救国随军记者团开赴东北前线之际,黄天鹏亲自前往慰问,给予鼓励。

面对国民党政府的不抵抗政策,黄天鹏在主编《青光》副刊期间,发表有多篇文章进行批评。部分文章收录在《逍遥阁随笔集》《逍遥夜谈选》《黄粱集》等中。其中,《逍遥阁随笔集》的文章大都写于"九一八"事变之后,黄天鹏称之为"很多是血泪纪念的作品"②,这既反映了黄天鹏郁闷、孤寂的生活,也表达了他对国家命运的忧患之情。当时国民党新闻检查严酷,《时事新报》的《青光》编辑室张贴有"莫谈国事"的警示,尽管时局维艰,黄天鹏还是难以抑制心中的悲愤。他对国民政府对日采取的不抵抗政策极为不满,怒斥说:"马上亡国后便永远不能翻身了!这些所谓老成谋国,折(拆)穿虎皮,就是昏庸误国的秦桧。"③黄天鹏主张抗日的文章还有《从救国谈起》《铁血主义》《救国的测验》《韩将军的遗风》《不忍重读柏林围》《亡国的序幕》《我们的热血依然奔腾》《还我山河》等多篇。《黄粱集》的《语妙天下》一文截取报上所载的片段,即兴发挥,淋漓尽致地刻画了身为国民政府主席的林森"一问三不知"的丑态,既揭示了官场内幕,又表达了对时局的不满。

正如黄天鹏自己所言,"近三年来,他隐晦韬光,这不是'消极',而是'冷'"④。为什么会"冷"? 是因为黄天鹏生活在一种愁苦而又失望的生活之中。这种"冷"既是对日寇侵华罪行的愤怒,也是对国民政府对日政策的无声

---

① 任白涛,黄天鹏,翁毅夫,袁殊.新闻学研究者向中国新闻界紧急请求[N].文艺新闻,1931-10-5.
② 天庐(黄天鹏).自序[M]//逍遥阁随笔集.上海:上海女子书店,1932:4.
③ 天庐(黄天鹏).逍遥阁随笔集[M].上海:上海女子书店,1932:15.
④ 黄粱梦(黄天鹏).黄粱集[M].上海:光华书局,1933:4.

抗议。1938年日伪统治时期，《逍遥阁随笔集》和《逍遥夜谈选》因抗日色彩浓重而被北京市政府警察局列为检扣书刊。这从一个侧面反映了黄天鹏当时坚持抗日的政治态度和立场，也是他对国家和民族怀有责任感的表现。

三、努力倡导民主政治

抗战后期，在全国人民抵御外敌、拯救国家危亡的同时，反对国民党"一党专政"、要求施行"宪政"成为全国人民的迫切要求。中国共产党顺应民意适时提出成立各党派联合政府的主张，更是得到了广泛响应和支持，把民主运动推向了新的高峰。

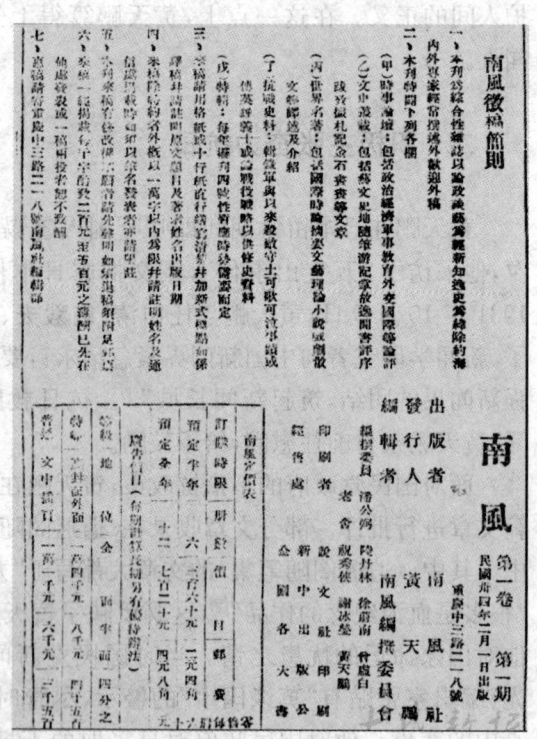

图5-1 《南风》第一期

在这样的时代环境中，任何怀有政治抱负的知识分子都不可能对中国政局发展无动于衷。由于身世、新闻职业及受《时事新报》民主宪政传统的熏陶等原因，与其他有志之士相比，黄天鹏更是明确反对一党专政，努力倡导民主政治，写作有《言论自由与实施宪政》以及《论民主的教育制度》等文章。

1945年，黄天鹏在重庆负责创办《南风》，担任发行人和编撰委员。该杂志以论政谈艺为经、以新知逸史为纬。为声援民主宪政运动，该刊曾编辑有《古代民主政治专号》。在《南风》创刊号上，黄天鹏发表《南风之熏兮》一文。

南风之熏兮

南风歌，是我国四千年来一首含有政治哲理的歌词。据汉书《艺文志·尸子篇》载：帝舜弹五弦之琴，以歌南风。这歌词用现代语来解释，就是："煦和的南风呵，可以解去人民的怨怒！""适时的南风呵，可以增加人民的财富!"前一句,是现代民主政治的作风;后一句,很带有民生主义的意义。史家所称颂的"唐虞盛世",本是历代谈政者的郅治极则。《淮南子》载:"尧置敢谏之鼓,舜立诽谤之木。"这种置鼓庭上,人民有要进谏的,就可击鼓;立木于朝,任人书写政治的缺失,与现代议会政治的检讨政府设施和言论自由的风格,暗相符合。尤其是礼让的传贤制度,与现代选举的民主政治尤属一贯。我们迎接世界民主潮流要发扬这种民族固有的民主精神。

《琴操》载舜作南风操曰:"陟彼三山兮,商岳嵯峨!天降五老兮,迎我来歌!"这歌在上古文学中,也是卓绝的作品。我们生在这大时代,国家与民族正和强寇作生死存亡的斗争,几千万的义民向大西南西北流徙。前方军民杀敌守土的英勇事迹,后方民众艰苦困厄的战时生活,应该产生下伟大的诗篇,为这大时代留下深远的情操。而且,抗战到了第九年代,胜利在望,进入最艰难的阶段,(为振奋一般疲劳困顿的人心,为提高军民抗战的情绪),在这时候,确需要一种像南风样的热情的刊物,供前后方最适宜的精神食粮。

因为感到出版界迫切需要一种"论政谈艺""新知逸史"并重的综合杂志,我们这批从东南文化工作岗位流徙到陪都来的同志们,便决定重整旗鼓,在编辑印刷及发行的种种困难中,来创办这个同人杂志——《南风》。政治是众人的事,我们要说我们想说的话,艺文是我们的胜业,本刊当然充溢着文艺的风趣。但世变正亟,四海一家,我们还要尽可能广泛地从事译述,介绍国际的新知识。此外,也谈些野史逸事,以供谈助,使本刊成为大众爱读的刊物。对于时事或重要专题,每年并拟举行几次座谈会或笔谈会,以供读者参考。

最后,我们热烈希望作家们读者们,给我们切实的指导和合作!

黄天鹏借助中国古代舜帝的一首政治哲理诗《南风歌》中的"南风之薰兮,可以解吾民之愠兮;南风之时兮,可以阜吾民之财兮",来表达对现代民主政治制度的期盼和呼唤;用《淮南子·主术训》所载的:"尧置敢谏之鼓,舜立诽谤之木",来与现代议会政治和言论自由的风格相类比,表达了要"迎接世界民主潮流""发扬民族固有的民主精神"的信心和决心。这在当时的社会环境下具有十分明显的进步意义。

第二节 专业视角：中国新闻学科体系的积极建构者

任何一门学科的建构都不是一蹴而就的,需要一代人甚至几代人的不懈努力才能完成。专业出版物、学会是一个学科发展成熟的标志。黄天鹏本着"为学术而献身"的精神,努力推动新闻学的进步与发展,倡导成立北京新闻学会、主编《新闻学刊》及创建新闻学研究室,助推了我国新闻学科的发展成熟,①是早期中国新闻学科体系建构的积极探索者,在新闻学术史上理应占据重要地位。

方汉奇先生也曾说,黄天鹏是他最为敬佩的人之一,"所以尊重他肯定他,是因为他是他所在的那个时代对新闻学的教学与研究最热心和最投入的人。他一生和新闻事业结缘,办过刊,办过报,从事过新闻学的教学研究工作,作品的数量,在他所处的那个时代,无与伦比,填补了诸多的空白,理应给他一定的评价"②。

一、最先提出"建设中国本位新闻学"的目标和路径

早在新闻学引进阶段,蔡元培、徐宝璜、邵飘萍、黄天鹏、任白涛等新闻学者就已注意到了西方若干新闻理论和事实并不尽符合我国国情,因此提出了新闻学的中国化问题。其后几乎所有的中国早期新闻学者也都强调中国新闻事业的民族性、特殊性,对于西方新闻学不可全盘照搬。黄天鹏在蔡元培、徐宝璜和邵飘萍等新闻学前辈的思想基础之上,根据中国现实社会发展需要和新闻事业实际状况,最早明确提出了"建设中国本位新闻学"的目标和路径,第一次厘清了新闻学科的发展方向。

早在 1918 年,蔡元培就注意到了中国新闻学术研究要重视西方新闻学的本土化问题。他说:"我国社会,与外国社会有特别不同之点。因而我国新闻

---

① 张振亭,陈玮.专业化与大众化:黄天鹏新闻思想及实践初探[J].南昌大学学报(人文社会科学版),2012(6):126.

② 电子邮件 2014 年 01 月 11 日 12:05。

界之经验,亦与外国有特别不同之点。吾人本特别之经验而归纳之,以印证学理,或可使新闻学有特别之发展。"①

在蔡元培看来,中国近代新闻事业是舶来品,不能完全模仿他国的办报路子,新闻学研究也要本着国内经验和情况进行归纳、抽象和总结,建立中国的新闻学。当强调新闻事业的共同规律时,千万不能忘记本国新闻工作的特殊性。不问实际情况,一味地模仿外国,只能是缺乏新闻学学理的表现,无法推动学术向前发展。②

我国学者撰写的第一批新闻学著作也都自觉或不自觉地将西方新闻理论、中国实际情况及作者自身从业经历进行结合,以力求适应中国的需要,但西方新闻学的影响依然非常明显。黄天鹏在读了徐宝璜的《新闻学》后指出:"工作和理论离得太远了,眼前的新闻纸的浅薄幼稚,更不用说了,要怎样的改革才能进步呢?古人说,'工欲善其事,必先利其器',当然地只有从提倡新闻学术入手。"③

1930年,黄天鹏首次明确提出"建设中国式的新闻学",并将此作为自己新闻学术生涯的目标,一直进行理论探寻,新闻学术活动都围绕这一目标展开。在他的影响下,他的学生杜绍文曾经提出过一个庞大的"新闻学之新理论的新体系"④,杜绍文认为既有的新闻学研究成果多是拾人牙慧,与中国国情和新闻界的实际并不相符。真正的新闻学应该是一种有原理、有条例、有层次的独立的完整的学问,并将这种新闻学命名为"新新闻学"。⑤ 1941年的《中国新闻学会宣言》中也倡导要系统建构"中国特有之新闻学"。

在倡导"建设中国式的新闻学"发展历程中,黄天鹏先是提出建设"中国式的新闻学",后来提出建设"新时代的新 Journalism",再后来提出建设"崭新而完美的新闻学理论"。说法虽然不同,但其实质就是建设"中国本位的新闻学"。他认为建设"中国本位的新闻学"不仅要符合中国实际,注意"民族性和文字性",而且要从唯物史观,从大众出发来建设新闻学,同时也要撷取欧美之长,发扬中国文化传统。这些观点不但丰富了新闻学研究的内容,明确了研究

---

① 蔡元培.北大新闻学研究会成立演说词[M]//蔡元培文集.北京:线装书局,2009:83-84.
② 刘建明,等.中国媒介批评史[M].福州:福建人民出版社,2011:370.
③ 黄天鹏.我从事新闻运动的经过[J].读书月刊,1931(2):108.
④ 杜绍文.新闻学之新理论的新体系[N].大众新闻,1948-6-1.
⑤ 李秀云.中国新闻学术史(1834—1949)[M].北京:新华出版社,2004:212-213.

的方法,也提升了新闻学科的地位。

民国时期著名报人张季鸾素来以报人为其天职,立志振兴中国新闻业,在临近去世前的1941年3月16日,他参与创立"中国新闻学会",也期许对创立有中国特色的新闻学有所贡献。由张季鸾先生执笔所发表的《中国新闻学会宣言》就是最好的证言。宣言直接将"精勤职务,砥砺智能"的报业精神上溯中国数千年历史文化,就是要"以应需要"地建构中国特有之新闻学。[①] 这既是黄天鹏新闻学术研究的理想,也是张季鸾的夙愿,也应是今天新闻工作者为之奋斗的目标。

李彬认为,"就像没有谁能拔着自己的头发离开地球一样,中国的'现代'——现代化、现代性、现代文明等,不能不带有鲜明的中华文明烙印,所谓'中国特色'不是什么人随便强加的,也不是以任何人的意志为转移的"。伴随21世纪中国的和平发展,以及民众文化自觉意识的苏醒,"文明与现代"的思路应该是"中国现代新闻史的内在逻辑"。文明体系与现代体系总体上不存在着先进与落后、文明与野蛮之别。差异不应该是价值谱系的你高我低,而应该是价值排序的你先我后。[②] 蔡惠福、顾黎也提出:"新闻传播学术研究必须把着力点转移到对中国新闻传播的发展经验、发展方向、发展道路的反思总结上来,努力建构具有中国特色、中国风格、中国气派的新闻传播学术话语体系,为中国新闻传播事业发展提供理论指导……要'向现实本身去寻找思想',沉到中国新闻传播的历史和现实深处,立足自己的实践形成自己的理论;要在创立新观点、新概念、新范畴上用力,实现新闻传播话语体系的自主建构;要走出核心价值多样的迷惘,以主流价值统摄推进新闻传播理论创新。"[③]

联系黄天鹏的"中国本位的新闻学"思想,可以看出在中国新闻学发展路径上,诸多学者是有共识的。黄天鹏根据社会的发展需要、新闻事业的实际状况,在不同时期提出的建设"中国本位的新闻学"的不同要求,既揭示了中国新闻学术研究应该遵循的基本规律,也为中国当代新闻学研究提供了借鉴和思考。

---

① 刘建勋.传播的艺术[M].兰州:西北大学出版社,2002:188-189.
② 李彬.中国新闻史研究的一点再反思[J].山西大学学报(哲学社会科学版),2012(3):276-279.
③ 蔡惠福,顾黎.关于中国特色新闻传播学术话语体系自主建构的几点思考[J].新闻大学,2013(1):23.

二、促进了新闻学研究的学术化和专业化

20世纪二三十年代,新闻学研究最明显的进展就是研究更加专门化了,"不再将新闻或报纸作为一个整体来论述,而是对记者、编辑、评论、新闻教育、外人在华报刊、新闻政策、新闻经营与管理、宣传学等都有专门论述,研究范围进一步扩大。另外,学术研究进一步组织化,出现了新闻学术期刊、核心人物(黄天鹏)以及对学术史的梳理,学科意义上的新闻学更加凸显"①。黄天鹏以其著作之多,投入之大,影响之广,成为这一时期新闻学术界的核心人物之一,他在提高新闻学研究的学术化和专业化水平方面发挥了重要作用。

(一)以丰硕的研究成果推进新闻学研究的学术化和专业化

黄天鹏一生著述颇丰,是当时新闻界著作最多的学者。这些著作涉及新闻理论、业务和历史等多个领域。此外,黄天鹏还在出版的论文集及其他期刊上刊载文章近百篇。其中属于新闻理论的有《新闻事业说略》《新闻讲话——在上海新闻学会欢宴席上》《新闻周刊发刊词》《新闻事业的研究》《研究新闻学的方法》《中国新闻教育的展望》《新时代的新闻记者》《新闻记者之教育》《论战时新闻管制制度》《注音符号与报纸》《新闻人才的养成与待遇》等;属于新闻业务的有《新闻文学之建设》《新闻文作法》《报馆的内观》《新闻的文学》《新闻访稿之制作》《怎样校对》等;属于新闻史的最多,主要有《中国新闻界之鸟瞰》《青天白日之旧都报界》《全国报馆联合组织通讯社刍言——中国新闻事业之新生机》《中国报业之今昔》《新闻运动之回顾》《日本新闻界之分野》《英国新闻界之新趋势》《世界通讯事业》《外人在中国经营之通讯事业》《苏俄新闻事业》《官报史玫》《中国新闻事业》《南洋华侨报业》《五十年来中国画报的变迁》《中国新闻事业大事记》《四十年来中国新闻学之演进》等。这些成果不但反映了黄天鹏在新闻学研究领域的奋斗和努力,而且在宣传和推进新闻学研究的学术化和专业化方面也发挥了积极的作用。

黄天鹏在《新闻人》一文中写道,"最近接到玉君剪示一篇《论中国新闻人之零落》的文字,其中有一段提到我的,摘录如下:'中国寥寥之几位新闻学者,自徐宝璜谢世后,邵飘萍既早被横祸,任白涛亦十年未著一字,戈公振则自环游归来,似已罢笔,汪英宾又致力报务无暇著述,举世方瞩目之黄天鹏,年来猛

---

① 吴廷俊.中国新闻事业史[M].武汉:武汉大学出版社,2009:416.

进无已,著述已达二十余种,不意忽以逃禅闻。环顾海内,新闻人之零落,一至于此,以例欧美,令人感慨无已……'"①这一时期,徐宝璜忙于北京平民大学的创办和校务工作;邵飘萍遇害;戈公振 1927 年开始出国考察,1928 年回国后不久,又前往苏联访问。黄天鹏因其对新闻学的嗜好,对新闻界现状的长期认识,也得益于前辈们的启迪和教诲,而投身于新闻学术研究运动之中,带来了学术的繁荣,促进了新闻事业的发展。新闻学研究成果数量明显增多,其中黄天鹏的著述占十之八九。黄天鹏"以最丰富的著述成为现代中国产生重大影响的一位新闻学者,当时的中国新闻学还处于筚路蓝缕阶段,黄天鹏的开拓之功,无论如何都是值得充分肯定的"②。

(二)积极组织学术化和专业化的新闻学研究

20 世纪 20 年代,我国新闻学初步发展,但专著数量不多,研究内容也不完备,难成体系。不满足于这种状况的黄天鹏与友人创建了新闻学会和新闻学刊物,以组合的精神吸引当时的许多新闻学研究者,对新闻学的诸多问题特别是新闻实践问题进行了多方面的研究。

1927 年黄天鹏等创办的北京新闻学会成立,"以研究新闻学术,发展新闻事业为宗旨,刊行《新闻学刊》,为我国破天荒唯一出版物,巍然为新闻运动之中心"③。黄天鹏亲自主编《新闻学刊》,当时的一大批新闻学专家与著名编辑、记者,如徐宝璜、邵飘萍、胡政之、戈公振、徐彬彬、王小隐、周孝庵、鲍振青、潘公展等都被吸引过来,形成了一个庞大的研究群体,凝聚了学术力量,代表了当时我国新闻学研究的最高水平,《新闻学刊》也成为中国新闻学术研究走向学术化和专业化的重要标志。《新闻学刊》第五期采取"天安门前崇柱,配以报纸背景"作为刊徽,用来象征《新闻学刊》的旨趣与使命,也表达了这一时期新闻人的信念和追求。徐彬彬在任中国大学新闻讲座教席期间,更是把《新闻学刊》作为课本使用,可见《新闻学刊》在当时的广泛影响以及被"热捧"的程度。黄天鹏后来创办的《报学月刊》继续维系着这一研究团体,成了当时有较高水平的学术园地。

1928 年,黄天鹏从北京到上海时,上海新闻学会设宴欢迎。黄天鹏在宴

---

① 天庐(黄天鹏).新闻人[M]//逍遥阁随笔集.上海:上海女子书店,1932:82.
② 李秀云.黄天鹏缘何走上新闻之路[J].新闻采编,2008(2):40.
③ 黄天鹏.新闻运动之回顾——新闻学名论集代序[M]//新闻学名论集.上海:上海联合书店,1930:7.

会的讲话中号召北京和上海两地的新闻界携手共进,推动新闻事业和新闻学术的发展。他说:"中国今日新闻界同志,实有团结之必要,以作大规模之新闻运动。并集中南北新闻界人才,以共营唯一新闻学术机关之《新闻学刊》……尤有可记者,则北京新闻学会主唱之新闻运动,该会为热心新闻学之记者所组织,以研究新闻学术,促进新闻事业为旨趣……会务如公开研究,举行演讲,实地调查,及筹设新闻博览馆等,成绩颇著,出版之新闻学刊,为全国唯一刊物,风行中外。"①

从1929年到1931年,黄天鹏又将当时的新闻学重要论文收集起来,编辑出版《新闻学名论集》、《新闻学名论集》(第二版)、《新闻学论文集》、《新闻学演讲集》、《新闻学刊全集》、《报学丛刊》共六种新闻学论文集,里面除了徐宝璜、邵飘萍、戈公振等人的观点外,还有一些有代表性的论说,体现了当时新闻观念的新进展。比如在报纸编辑方面,潘公弼的《新闻编辑法》、周孝庵的《新闻学上之精编主义》、王小隐的《报纸之标题》等文都有开创性的论述;王小隐的《新闻事业浅论》一文对报纸与读者关系、记者社会角色、新闻事业发展方向等问题提出了独特的看法;名记者徐彬彬的《新闻文学研究》一文对新闻文体进行了系统的梳理,呈现了当时的新闻界对新闻文体的总体认识。

1930年,黄天鹏在复旦大学成立全国第一个大学新闻学研究室,目的是"聚全国之英才,以事倡导发扬,造成一新闻学术之首府"。同时代的著名词学家赵叔雍称赞黄天鹏说:"维时莘下为政之道,多在人衡评鉴定之列,天朋(鹏)独能矫矫,绾月旦之领袖,进荥羹之忠言,斯不必以言论丰采,驰誉坛坫,即其受持者,亦足以风世励俗,为有余矣。"②

通过不懈努力,黄天鹏把前辈开启的新闻学术运动大大推进了一步,他也成为当时新闻界最活跃的人物之一。"黄氏以其新闻学著作之多、涉猎面之广、在新闻研究中所起的组织和带动作用之大,实为该时期新闻学研究的集大成者。"③

---

① 黄梁梦(黄天鹏).新闻讲话——在上海新闻学会欢宴席上[M]//新闻学刊全集.上海:上海书店,1930:271-274.
② 赵叔雍.赵序[M]//黄天鹏.新闻学刊全集.上海:上海书店,1930:2-3.
③ 吴廷俊.中国新闻事业史[M].武汉:武汉大学出版社,2009:416.

三、填补了新闻教学和研究的诸多空白

20世纪20年代末到30年代初是中国新闻教育和学术研究的大发展时期。黄天鹏是民国时期新闻教学和研究最热心、最投入的人,根据已有研究以及笔者的调查,他仅在新闻教学和研究上的开创性贡献就有十项(见表5-1),成为这一时期名副其实的"最具代表性的新闻学研究者"。①

表5-1 黄天鹏开创性新闻学术贡献一览

序号	黄天鹏开创性新闻学术贡献
1	第一本纯粹新闻学术刊物《新闻学刊》
2	第一本研究新闻文体的理论专著《新闻文学概论》
3	第一本关于新闻人物研究的专著《新闻记者外史》
4	第一本专门探讨新闻学方法的专著《新闻学入门》
5	第一本关于新闻学术论文的文集《新闻学论文集》
6	第一本按区域编写的新闻史教材《中华民国新闻事业六十年》
7	第一个大学新闻学研究室的创办者
8	第一个提出报业区域市场的新闻学者
9	最早明确提出"建设中国式的新闻学"的目标和路径
10	最早开始中国新闻学术史分期研究

我们认为,黄天鹏在这一时期之所以能够在新闻学研究和教育方面做出这么多开创性的贡献,主要是因为他对新闻学的浓厚兴趣,同时中国新闻学教学和研究在这一时期大发展的时代背景和社会环境为他创造了外部条件。

第三节 价值视角:未能实现其新闻理想的悲情人物

黄天鹏是一个具有学术理想的"悲情"新闻人。当意识到西方新闻事业在国家政体中发挥巨大作用时,他萌生了"建立中国式的新闻学"的学术理想,希

---

① 吴廷俊.中国新闻事业史[M].武汉:武汉大学出版社,2009:416.

望通过新闻事业的发展带来国家的富强民主及社会的进步。当看到中国新闻事业的落后时,他又试图通过新闻学术研究来推动新闻事业的发展。通过努力,黄天鹏在新闻实践、新闻学术等方面取得了很好成绩,但是也有受当时环境制约做出的无奈选择,更有深藏在历史背后的悲剧根源。因而,黄天鹏也成了一个未能实现理想的"新闻人"。这既是他个人的悲剧,也是那个群体的悲剧,更是一个时代的悲剧。

一、新闻专业主义追求遭遇尴尬而"罢笔"

新闻专业主义以服务于公众利益为目标,最突出特点就是坚守对新闻客观报道的信念及媒体的自由和独立理念。美国学者阿特休尔在《权力的媒介》一书中认为:"新闻专业主义就是指新闻媒介摆脱外界干涉,摆脱来自政府、广告商甚至公众的干涉;新闻媒介为实现'公众的知晓权'服务;新闻媒介探求真相,反映真理;新闻媒介客观公正地报道事实。"[①]由于特定的社会文化环境,无论是在新闻实践还是理论研究上,黄天鹏时期的新闻专业主义发展在中国都遭遇了困境。

在中国,首次在理论层面上对新闻专业主义理念进行阐释的是徐宝璜。他在《新闻学》一书中主张,报纸应具有独立的社会地位,应代表国民提出建议和要求。他在《新闻纸之性质与价值》一文中指出:"报纸的第一个职务是供给各方平等发表之机会,新闻既为国民之言论机关,社外一切来件,但须所记不虚,言之有理,不应问其属何党派,及与本报主旨向背,而予刊出,供世人之讨论,给各方平等待遇。"[②]

西方新闻专业主义的产生与19世纪中后期西方政党报纸解体及媒体商业化紧密相连。新闻媒体为了摆脱政党控制,免于沦为政党政治之工具,于是便借助技术进步与商业的兴起之机重新定位,谋求新的发展基础。可以说,新闻专业主义是西方新闻媒体去政治化的集中表现。但是在当时的中国却没有这样的政治、经济和社会环境。20世纪20年代后期到30年代,中国的民族资本主义工商业获得了短暂的发展良机,民营报纸也快速发展起来。"但是这种发展势头没有延续多久,随着两极政治势力的形成,随着日本帝国主义对中国的侵略,救亡图存再次成为当务之急,私营企业性报纸失去进一步发展机

---

① [美]阿特休尔.权力的媒介[M].黄煜,裘志康,译.北京:华夏出版社,1989:282.
② 徐宝璜.新闻学[M].长春:时代文艺出版社,2009:90.

会,中国新闻界没有能实现从'政党报纸'向'企业报纸'的突进,在两极政治形势的作用下,政党机关报又一次成为发展主流。"①

黄天鹏新闻思想的基本内核是新闻专业主义。他主张客观报道,认为新闻事业应该为公共利益代言,他对"商业化"和"国有"两种报业经营方式都不满意,认为报纸应该由合法的团体经营,并组织专门协会对报业进行协调管理,以发挥报纸作为社会公器的作用。从中国百年新闻思潮发展的总体轨迹上看,中国新闻学术史上新闻思想的发展"实际就是两条不同的主线,一是由梁启超开其端绪并由中国共产党发扬光大的立足于政治需要的新闻学研究;一是以徐宝璜为始作俑者的立足于'新闻本位'的新闻学研究"。② 从研究内容的特点上看,黄天鹏明显应该属于后者,所以才有学者将他称为"以新闻为本位时代的总结者"。"以新闻为本位"实际上就是新闻专业主义在新闻业务上的一个具体表现,两者在本质上是一致的。

随着政党报刊的不断出现以及抗日救亡运动的日益兴起,基于不同价值取向和指导思想的无产阶级新闻学、"三民主义"新闻学、战时新闻学等开始出现。"这些分化出的研究流派中,其实大多是基于更好地发挥新闻传媒的政治功用,直接为革命战争和党派斗争进行宣传和舆论服务的价值取向,重点研究报刊的功能(尤其是政治功能),属于政治新闻学研究。"③这一时期,"政治需要"式的研究就是这一主潮中的主流。④

中国文人历来有一种深沉的历史责任感,中国文坛历来也洋溢着一种"为天地立心,为生民立命""修身、齐家、治国、平天下"的宏大气象,而"国家兴亡,匹夫有责"的理念,更是深入中国人的传统文化意识之中。正是由于当时中国的政治形势以及历史文化的影响,新闻专业主义在中国的发展不可避免地带有"文人论政"的色彩。所谓"文人论政",就是知识分子以匡扶时世为己任,将"天下兴亡,匹夫有责"的忧患意识贯穿到言论当中,力图以言论来指引国家的走向,这是中国精英阶层的优良传统。⑤ "文人论政"与新闻专业主义并不完

---

① 吴廷俊.中国新闻史新修[M].上海:复旦大学出版社,2008:20.
② 唐远清.对"新闻无学论"的辨析及反思:兼论新闻学学科体系建构和学科发展[M].北京:中国广播电视出版社,2008:279.
③ 唐远清.对"新闻无学论"的辨析及反思:兼论新闻学学科体系建构和学科发展[M].北京:中国广播电视出版社,2008:278.
④ 黄旦."耳目"与"喉舌"的历史性转换:中国百年新闻思潮主潮论[D].上海:复旦大学,1998:149.
⑤ 李新颖.中国近代报刊"文人论政"的嬗变过程[J].学术交流,2008(5):5.

全一样,它是中国文人在新闻实践中对新闻专业主义进行改造和变异的结果。新闻专业主义在中国丧失了生存和发展的土壤,在理论上的探讨自然也被边缘化了。

黄天鹏感到新闻专业主义的时代已经过去了,所以,他决定罢笔。1934年《新闻学概要》出版后,他就再也没有撰写过新闻理论类著作,犹如王芸生说《大公报》的时代已经结束而不愿意再复刊一样。就当时中国的社会背景来看,困于书斋之内的纯理论建构已经不可能再进展下去。国家和民族的命运当仁不让地成为新闻事业以及新闻学的核心话题,这是任何人都不可能回避的现实。

二、新闻理想只能停留在"设想层面"留下遗憾

黄天鹏满腔热情投入到新闻学研究和建设中,但是由于受社会和时代环境的限制,他的很多新闻学术理想并没有得到实现,只停留在设想层面,这使得他的人生或多或少带有一定程度的悲情色彩。

黄天鹏早年进入报馆时,因看不惯报馆的陈习陋规,满怀改革新闻界理想,和那些老枪记者论战,终因势单力薄,只能"落荒而逃"到北京。1928年,他进入中国第一大报《申报》,便向总编辑陈景韩和老板史量才建议使用综合编辑法,但人微言轻未被采纳。30年代后,综合编辑法成为上海各大报纸头版编辑的通行方法。1929年,黄天鹏成为《申报》要闻版编辑,但却因其主编的《报学月刊》上刊载了自己批评《申报》稿件编辑和标题的文章,导致人际关系紧张而被迫辞职,使他失去了在中国"第一大报"施展才华的机会。

《新闻学刊》是当时最权威的新闻学术期刊,但也只勉强维持了两年。即使在出版期间,第三期就拖期半年,第五期甚至拖期了七个月。又因《新闻学刊》创办者之一张一苇入狱,黄天鹏也在北洋政府的追捕中被迫亡命南下。刊物险遭厄运。迁沪出版后才勉强补够八期。改名《报学月刊》后,本想扩展内容,缩短发行周期,提高时效,结果仅仅出版了四期,又因黄天鹏被迫从《申报》辞职去日本留学而停刊。黄天鹏的设想是建立一个新闻研究所,形成全国性的新闻研究中心,但是受当时条件限制这一设想并没有实现,而仅是在复旦大学新闻系创建了新闻学研究室。"一·二八"淞沪抗战中,两颗炸弹在复旦大学新闻学研究室附近爆炸,所藏物品毁去大半。"七七"事变后,研究室又迁往重庆,已所剩无几了。他多年的心血付之东流,真是令人痛惜!

和当时其他学者相比,黄天鹏的新闻学著作最多,但是和他庞大的学术理

想相比较,还是相差甚远。如他计划中的"逍遥阁新闻学丛书"有8本,但仅出版1本;"天庐丛书"计划出版10本,最后仅出版了3本。编译整套"新闻学丛书"的庞大计划,列出了3大门类22细目(即至少准备出版22本——笔者注),最终也仅出版了6本,该计划就寿终正寝。况且其中个别著作是合并出版,有的甚至是"旧书新出",有的干脆就是一篇文章,留下大量"半拉子工程",最后不了了之。由于追求著作的数量,在成果质量上就不免逊色些,精品也就相对更少。

尽管黄天鹏提出了"建设中国式的新闻学"的一系列新闻思想观念,但总体上看,受欧美新闻学影响的印记仍然非常明显,总体来说是承袭前人的多,创新的少。他关于中国本位新闻学的建设路径有很多思考,抓住了建设新闻学的要害,比如中国新闻学实际、唯物新闻史观、新闻大众化等,甚至在当时政治新闻学占主导的社会环境中,他仍然坚持和反复强调新闻事业的社会文化属性,这些都是非常难能可贵的。黄天鹏怀有宏大的新闻学术理想,设想建设宏伟的中国新闻学理论体系大厦,但是他并没有对自己的设想展开具体实践和深入研究,这也给后人留下了很多遗憾。

三、转上仕途使学术理想成"黄粱梦"

晚年的黄天鹏曾多次说过,他对"新闻记者这一行有深切的感觉和无限的依恋",一有机会就标榜说自己"是新闻记者出生的民意代表",认为议会和舆论是支持民主政治的两大柱石,他当民意代表,与从事新闻教育和新闻记者工作是殊途同归。话是这么说,但我们似乎从中也可以体会到黄天鹏对以往新闻记者生涯的怀念和对当时状况的"失落"。

黄天鹏是挚爱新闻记者工作的,1930年就进入《时事新报》当编辑。后来由于国民党内部插手《时事新报》人事安排,造成内讧,他受到排挤,无奈之下离开了服务十年的《时事新报》,和胡适、傅斯年、马星野等文人一样成为"学者从政派"中的一员。他应陈诚邀请到军政部担任"部报委员",负责军报指导工作,用黄天鹏自己的话说就是"投笔从戎"——这在抗日战争时期是可以引以为豪的。但后来他又去负责筹办"中央出版事业管理委员会",并作为国民党推荐的当选"国大代表",走上了"宪政"之路,和新闻记者职业做了彻底的告别。

黄天鹏热爱新闻工作,对新闻学研究充满兴趣,有庞大的研究计划。但是由于政治、战争、社会以及他自身等诸多原因,很多学术理想和良好愿望都没有实现。"理想很丰满,现实很骨感",他的新闻理想正如他所说的"黄粱一梦",最终没有能够实现,留下了终生的遗憾。

第四节 新闻人黄天鹏对当前新闻学研究的启示

黄天鹏作为中国早期卓有贡献的新闻学研究者之一,他所关注和试图解决的问题与当今新闻界面临的问题具有不少共同性,与新闻传播的基本规律也是相符的。从当下的视角来审视和评析民国时期新闻人黄天鹏的新闻思想观念和学术活动,对我们当前的新闻学研究仍具有一些启迪意义。

一、应建构具有"中国特色"的新闻理论体系

文化进化主义认为,任何一个特定的文化形态都是由其内部的器物层面、制度层面和精神层面等诸要素构成的有机整体,其中文化各层面之间保持着一种结构和功能上的相互匹配关系,共同构成特定文化形态的整体特征。西方新闻业和新闻观念是西方社会、文化自然演进的结果。而中国的新闻学同样也应该是在经过"取经""效仿""自觉"三个阶段以后,植根于本土文化的新闻学。新闻理论的归纳、整理与系统化,无不来自纷繁复杂的客观现实本身。坚持中国本位是中国新闻学研究的必然途径。

黄天鹏早年向梁任公学习报章撰述,并进入北京平民大学报学系,师从徐宝璜、邵飘萍,也曾留学日本专门学习新闻学,并较早接触欧美资产阶级新闻思想。黄天鹏在投入新闻学术研究的初期,就注意到了新闻与历史的关系,提出了"新闻源出于史"的观点,他注重新闻与历史、新闻与现实的关系,并从这一点出发进行摸索。在二十余年的新闻生涯中,黄天鹏根据中国现实社会发展需要和新闻事业实际状况,提出了不同历史时期建设中国本位新闻学的目标和途径。他主张中国新闻学最终应建立在中华民族传统文化的基础上,并身体力行。这也形成了他关于新闻理论研究的基本观点。

其实,自从进入20世纪二三十年代以来,中国学术就一直面临着如何建立具有中国特色的学术的问题。科学的根本原则与精神就是实事求是,离开中国这个"实事",即使能够构建出一套完整的新闻学体系,对解释、影响、指

导、变革、改造当前中国新闻传播业的实际也不会有什么真正的作用。"思想不接地气是不行的"①，而最大的"地气"首先就是中国的实际、中国新闻传播业的实际。以中国经验为根基，应该是研究中国问题的基本态度，当然也是研究中国社会新闻传播现象过程中应该具有的基本态度。

面对传播学以及西方学说的冲击，如何构建中国本位的新闻学长期以来都是中国新闻学研究的症结和困惑。"每一种文化都有自己的成套行为模式，它的核心是由一套传统观念，尤其是价值系统所构成，因此，两种异质文化的交流当达到一定程度时，便表现为两种异质价值观的对话与对叠。"②"新闻学研究不仅要在理论上寻求突破和创新，还需要以中国经验为根基，以世界眼光为境界，立足于中国新闻业的现实，并以世界新闻业发展的实际与趋势为参照，将理论研究与实践相结合，'游走'于理论与实际之间。"③把本土特色和国际视野结合起来揭示了中国新闻学术研究应该遵循的基本规律，也是中国当代新闻学者应该努力的方向。

二、应"理性看待"新闻专业主义

新闻专业主义揭示了新闻活动的基本规律，其核心就是决定专业特征的一些基本原则，包括：(1) 传媒具有社会公器的职能，新闻工作必须服务于公众利益，而不仅限于服务政治或经济利益集团；(2) 新闻从业者是社会观察者、事实的报道者，而不是某一利益集团的宣传员，或政治、经济冲突的参与者或鼓动者；(3) 新闻从业者是资讯流通的"把关人"，采纳的基本准则是以中产阶级为主体的主流社会价值观念，而不是任何需要向社会主流灌输的意识形态；(4) 以实证科学的理性标准评判事实的真假观念，服从于事实这一最高权威，而不是臣服于任何政治权力或经济势力；(5) 受制于建立在上述原则上的专业规范，接受专业组织的自律，而不接受在此之外的任何权力或权威的控制。④

---

① 赵汀阳.天下体系——世界制度哲学导论[M].南京:江苏教育出版社,2005:7.
② 李春雷,任惠.媒介与学术——以20世纪二三十年代为视角[M].天津:天津古籍出版社,2007:11.
③ 杨保军."走出"新闻学与"走入"新闻学——提升当前新闻学研究水平的两种必须路径[J].国际新闻界,2012(5):7.
④ 陆晔,潘忠党.成名的想象:中国社会转型过程中新闻从业者的专业主义话语建构[J].新闻学研究 2002(71):17-60.

黄天鹏在他的新闻职业生涯和学术研究中,始终认为新闻专业主义理念应该是新闻学的核心内容。他的多本新闻学理论方面的著作都是以新闻专业主义为指导的。他的新闻专业主义思想涉及新闻事实内涵、理想新闻事业的标准、理想新闻记者的要求等多个方面。新闻专业主义思想的广泛传播,一段时间内也使得中国的新闻学术研究学科意义上的新闻学特征更加凸显,充分表明了新闻学科的独立性特征。相对于"新闻无学"以及仅把新闻学看作是政治学分支的观点来说,黄天鹏强调新闻专业主义表现了他从新闻事业的本身出发探讨新闻规律的新闻本位意识。

　　中国新闻学从诞生到发展至今已有近一个世纪了,但是从实际情况来看,"中国无论是现代乃至当代,新闻传播长期被视为政治的一部分,作为政治学的附庸,新闻学并没有真正获得学科性的独立身份。"①新闻学要想真正独立,还需要在本体研究方面不断深化和提升,增强新闻专业主义的特色,确立新闻专业主义在新闻学科建设中的主导地位。新闻学作为一门科学,其发展过程需要遵循学科发展的科学规律,也就是要强调学科的专业性、学术性和规范性。

　　同时,我们也应该看到新闻学理论的产生不是为了束之高阁,而是为了指导新闻实践。理论来源于实践,又要指导实践,然后又在实践中不断地发展创新,上升到更高的层次。新闻专业主义虽然是对新闻规律的揭示,但是它在不同社会环境和历史文化条件下的具体呈现又不是唯一的。脱离特定的媒介生态一味地追求所谓的"新闻专业主义"无疑是缘木求鱼,水中捞月,最终得到的也仅是海市蜃楼般的迷幻和渺茫。"当人们设计、建构出一套新闻观念体系特别是主义层面的体系时,必须要考量它与社会整体观念系统、制度系统特别是经济制度、政治制度的适应性、匹配性,不然,就基本上是空想。"②

　　新闻学是研究新闻纸学理的科学,③它面对的是丰富多彩的新闻实践和错综复杂的社会关系。"新闻学的性质虽然是社会科学,而同时在应用方面,和自然科学也有很多的密切的关系。好像天空行星的地球星一般,和许多环绕着它的星象,互相维系着。"④所以,新闻学的研究也要"运用新闻传播的基本规律于实践,通过对新闻传播规律与实践这个结合部分的研究,以求宏观上

---

① 胡正强.中国现代媒介批评研究[M].北京:中国传媒大学出版社,2010:247.
② 杨保军.当代中国主导新闻观念的可能选择:发展新闻专业主义[J].国际新闻界,2013(3):84.
③ 黄天鹏.新闻学概要[M].上海:中华书局,1934:4.
④ 黄天鹏.新闻学概要[M].上海:中华书局,1934:5.

的开拓、微观上的指导,从而起到'举一反三'的作用。要正确处理好这个问题,势必强调吃透学术概念,重视调查研究,向'学术宝库'——新闻实践要答案,从而把握新闻传播规律"①。

新闻专业主义不是真空中的绝对存在,其实质上不过是一套涵盖新闻媒体从理念到实践的价值体系,而具体的实践则是催生理念的现实基础。因此,我们对于新闻专业主义不能只是引进与借鉴,更应该注重自身的具体实践。理论往往是灰色的,它只有在实践中才能释放其强大的威力。近几年来,有学者提出"发展新闻专业主义"②和"中国特色的新闻专业主义"③理论,无疑是对新闻专业主义更加理性的认识,也更加有助于中国新闻学的健康发展。

三、通过"新闻普及化"促进新闻专业化

新闻专业化是新闻专业主义的重要方面,主张按照新闻内在规律从事新闻活动,主要表现在遵照新闻媒介的内容、形式和管理上。新闻学研究、教育和著名新闻媒介和媒介人是新闻专业化发展的标志和引领者。新闻专业化的系统理论和实践构成新闻专业主义,以新闻报道的真实、客观、有价值为基本要求,并追求全面、公正,追求揭示真相或真理。

新闻传播是新闻媒体与社会大众的互动活动。新闻媒体以公众利益为原则,向公众传播新闻;社会大众作为新闻信息的接受者、检验者和消费者影响甚至决定着新闻媒体的活动。黄天鹏从这些观点出发,在积极促进新闻专业化的同时,积极主张中国新闻事业要想有长足的发展,必须普及大众对新闻业的了解;新闻学术研究的进行同样也需要公众了解新闻学,积极普及新闻学知识,提倡媒介素养教育,主张并切身实践大众化编辑出版理念。

黄天鹏提出了"人人都学新闻学"的新闻思想观念,成为中国早期媒介素养教育的倡导者。"媒介素养以培养人的素质为核心,以赋予人们控制媒介讯息的分析能力、评估能力和信息传播能力为目的。"④拥有了媒介素养,

---

① 中国社会科学院新闻研究所,中国新闻学会联合会.中国新闻年鉴[M].北京:中国社会科学出版社,1989:94.

② 杨保军.当代中国主导新闻观念的可能选择:发展新闻专业主义[J].国际新闻界,2013(3):82.

③ 关琮严,杨丽娟.新闻专业主义在中国[J].新闻研究导刊,2012(3):34.

④ 张开.媒介素养概论[M].北京:中国传媒大学出版社,2006:110.

人们会对产生媒介影响的各种因素进行分析和研究,从而提高正确使用媒介和抵御媒介不良影响的能力,同时也可以更好地实现对媒体的监督和管理。

时至今日,随着网络技术的发展和新媒体的不断涌现,传统的传播模式正在遭遇挑战和颠覆,普通公民作为传播主体的地位日益凸显。加强新闻的专业化和普及化,增强传统媒体的公信力和影响力,提高公民的新闻传播责任意识无疑在当今社会具有重要的意义。

四、应以"己严人宽"态度对待新闻批评

开展学术研究,必然会有观点的交流和碰撞。新闻学者对待学术批评的态度,既体现新闻学者学术研究的素养,也反映了特定时期新闻学术研究的氛围。黄天鹏在新闻学术的研究中,发表了大量的文章,对当时的新闻界多有批评。当然,外界对他的批评也时有出现。然而,以实为据,敢于开展学术批评;以平和的心态对待学术批评,是黄天鹏在对待新闻批评方面留给我们的重要启示。

早在创办《新闻学刊》的时候,黄天鹏就发表了很多文章批评当时中国新闻界和学术界的不良现象。在黄天鹏的文章中,能够集中反映他报业批评态度的当属《新 Journalism 的建设》一文。文中,他指出,当前的大多数新闻学著作仅是盲目照搬欧美和日本的学说,不思进取,严重脱离了中国的社会现实,不能够解决中国新闻界的实际问题。新闻业本应为公共服务的事业,但是中国报纸却有独占化的趋势,金钱垄断了一切,新闻纸变成了只能够赚钱的废纸,资本家唯利是图,置读者的利益于不顾。对此,黄天鹏警告说,"报界牺牲对社会公众的责任终将会断送自己的前途"。面对新闻学术界和业界不良现象,黄天鹏提出:首先要从唯物史观和大众出发来解决新闻业的实际问题,推进新闻业的社会化运动,建设新的"新闻学";其次要动员大众对报界进行有力的监督和制裁,以督促他们改革与觉悟。他说,"我们在这种无可如何之下,忍气徒訾都是无益,我们要有积极的呼声,提出一般的要求,同时给他们一种有力的制裁和监督,督促他们改革与觉悟。这种力量需要着大众的集团。我们新闻人负有这个唤醒大众的责任,而来催产出我们一般社会所需要的新闻纸。最后让我叫句口号:时代的警钟响了,新闻人结合起来!"[①]

---

① 黄天鹏. 新闻学入门[M]. 上海:光华书局,1933:70.

20世纪30年代初,"新闻无学"的论调还十分盛行。黄天鹏身体力行推动新闻学的发展,普及新闻学的常识。新闻学术活动中他最为活跃,出版的著作和发表的文章也最多。对这一现象,有人赞颂他为集新闻学的大成者[1],但也有人骂他粗制滥造,卖新闻文化的膏药,说他有想做学霸的野心。如黄天鹏自己所说,"近来有很多关于我的流言,归纳起来:(1)说我新闻学的著述很多,一手包办新闻学界,有独霸造成权威者的野心;(2)新闻学作品太多了,就自然瑕疵杂见,劝我不要多作,要保持着新闻学已成的位置;(3)原理很多受日本影响,纪述事实也太穷形尽相,劝我多创作,而少从事于整理的工作"[2]。黄天鹏对这些毁誉并不在意,仍然以平和的心态,以"为学术而学术"的态度对待批评,对新闻学研究不离不弃,继续为推动新闻学的发展而不断努力。

对一些言之有据的善意的客观批评,黄天鹏则虚心接受,并加以解释或说明。如他的《中国新闻事业》一书有些章节因袭戈公振《中国报学史》较多,陶涤亚撰《黄天鹏著中国新闻事业》一文予以尖锐批评,并认为该书在内容安排、文字印刷等方面皆存在不足。黄天鹏面对批评坦然接受,并说明出版时间仓促,出书字数要求等原因,表现出欢迎别人指错和有错认错的诚恳态度。

真理越辩越明,学术研究也需要一个相互交流和对话的友好氛围与环境。这是保证学者能够不断修正自我,广纳众家之长,促进学术健康发展的基本条件。学术批评是一项严肃、崇高的社会事业,容不得掺杂任何私心杂念。只要双方求真务实、开诚布公、与人为善、理性讨论、相互尊重,本着宽以待人和严于律己的心态,学术批评就会得到健康的发展。这也是黄天鹏在他长期的新闻学术活动中,留给我们的一个重要启示。

---

[1] 黄天鹏.袁殊来访记:文艺新闻创刊闲话[N].文艺新闻,1931-3-30.
[2] 黄天鹏.新闻学入门[M].上海:光华书局,1933:77.

结语 新闻人与"黄粱梦"

黄天鹏同徐宝璜、邵飘萍、戈公振等新闻学者一样,也是在中国现代新闻史上不可忽视的一个人物,是那个时代新闻学术共同体的一分子。本书研究的新闻人黄天鹏,在《重庆各报联合版》停刊后不久便离开《时事新报》去国民党军委会政治部任"部报委员",后来与新闻的距离渐行渐远。1949 年,他又随国民党去了台湾,在台湾主要从事"宪政"和侨务活动,并继续从事新闻学的教授、研究工作。本书研究重点是他在 20 世纪二三十年代的新闻学实践和新闻学研究,对他去台湾后与新闻有关的活动只是做了较为简略的介绍。

社会学家费孝通先生曾说:"一个想踏进社会学这门学科,希望在这门科学中能作出一点学术上贡献的人,最结实的学习方法一是在对社会学有了概括的初步认识后,挑定一个在这门学科中有一定成绩的学者,把他一生所发生的著作,有系统地阅读一遍,追踪他思想发展的经过,然后把他各个阶段的思想放入各时期社会学发展的总过程中看这个学者的地位和特点,再把这些变化和特点放进他所处的历史背景中去研究他这种思想所发生的社会历史原因和其发生的历史效果。"[①]这段话既表明了研究黄天鹏的意义,也为研究黄天鹏提供了方法和路径。在对已有史料的收集和分析研究的基础上,本书认为:

黄天鹏是一位有责任感的新闻人。他不断追求真理,对国家、民族和社会有着高度的历史责任感。他出于对新闻的兴趣而走上新闻记者之路,因新闻记者工作的神圣和强大的社会功能而热爱新闻职业,又为了促进新闻事业的发展而从事新闻学术研究。他寄希望于新闻学术研究推动新闻事业的发展,最终目的也是为实现国家的繁荣、独立、民主和富强。梁启超等维新派新闻思想家对于新闻功能的"狂热"无疑在他的身上得到了延续。

黄天鹏是一位充满学术理想的"悲情"新闻人。他新闻人生的总特征可以用"理想"二字来概括。不断改革新闻界,促进新闻业务的提高是他新闻实践的理想;建设中国式的新闻学,形成符合中国实际的理论体系和学科特色是他

---

① 丁元竹.费孝通社会思想与认识方法研究[M].北京:中国社会出版社,2007:327.

新闻学术的理想;确立新闻专业主义在新闻领域的主导地位是他的新闻事业理想。为此,他创办新闻学术刊物,组建新闻学研究室,出版大量新闻学著述,推动了蔡元培、徐宝璜、邵飘萍等中国第一代新闻学者所开启的事业的发展,提高了新闻学术研究的专业化水平,促进了新闻知识的普及和传播,成为他生活的那个时代即民国时期,在新闻学界具有较大学术影响力的新闻人。

黄天鹏是一位没有能实现自己学术理想的"悲情"新闻人。任何理想的实现不仅需要主观努力,还需要一些外部客观条件,不仅需要小的环境,更需要大的氛围。他挚爱新闻业,最终却在无奈之下从《时事新报》辞职,走上了他内心并不十分喜欢的仕途;他提出了"建设中国式的新闻学"等一系列新闻学思想,但在那个战乱不断、政治斗争错综复杂的环境中,他难以潜心从事实际学术研究,构建起完整的学术思想体系;他创办的复旦大学新闻学研究室,在日本人的飞机炸弹中被毁大半,又在不断迁移中形同虚设,致使他建设全国性新闻学术中心的宏伟计划成为泡影。他提出了编译包括20多个专题的整套新闻学丛书的计划,但实际上最后也是不了了之。黄天鹏的学术理想很宏伟,所做的努力很艰苦,追求新闻公益性的目标也很执着,但在那个特定的社会环境中都是难以实现的,事实上也没有实现,到最后他不得不离开新闻界走上了仕途。正如黄天鹏在给友人莲君的信中说:"这十年的新闻记者生活,正是邯郸一梦,'黄粱梦'就是近来生活的象征,所以用做我的笔名。"

黄天鹏又是一位具有复杂思想且人生道路烙有鲜明时代印记的新闻人。黄天鹏出生在具有浓厚中国传统文化色彩的家庭中,从小接受的是新式学堂教育,从汕头到厦门后又受到"五四"时期新思潮的影响,在北京求学期间不但受到徐宝璜、邵飘萍等人引进的西方新闻学思想影响,也受到梁启超新闻思想的熏陶,到日本留学后又受到日本"实益主义"新闻观的影响;20世纪二三十年代还受过马克思主义思潮的影响,并声称要以"唯物史观"研究新闻学,撰写"社会主义新闻学";他在政治上倾向国民党,但又成为国民党、共产党和民营报纸都能接受的《重庆各报联合版》实际工作主持人;他与国民党高层有密切关系,信奉和宣传孙中山的"三民主义",但又对国民党的新闻统制和扼杀言论自由的行径表露出强烈不满。他对国民党不满,但又在多种因素作用下,最后放弃了钟爱的新闻之路走上了为官的"宪政之路"并当选为"国大代表",后又从大陆去了台湾。我们认为,黄天鹏是一个具有并追求自己新闻学术理想,对当时社会环境既有所不满,同时又有所期待的新闻学者。

黄天鹏是一位值得今人加以研究和重新认识的重要的"民国新闻人"。因受意识形态和政治因素的影响,中华人民共和国成立后的前三十年,在大陆没有人去关注黄天鹏。改革开放后,对他关注的人也很少。我们认为,黄天鹏是中国新闻史上积极推动新闻学发展的历史大潮中涌起的一朵浪花。他丰富的新闻人生不能说是完美的,其间有精彩,也有遗憾;有奋进,也有退缩,然而他曾经做出的贡献不可忽视,他所追求的真理如今依然熠熠生辉。或许正是这种人生的不完美和淡淡的悲情色彩,使得历史更加真实,使得斯人距离我们更近,也能够留给后人更多的思考和启迪。

历史人物的研究和评价应该遵照马克思主义哲学中的历史唯物主义和辩证唯物主义的基本立场和观点。评价历史人物"不能用今天的时代条件、发展水平、认识水平去衡量和要求前人,不能苛求前人干出只有后人才能干出的业绩来"。新闻学科的建设任重道远,新闻事业的发展也需要一代又一代的新闻人去不断努力和奋斗。黄天鹏在民国时期有着二十余年的新闻实践和新闻学术活动,是民国时期著名的新闻学者和报刊活动家,也是致力于中国新闻学科体系建构的一位积极探索者,理应在中国新闻史上占有一定的地位。

附　录

一、黄天鹏生平大事记(1905—1982)

1905—1919 年

1905 年 3 月 22 日(农历 2 月 17 日),出生于广东普宁市流沙镇马公栅村。

1911 年,从家塾进入学堂。

1919 年,进入普宁三都书院学习。

1920—1929 年

1920 年,离开普宁到汕头金平区鮀江附近的一所学校读书,并在亲戚开设的报馆里做通讯员,开始了他的新闻记者之路。12 月,在粤军驱逐西南军阀后,孙中山从上海到广州重组军政府,途经汕头并做演讲,黄天鹏以学生代表的身份到会聆听。

1921 年 2 月,其《韩昌黎守潮考》由天声出版社出版,1929 年再版,并附有韩文公传记。

1922 年暑假后,到厦门美华书院学习西文,并兼做汕头报馆的福建特派记者。同年,写作《新闻与新闻记者》开始新闻学术研究。

1925 年 3 月,广东革命军东征至普宁,随族人应征参加棉湖之役。同年,考入北京平民大学报学系开始学习新闻学。

1926 年 7 月,参加北伐军,从事宣传工作。

1927 年 1 月 1 日,发起成立北京新闻学会,主编会刊《新闻学刊》。1927 年 1 月出版《新闻学刊》第一期;3 月出版第二期;8 月出版第三期;12 月出版第四期。1928 年 3 月出版增刊第一期;1928 年 8 月出版第五期;9 月出版第六期和增刊第三期;11 月至 12 月出版第七、八期和增刊第四期。

1927年底，在编完《新闻学刊》第四期后，黄天鹏南下广东。1928年1、2月间，回北京。不久，发行所被北洋政府查封，黄天鹏受到监视，后来四处流亡，去了天津、南京、日本、上海等地，并得到《申报》的聘用。四五月间，刊发了《新闻学刊》复刊的通告。

1928年5月，应德国佛郎克府中国学院之约，征集中国300多种报纸杂志参加德国科隆举办的万国新闻博览会。6月4日，"皇姑屯事件"后，回到北京，受聘为《商报》的驻京通讯员，开始编辑《新闻学刊》第五期。8月，主编《新闻周刊》，随北平《全民日报》发行，主编三期后，南下上海。8月19日，北平新闻界和文化界名流徐宝璜、成舍我、胡政之、张季鸾、黄天鹏、张恨水等81人发起在中山公园举行邵飘萍、林白水两位先烈追悼大会。9月，到上海担任《申报》要闻版主编。同年，在杭州新闻记者公会新闻讲习班开始新闻教育生涯。

1929年3月，将《新闻学刊》扩充为《报学月刊》并在上海出版，共出版四期。8月8日—9月13日间去日本参加太平洋国际学会，后留日在永代静雄的日本新闻研究所学习新闻学，兼《申报》海外记者。《报学月刊》随之停版。

1930—1939年

1930年毕业，所撰硕士学位论文题为《中国新闻事业》。5月回国，绕道伯力至东北，深入俄韩边境考察，返回至哈尔滨。后接到谢六逸邀函，执教上海复旦大学，任报馆管理教授。年底，进入《时事新报》，历任通信部主任、总经理协理、总经理、总编辑等职。兼任沪江大学、新世纪函授学校教授。同年，加入上海新闻记者联合会。

1931年，领导创办复旦大学新闻学研究室，办公地址设在学校的简公堂楼上。8月，黄天鹏作为记者团的一员，调查长春发生的"万宝山事件"，撰有《东北经济调查及考察纪要》，揭发日本侵略阴谋。随上海记者团去东北调查。

"九一八"事变后不久，主编副刊《青光》。

1932年—1936年，先后创办《微言》《南报》，以春秋笔法评论时政，以文艺性体现小报特征，具有新闻精编、评论精悍、副刊精隽的特色。

1937年12月，黄天鹏和崔唯吾带领《时事新报》人员撤往重庆。

1939年5月6日—8月12日，负责《重庆各报联合报》的出版和发行。9月，"联合版"出版结束后，应陈诚之邀主办军报及政训业务，到国民党中央训练团和中央政治学校主讲新闻学，任中央陆军军官学校少将教官，军委会政治部设计委员兼主任等职。

1940—1948 年

1941 年,筹办国民党中央出版事业管理处。4 月 12 日至 1942 年 3 月 23 日任中央图书杂志审查委员会秘书。后又任国家总动员会议专门委员、中央文化驿站总处处长、行政院参议,侨务委员会顾问等。

1943 年,以特派记者身份访问胡汉民先生于香港妙高台。

抗日战争胜利后,又调往国民党中央,主持文化出版发行工作,到南京担任国民党中央印务局总管理处处长,受命视察、指导战区复员工作,广印宣扬"三民主义"的书籍。

1947 年 6 月,由国民党中央提名,返粤竞选"国大"代表,在原籍广东省普宁县当选为国民大会广东省代表。

1948 年出席国民大会兼任宪政督导委员会委员,开始致力于"宪政"建设。

1949—1982 年

1949 年去台湾,主笔起草在台"国大代表"首次宣言,吁请蒋介石复出任政。

1950 年后,任台湾"国民大会"主席团主席及国民党侨委会顾问,先后在台湾中央大学、台湾师范大学、台湾政治大学、中国文化学院、政工干校、世新新闻专科学校担任新闻学教授,继续从事中国新闻学的教学、研究和出版工作。

1951 年 5 月,与张知本、郑彦棻组织台湾"中国宪法学会",任常务理事,兼秘书长,主持日常工作。主编会刊《宪法学报》,该刊后改为《宪政时代》。

1960 年、1970 年分别为第三次、第四次和第六次国民大会主席团成员。

1970 年,为"国史馆"撰修《中华民国六十年史事纪要》《国民大会通志》,历届国民大会均有提案。

1974 年,结束新闻教育生涯。

70 年代后期,担任国民党政府东南亚访问团团长,著有《东南亚新兴国家宪法之新趋势》。

1982 年 3 月 24 日因心肌梗死,在台北病逝。

二、黄天鹏新闻学著述全览

黄天鹏新闻学著述颇丰,根据现有文献研究发现,他存世、亡佚和其他有记载的新闻学著作共计 64 种(书名不同,但属于同一本书的作为 1 种)。其中出版的有 30 种,现存的有 21 种[1],写作但未见单行本出版的有 12 种[2];记载不详而不能确定是否出版的有 18 种[3],属于史料错误记载的有 4 种[4]。现将这些著作的名称、文献出处等基本情况列于下表,以供后人查阅、研究和补证。

---

[1] 现存的 21 种即《天庐谈报》、《新闻学入门》、《新闻学概要》、《新世纪函授学社新闻学科讲义》、《新闻文学概论》、《怎样做一个新闻记者》、《新闻文作法》(台湾成功大学台湾文学系有藏,索书号为 890.9 1008)、《中国新闻事业》、《新闻记者的故事》、《望平街上》、《报界公案》、《报坛逸话》合并而成)、《新闻记者外史》、《新闻学论文集》、《新闻学名论集》、《新闻学名论集(第 2 版)》、《新闻学刊全集》、《报学丛刊》、《新闻学演讲集》《天庐论丛——黄天鹏先生执教四十年纪念文集》、《逍遥阁随笔集》、《逍遥夜谈选》、《黄粱集》、《校理学》(载自张振亭《专业化与大众化:黄天鹏的思想与实践研究》)。《新闻与新闻记者》亡佚。《天庐论丛》所附的《天庐先生著作年表》系根据从重庆到南京一直跟随黄天鹏的学生方林追忆以及黄天鹏生前在台湾的"天庐逍遥阁藏书"编订而成,出版前也经黄天鹏本人审阅过,应该具有较高的可信度。笔者将该著作年表列出但目前尚未见其版本的也作为已出版的著作看待。它们是:《史官与记者》《日韩俄万里游踪》《东北经济调查》《海天游记》《新闻事业》《出版法释义》《国父印刷工业计划之研究》《时事新报新闻讲习班讲义》。

[2] 未见单行本出版的 12 种即《现代新闻学》、《中华民国新闻事业六十年》、《新闻记者之生活》之《生》部(《流浪人》)、《新闻记者之生活》之《恋》部、《中国新闻学史》、《望平街上》、《报界公案》、《报坛逸话》、《新闻讲话》、《无冠天子南巡记》、《新闻与历史》、《复旦大学新闻学研究室概况》(李秀云的《中国新闻学术史(1834—1949)》认为该书已正式出版)。

[3] 记载不详的 17 种即《洪阳文钞》、《报学概论》、《世界新闻事业》、《新闻年鉴》、《新闻记者之生活》之《报》部、《新闻学讲座》、《小学壁报编辑部》、《报学大纲》、《新闻事业论丛》、《新闻事业概论》、《新闻学十二讲》、《新闻记者》、《新闻三家言》、《访员必读》、《天庐游记》、《逍遥阁谈天录》、《逍遥阁主随笔》。

[4] 《新闻概论》实为杉村广太郎所著,黄天鹏校订并作序;《新闻纸研究》实为后藤武男所著,黄天鹏校订并作序。1930 年黄天鹏又将徐宝璜的《新闻学》改名为《新闻学纲要》出版并作序。这三本书被列入冠以黄天鹏编的《天庐新闻学丛书》书目,造成后人误解。《各国新闻报业简史》书名实为《各国报业简史》,小野秀雄著,陈固亭译,台湾正中书局1959 年出版。《普宁文史(第 2 辑)》的黄寿年《三十年代的新闻学者黄天鹏》一文、《普宁文史(第 5 辑)》的陈竞飞《普宁古今著作名录》一文因对《天庐论丛》所附的《天庐先生著作年表》部分文字理解有误,错认为该书为黄天鹏所作。

（一）新闻理论类 23 种

书名	简介及出处
《新闻与新闻记者》	黄天鹏新闻著述的处女之作，署名"黄鹏"，新闻学会 1922 年出版。在厦门美华学院学习期间写作，是一本小册子。因其是《天庐谈报》的蓝本，且有部分资料后来辑入《新闻学概要》，由此可见，该书是一本关于新闻学基础知识的浅显读物，属非卖品，现已亡佚。
《天庐谈报》	署名"天庐主人"，上海光华书局 1930 年 11 月出版，是作者留日回国后根据《新闻与新闻记者》改写的通俗读物。本书为原理概论类，主要是用简短的语句或故事来讲解新闻学的一些基本知识、原理以及中外的一些报人、报馆的逸事等，分上、下两卷。民国著名词学家赵尊岳（赵叔雍）盛赞该书"于报学群言之外，别树一家"。读秀网有电子版。
《新闻学入门》	中国第一本关于新闻学方法的著作，提出了注重实践、运用比较、从唯物史观和大众出发等研究方法。1933 年 4 月由上海光华书局出版。全书分为三篇：上篇为研究新闻学的方法，中篇为研究新闻纸的方法，下篇为研究新闻事业的方法。读秀网提供有电子版。
《新闻学概要》	此书较全面反映了黄天鹏关于新闻事业的基本思想，为其新闻理论代表作，上海中华书局 1934 年 2 月出版，是根据作者在复旦大学新闻系主讲"新闻学讲座"的讲义以及后来编写的《新世纪函授学社新闻学科讲义》增订而成，又名《新闻学纲要》，被列入"中华百科丛书"之一。该书根据适合新闻初学者的程度编写，每章后面有五道思考题，以便于自学。该书是黄天鹏的最后一本新闻理论著作。读秀网有电子版。
《新世纪函授学社新闻学科讲义》	1930 年，黄天鹏在上海新世纪函授学社讲授新闻学，并担任新闻系主任时写作。该书是小册子，共 75 页，没有出版社名称和出版日期。主要内容涉及研究新闻学的方法、研究新闻纸的方法、新闻事业的基本认识等。CADAL 数字图书馆有电子版。
《现代新闻学》	写作于 1930 年前后，作者自称为"划一新时代"的"社会主义新闻学"。学术界将该书作为这一时期代表性新闻理论著作之一。但是有关文献显示，由于当时的政治原因，该书写作但并未出版。
《报学大纲》	《中国新闻事业》载："此（新闻纸）复杂之问题，自非数言所可尽，拙著《报学大纲》引论较详，此不过述其概要，以供时贤研究指正耳。"《新闻学入门》一书引述该段内容时，删除了"拙著《报学大纲》引论较详"一句。记载不详，不能确定是否出版。

续表

书名	简介及出处
《报学概论》	"天庐丛书"书目载:著者久事报业,以积年之经验,与研究之所获,参拮世界名著,折衡国情编撰而成。着笔于三年前,数经同文检讨,五易其稿,始行增订厘定。计分十二章,共八十四节,次序明晰,说理精湛,而定义界说,尤有独到之见。为报学入门必读。插图多幅,亦外间所不经见。诚近代报学罕有之作,将有日文译本流传东国。
《新闻讲话》	"天庐丛书"书目载:书为作者学生时代、游学时代、考察时代、教授时代笔记。累积数十巨册,年来于报政余暇,实验其得失,参透个中玄妙,去芜存精,得四万言,字字珠矶(玑),言言金玉,分(一)平大新闻学系杂记(二)新闻学院讲座笔录(三)瀛海观报记(四)报学座讲话(五)编辑室余墨五卷。未见出版。但《新闻学演讲集》附录中的《新闻讲话》共有八篇文章:《研究新闻学的方法》《我从事新闻学术运动的经过》《新闻人才的养成与待遇》《注音符号与报纸》《怎样校对》《新闻学研究室谈话》《复旦新闻学会座谈》《复旦新闻学系毕业同学座谈》。未见单行本出版。
《史官与记者》	《天庐论丛》的《天庐先生著作年表》载:1922年5月潮商公报社出版。上篇谈史,包括史的起源、治史的方法、史家的"四长"等。下篇谈新闻记者,包括新闻记者与史官、新闻与史之异同、今日之新闻即明日之历史等。
《新闻事业》	《天庐论丛》的《天庐先生著作年表》载:1934年上海大东书局出版。略论现代新闻事业之本质、地位、兴起与人生关系等。另见《中国新闻年鉴1983》的《新闻学书刊简目·建国前出版的新闻学书刊简目(续)》以及《中国近代报刊史参考资料》(下)的索延芳《旧新闻学书刊目录》。
《新闻事业论丛》	1935年《报学季刊》第2期的《新闻学书报目录》载:上海光华书局发行。另见《中国新闻年鉴1983》的《新闻学书刊简目》以及《中国近代报刊史参考资料》(下)的索延芳《旧新闻学书刊目录》。
《新闻事业概论》	《出版界》1944年第11—12期的闻一新《中国新闻学出版物一瞥》载:1934年上海光华书局出版。
《新闻学十二讲》	《中国新闻年鉴1983》的《新闻学书刊简目》载:新世纪函授学校出版。另见《中国近代报刊史参考资料》(下)的索延芳《旧新闻学书刊目录》。
《时事新报》新闻讲习班讲义	《天庐论丛》的《天庐先生著作年表》载:1936年时事出版社印行。
《新闻学讲座》	同《新闻记者的故事》一起在上海写作,上海光华书局出版。共八讲:新闻学泛论、新闻纸解剖、新闻本质研究、新闻材料采集、新闻编辑方法、新闻社组织、通讯社组织、新闻学最近趋势。载于《新闻学演讲集》中的《新闻讲话》《中国新闻年鉴1983》的《新闻学书刊简目》以及《中国近代报刊史参考资料》(下)的索延芳《旧新闻学书刊目录》。

续表

书名	简介及出处
《新闻三家言》	《报学月刊》1929年第4期广告载：北京著作林出版，黄一天与张一苇、王一心合著。
《新闻与历史》	《天庐论丛》载："从史家的眼光来看，历史学的发展，除机械性的设备外，正是新闻学理论体系建立的同一路线。（参考著者所撰《新闻与历史》一书）。"但《天庐论丛》的《天庐先生著作年表》未见列有该书。
《出版法释义》	《天庐论丛》的《天庐先生著作年表》载：该书"为先生在中央警官学校讲授出版法之讲义，就当日出版法为精警之解释，并附图书、杂志、报纸战时检查制度"，"民国廿八年，中央警校印行"。
《国父印刷工业计划之研究》	《天庐论丛》的《天庐先生著作年表》载：该书"为先生在中央出版事业管理委员会任内所作，就国父印刷工业计划为精详之研究，并附分区实施计划。""民国卅年，中央文化驿站印行。"
《新闻概论》	该书实为杉村广太郎的著作，黄天鹏校订并写有序，被列入冠以黄天鹏编的《天庐新闻学丛书》书目，造成误解。
《新闻纸研究》	该书实为后藤武男的著作，黄天鹏校订并写有序，被列入冠以黄天鹏编的《天庐新闻学丛书》书目，造成误解。
《新闻学纲要》	1930年黄天鹏将徐宝璜的《新闻学》改名为《新闻学纲要》出版，并写有序，被列入冠以黄天鹏编的《天庐新闻学丛书》书目，造成误解。

（二）新闻实务类6种

名称	简介及出处
《新闻文学概论》	1930年8月由上海光华书局出版，是黄天鹏在日本写的新闻研究论文之一，又名《新闻文学导论》，有日文译本。作者用三年时间才完成此书。具体阐述了新闻文学的成立、特质、体裁、演进、变迁、分类、势力和将来，分叙了评论、新闻、余兴、广告等不同文体，有大量示例，实用性较强，是国内第一本论述新闻文体的专著。读秀网提供有电子版。
《怎样做一个新闻记者》	该书又名《新闻记者论》，1930年由上海联合书店出版。1931年5月再版时，改为现名。署名"天庐"。论述了新闻记者的起源、地位、资格、分类、责任、教育、待遇、团体及将来等问题。有署名为"MissC. CTien"的代序《理想中的一个新闻记者》及前言，附录有《怎样做一个新闻读者》（很多史料错为《怎样做一个新闻记者》）、《一个新闻记者的自述》、黄天鹏的《跋》、黄天鹏编的《天庐新闻学丛书》书目广告。CADAL数字图书馆有电子版。

续表

名称	简介及出处
《新闻文作法》	该书1931年由中国新闻函授学校出版。全书内容分为:序论;第一讲新闻文的发端;第二讲新闻文的内涵;第三讲新闻文的分类;第四讲新闻文的作法;第五讲新闻文的艺术;第六讲新闻文的功用。仅见1931年《文艺创作讲座》第一期发表的序论部分,未见有单行本问世。台湾成功大学台湾文学系提供的藏书检索书号为890.91008。
《访员必读》	1931年《现代文学评论》1卷第1—2期汤彬等编的《现代中国文坛杂讯》载:时事新报通信部实施访员训练之讲稿。
《小学壁报编辑法》	《报学季刊》1935年第一卷第2期《新闻学书报目录》载:上海联合书店出版。另见《天庐新闻学丛书》、《中国新闻年鉴1983》的《新闻学书刊简目》以及《中国近代报刊史参考资料 下》的索延芳《旧新闻学书刊目录》、1989年林德海主编《中国新闻学书目大全(1903—1987)》。
《校理学》	与夫人卢小珠合编,香港中文大学馆藏。荣泰印书馆出版。见张振亭《专业化与大众化:黄天鹏新闻思想与实践研究》载。

(三) 新闻历史类 16 种

名称	简介及出处
《中国新闻事业》	黄天鹏根据在日本新闻研究所撰写的论文增订而成,由上海联合书店1930年9月出版,书中记述了中国新闻事业的历史、现状和将来,并附有全国报馆调查录、国民政府出版条例、新闻界近百年大事记和天庐逍遥阁新闻学藏书编目,具有史论结合的特点。该书在日本编印有日文版《支那の新闻事业》,由东京新闻社印行。读秀网提供有电子版。
《新闻记者的故事》	又名《报坛逸话》,1931年2月由上海联合书店出版,同《新闻学讲座》一起在上海写作,并第一次使用"黄粱梦"这一笔名出版,叙述新闻界的秘闻,新闻记者的可歌可泣的故事。由《天庐丛书》计划中的《望平街上》《报界公案》《报坛逸话》合并而成。读秀网提供有电子版。
《新闻记者外史》	托名"黄粱梦",运用近乎小说的体裁记述中外记者和报纸逸闻,也有一些关于个人经历的记述,1931年5月由上海光华书局出版。读秀网提供有电子版。
《中华民国新闻事业六十年》	一说《中国新闻事业六十年》,作者在台湾中国文化学院新闻系主讲《中国报业史》课程时增补的课外教材。书中仿造NEWS的字母组成,以中国东、南、西、北四个地理方位的城市作为新闻业中心来讲述中国新闻事业六十年的发展变迁,体现了黄天鹏的区域新闻学思想。

— 227 —

续表

名称	简介及出处
《新闻记者之生活》《生》《恋》《报》	一说《新闻记者之生涯》。《生》部叙述作者身世、故乡风土以及少年时代的生活;《恋》是一部恋情录;《报》部则叙述投身报界的动机、经过以及十数年来新闻记者的经验。1932年5月14日上海《申报》刊登预告:女子书店将出版"黄天鹏自叙传"《流浪人》。《中国新闻年鉴1983》的《新闻学书刊简目·建国前出版的新闻学书刊简目(续)》以及《中国近代报刊史参考资料 下册》的索延芳《旧新闻学书刊目录》也有记载。
《中国新闻学史》	1931年5月出版的《怎样做一个新闻记者》和10月出版的《新闻学演讲集》均提到此书正在编述中。
《望平街上》	《天庐丛书》书目计划载:计划仿西摩尼斯著《墨街》,描述近世报纸之变迁,人物之出入浮沉,以黄浦滩头为中心,旁及燕辽楚越各地。后与《报界公案》《报坛逸话》合并出版《新闻记者的故事》。
《报界公案》	《天庐丛书》书目计划载:应北京新闻学会之嘱,选辑报界公案,自清苏报、民吁报诸案,以迄邵林诸狱,以严正之笔,为系统之叙述,并附当日写真及重要文件。后与《望平街上》《报坛逸话》合并出版《新闻记者的故事》。
《报坛逸话》	《天庐丛书》书目计划载:以新闻文艺特殊之风格,淘诗话笔记一炉而共治,写中外报坛趣闻逸事,分天庐谈报、报坛逸谈、报屑录、报余集。后与《望平街上》《报界公案》合并出版《新闻记者的故事》。
《世界新闻事业》	《天庐丛书》书目计划载:世界新闻事业绪言、世界新闻事业史略、世界新闻事业现况、世界新闻事业之将来。
《新闻年鉴》	《逍遥阁新闻学丛书》之一,仅见《中国新闻事业》所附的《天庐逍遥阁新闻学藏书编目》以及《中国新闻年鉴1982》中的《中国新闻书刊简目》记载。
《复旦大学新闻学研究室概况》	上海复旦大学新闻学会丛书之一。《中国近代报刊史参考资料》(下)的索延芳《旧新闻学书刊目录》有载,李秀云《中国新闻学术史(1834—1949)》认为该书已出版。
《新闻记者》	用小说手法记述报界人物历史,良友图书公司出版。《中国近代报刊史参考资料 下》的索延芳《旧新闻学书刊目录》和《新闻记者外史》《读书月刊》文坛消息有载。
《各国新闻报业简史》	书名实为《各国报业简史》,小野秀雄著,陈固亭译,台湾正中书局1959年出版。《普宁文史 第2辑》的黄寿年《三十年代的新闻学者黄天鹏》、《普宁文史 第5辑》的陈竞飞《普宁古今著作名录》错认为该著作为黄天鹏所作。

（四）文集类 8 种

名称	简介及出处
《新闻学论文集》	该书以论文的性质为序编排，收录了从清末到该书出版时中国新闻学初创时期的论文共计 32 篇。1930 年 1 月由上海光华书局出版发行，是中国最早的新闻学术论文集。戈公振的《序》称其为"海内唯一选本"。
《新闻学名论集》	原名《新闻论丛（集）》，补编《新闻学论文集》遗失和近来的论文，是《新闻学论文集》续编，1929 年 10 月 1 日由上海联合书店出版发行。
《新闻学名论集》（第 2 版）	1930 年 5 月，黄天鹏从海外归来，对《新闻学名论集》重加编订，删除 12 篇，增加 7 篇文章。该书由上海联合书店 1930 年 9 月 5 日出版。
《新闻学刊全集》	《新闻学刊》和《新闻周刊》的论文汇编，光华书局 1930 年 3 月出版。赵叔雍、徐宝璜、吴贯因作序，内容分为通论、演讲、纪事、序言、杂文、短简、小说、附录等八项。
《报学丛刊》	《报学月刊》第 1—4 期的合订本，1930 年上海光华书局出版。文章分成通论、新闻、广告、教育、法律、速记、邮电、图照、印刷、造纸、调查、序言、杂著、史料、传记、编后、插图、补白共计 18 个类别，并依此作为《报学丛刊》的总目录。同时还编排有各期的分目录，《报学丛刊》内容的安排依旧按照各期的原貌编排。
《新闻学演讲集》	复旦大学新闻系新闻讲座文集。1930 年，黄天鹏任教于复旦大学新闻系。复旦大学新闻系开设"报学讲座"与"特别讲座"课，敦请国内外学者来校演讲，黄天鹏将听讲者的笔记进行整理，于 1931 年 10 月由上海现代书局出版该书，《现代新闻学丛书》之一。把此书与之前的《新闻学论文集》、《新闻学名论集》比较，可以看到我国新闻学的变化和发展。
《新闻学演讲集》（第二集）	北伐以后之作，1934 年版。《天庐论丛》附录《天庐先生著作年表》有载。
《天庐论丛》	为黄天鹏在复旦执教四十年和黄天鹏夫妇七十大寿纪念。1981 年 9 月，台湾黎明文化事业股份有限公司出版。有刘季洪、阮毅成、陈纪滢的序。分为新闻论丛、宪政论丛、侨务论丛、春秋别记。附录有《黄代表天鹏先生传略》、《黄代表天鹏先生暨德配卢议员小珠夫人七秩双庆序》（郑彦棻等）、《天庐先生著作年表》、何名忠的《编后跋》、楼榕娇的《校后记》。

（五）新闻作品集类 11 种

名称	简介及出处
《逍遥阁随笔集》	关于 1931 年前后社会生活的杂文小品集，署名天庐，1932 年 8 月由上海女子书店出版。有章衣萍《序》及作者的《自序》。分为《逍遥随笔》、《天天漫话》、《黄粱残稿》三辑。这些文字大都写在九·一八之后，"很多是血泪纪念的作品"，既反映了黄天鹏当时孤寂的生活，也表达了对国家命运的忧患之情。1938 年日伪统治时期，该书被北京市政府警察局列为检扣书刊。
《逍遥夜谈选》	一本风格清新平实的随笔文集，1933 年 8 月由广益书局印行，署名天庐。汪英宾题写书名。大部分文章选自《青光》副刊，分为《逍遥夜谈》和《续逍遥夜谈》正续两篇。1938 年日伪统治时期，该书被北京市政府警察局列为检扣书刊。
《黄粱集》	杂文集，1933 年 11 月上海光华书局出版，属于光华小文库系列。有徐仲年写的《徐序》以及作者的自序。主要是 1932 年前和 1933 年初写作的一些杂文随笔，大多数曾在《青光》发表。时值国难，有大量的关于抗战救国、批评时政的文章，鼓吹救国。所选文章大多取材日常生活，涉笔成趣，借助一些新闻片段、开会见闻或世间喜怒哀乐之情等，稍加点化，揭其实质，寥寥数语，让人回味无穷。
《洪阳文钞》	《天庐丛书》书目计划载：，书分八卷：天朋论集、海外译丛、一天诗话、十刹说部、黄钟录、天庐笺、天天漫谈选、佛国听经记。《佛国听经记》1929 年佛经流通处出版，为在日期间考察日本佛教源流、在日听经心得以及中日佛教的比较。
《无冠天子南巡记》	《天庐丛书》书目计划载：书分四部：《无冠天子南巡记》写南游之观感，与新闻事业之现象；《黄帝狩申起居注》为驻驿海上之日记，乃一部新闻记者生活之写真；《圣诞怀往》为记者小半百之诞辰，追怀投身报业之经过；《我献我的生命力于司报之神》写对报之兴趣与誓以报为终身职业之故。《无冠天子南巡记》一部见载于《新闻学刊》第 1 期增刊。
《天庐游记》	1929 年《报学月刊》第 4 期第 35 页的书目广告载：署名洪阳生，有红豆馆序。
《东北经济调查及考察纪要》	1931 年时事出版社印行。"万宝山事件"发生后，黄天鹏随记者团前往东北的沿途见闻以及调查情况。国联李顿东北调查团曾将该书列为参考资料。见载于《普宁文史 第 2 辑》的黄寿年《三十年代的新闻学者黄天鹏》、1994 年高增德主编《中国现代社会科学家大辞典》、《天庐论丛》中的《天庐先生著作年表》。

续表

名称	简介及出处
《逍遥阁谈天录》	《天庐谈报》的《附记》载:《新闻学刊》和其他报纸上的发表的一些文章汇编。
《逍遥阁主随笔》	仅见《中国近代报刊史参考资料 下册》的索延芳《旧新闻学书刊目录》。
《日韩俄万里游踪》	1930年汉文正楷印书馆印行。作者从日本学成回国,途经韩国,绕道俄境伯力,并深入蒙满各地,就考察游历见闻,写成文章,发表于天津《益世报》《北京晨报》,京沪的《中央日报》、《旅行》杂志。见载于《天庐论丛》中的《天庐先生著作年表》、《普宁文史 第2辑》的黄寿年《三十年代的新闻学者黄天鹏》。
《海天游记》	1933年12月汉文正楷印书馆出版,为作者与夫人卢小珠合著,以游记体裁记述由沪至广州海行经过及沿途山水人物。内容曾在《时事新报》连载。见载于《天庐论丛》中的《天庐先生著作年表》。

三、黄天鹏参与创办或主编的报刊简表

（以时间先后为序）

1.《新闻学刊》：1927 年 1 月在北京创刊，季刊，共 8 期，增刊 4 期，1928 年 12 月在上海终刊。以研究新闻学术，促进新闻事业为旨趣。

2.《洪阳》：1927 年普宁夏令大会会刊，黄天鹏负责主编。该刊以改造农村为宗旨，鼓励农村青年从事地方建设，内容包括：文章、小说、诗歌、散文、游记、通讯、杂记、普宁夏令大会会务报告 8 部分，附乡土文献及先贤传记等，由普宁留京学会印行。

3.《新闻周刊》：1928 年 8 月中国新闻学会在北京创刊。以研究新闻学术，报道新闻消息为宗旨。随北平《全民日报》发行，零售单页，与《新闻学刊》为姊妹刊物。

4.《报学月刊》：1929 年 3 月在上海创办，6 月停刊，共 4 期。以促进报纸改革运动为中心。

5.《新闻学报先声》：1930 年上海新闻学报馆创办，拟合并《新闻学刊》与《报学月刊》为《新闻学报》，特先发此刊，以为发轫，一名新闻之光。

6.《微言》：1932 年在上海创办，综合性刊物，以春秋笔法评论时政，微言大义。

7.《南报》：1936 年创刊于上海，仿《小巴黎人报》，以小型姿态采大报新闻之长，小报艺文之优，以三精标榜，即新闻精编、评论精悍、副刊精隽见长。

8.《南风》：1945 年创刊于重庆，月刊，为综合性文艺刊物。以论政谈艺为经，新知逸史为纬，曾编辑有古代民主政治专号。

四、《新闻学刊》1—8 期以及第 1、3 期增刊的目录

第一期目录

黄天鹏(摄影):《邸报二种:京报、邸钞》[照片]

《新闻界名人小影:黄远生先生遗照》[照片]

《新闻界名人小影:邵飘萍先生遗照》[照片]

《新闻界名人小影:徐宝璜先生近影》[照片]

《新闻界名人小影:李昭实女士近影》[照片]

彬彬:《发刊辞:吾国新闻事业之发展》

吴天放:《威廉论新闻学》

张竞生:《美的新闻纸》

汪怡:《国语速记与新闻记录》

邹宗孟:《日本新闻界》

徐宝璜:《新闻学概论》(上)

顾红叶:《新闻发展之新途径》

邵飘萍:《新闻事业篇》(遗著)——《我国新闻学进步之趋势:新闻学应列为普通学科》

戈公振:《华文报纸之第一种》

天庐生:《新闻学作品编目》

天:《黄远生先生》,心心:《新闻界名人传略》

鸿:《邵飘萍先生》,心心:《新闻界名人传略》

蕙:《李昭实女士》,心心:《新闻界名人传略》

新:《徐宝璜先生》,心心:《新闻界名人传略》

《校读者言》

黄天鹏:《三版跋》

第二期目录

费县(摄赠),万叶:新世界与新闻界之插图:中国报头十八种:新闻纸小展览会:[照片]

二版小序:初版售罄,再版印行,欣幸之私……

新闻界之先觉者:吴稚晖先生小影:一九二五年摄于中央公园:[照片]

新闻界之先觉者:梁任公先生小影:[照片]

新闻界名人小影:戈公振先生近影:[照片]

新闻界名人小影:汤修慧女士近影:[照片]
李昭实:《新世界与新闻界》
徐霄汉:《新闻文学概论》
方宗鳌:《新闻纸与商业》
孙几伊:《各国对华态度研究》
徐宝璜:《新闻学概论》(中)
吴贯因:《民国初元名记者黄远生》
邵汤修慧:《先夫子言行纪略》
黄天鹏:《出版事业说略》
一韦:《中国式的广告术》
《梁任公》,心心:《新闻界名人传略》
《吴稚晖》,心心:《新闻界名人传略》
《汤修慧》,心心:《新闻界名人传略》
《戈公振》,心心:《新闻界名人传略》
《包天笑》,心心:《新闻界名人传略》
《徐彬彬》,心心:《新闻界名人传略》
闲闻:《大家的出版计划》
闲闻:《致本刊的读者》
《校读后记》

第三期目录

十刹闲禅上人(藏版):新闻界二十年前之笔墨官司:民呼日报于右任案之写真[照片]

蕙倩(赠并识):明日新闻界:北京新闻学者谳集留影[照片]
昭实(摄赠):新闻界名人小影:(中左)王伯衡先生:[照片]
昭实(摄赠):新闻界名人小影:鲍振青氏:摄于东瀛:[照片]
昭实(摄赠):新闻界名人小影:冰心女士:[照片]
昭实(摄赠):新闻界名人小影:(中右)吴贯因先生:[照片]
海天__主__(颂):新闻学会"一日千里":[题词]
王小隐:《题未定》(上篇)
鲍振青:《日本新闻史前提》
吴贯因:《余之办报经历谈》
徐霄汉:《广告学与术》(待续)
王伯衡:《中国与报纸》(未完下期续登)

徐宝璜:《新闻学概论》(下)
顾红叶:《新闻纸与平民教育》
徐霄汉:《新闻文学概论》(续)
丰六(寄):《新闻之新闻:国际新闻会议》(一)
黄天鹏:《中国新闻界之鸟瞰(三):太上新闻界——外国通讯社》
昭实(赠并识):《谢冰心》,一苇:《新闻界名人传略》
心心(谨撰):《吴贯因》,一苇:《新闻界名人传略》
东瀛三郎(编):《鲍振青》,一苇:《新闻界名人传略》
百家(等),三闾,萧阆儒:《来鸿云雁:(一)》
天庐(支印),十刹闲禅(顶礼/敬复),天鹏:《快邮代电:(一)》
《杂件:京内外各代售处均鉴:两承代销》
天庐,天天,《杂件:附免费邮筒:姚道培先生:承示甚感,稽答至歉》
天庐生:《寄语读者》

第四期目录

十刹闲禅上人(藏):昙花一现之"新书林"故址(有记见百家之言)
新闻界名伉俪鲍氏夫妇与盛唐二女士合图:[照片]
本刊记者黄天鹏氏近影(左角):[照片]
国际新闻专家大会开幕摄影:[照片]
新闻界名人小影:Dr. Walter Willoms(左)威廉博士:[照片]
新闻界名人小影:Lady Grace M. Drummond Hay(右)蒿女爵士:[照片]
吴贯因,宰平:《北京新闻学会远生纪念祭文》(附)远生遗影及其生活之一斑(附照片)
黄天鹏:《中国新闻界之鸟瞰》
海外名札:夏奇峰《与鲍氏论新闻事业(其一)》
鲍振青:《余之中国新闻事业观》(前)
王小隐:《题未定》(下篇)(一)
戈公振:《新闻电费率与新闻检查法》
徐霄汉:《广告学与术》(续前期)
王伯衡:《中国与报纸》(续前期)
半六:《国际新闻会议》(二)
徐宝璜(选),天地为庐主人(识):《新闻学英文书目百种》
弄潮儿(张帆编):《新闻界名人传略》
鲍振青:《新闻王:威廉士博士之阅历与信条》

诸家：《百家之言：新闻学刊译名之商榷》
五峯山人：《百家之言：新书林故址题记》
航：《百家之言：怀心君》
蕙：《百家之言：北京新闻学会王基鸿氏造像（附照片）》
萧楷：《百家之言：续"新闻学作品编目"》
竹逸：《百家之言："新闻学作品编目"补遗》
天庐：《百家之言："新闻学作品编目"附告》
曾蜀鹃，郭尚平，朋鸟：《通讯拾零》
天天：《代邮》
一苇：《富贵关头（小说）》
天庐生：《最末一页：冰雪残年，归吊故园，束装待发》
名新闻纸：《北京新闻学会（记载之一）》

第五期目录

卷头语
王万叶（寄）：哥隆万国新闻博览会总裁艾熙博士：[照片]
德国哥隆万国新闻博览会之中央巨厦及灯塔：[照片]
德国哥隆万国新闻博览会中央巨厦临河夜景：[照片]
德国哥隆万国新闻博览会盛大展览中之中国国耻：中国部内之售纸花者：（右）青白旗下购纸：[照片]
德国哥隆万国新闻博览会盛大展览中之中国国耻：中国部内之售纸花者：（上）制纸花之华人：[照片]
朱家麟（摄）：上海望平街清晨之报市：[照片]
北平追悼报界先烈邵飘萍白水两君大会：[照片]
天庐：《青天白日之旧都报界：呜呼晨报停版》
天庐：《青天白日之旧都报界：京报二次复活》
天庐：《青天白日之旧都报界：中山日报殇亡》
天庐：《青天白日之旧都报界：取消检查新闻》
天庐：《青天白日之旧都报界：民国日报创刊》
天庐：《青天白日之旧都报界：报夫工会成立》
天庐：《青天白日之旧都报界：摄影电报扩充》
天庐：《青天白日之旧都报界：上海各报来平》
天庐：《青天白日之旧都报界：晚报两家称雄》
天庐：《青天白日之旧都报界：各大报之现状》

天庐:《青天白日之旧都报界:新闻界之将来》

天庐:《青天白日之旧都报界:北平新闻记者公会成立》

天庐:《青天白日之旧都报界:新晨报出现》

黄天鹏:《全国报馆联合组织通讯社刍言:中国新闻事业之新生机》

王万叶:《万国新闻博览会概观》

《万国新闻博览会中之"神秘"》

新史氏编:《万国新闻博览会汇报:万国新闻博览会征求出品》

新史氏编:《万国新闻博览会汇报:万国新闻博览会记略》

新史氏编:《万国新闻博览会汇报:万国新闻博览会开幕电讯》

新史氏编,夏奇峯(拜启):《万国新闻博览会汇报:万国新闻博览会中国出品之一》

胡国伟(寄),新史氏编:《万国新闻博览会汇报:万国新闻博览会专号》

新史氏编:《万国新闻博览会汇报:"万国新闻博览会"译名》

《中国新闻学会消息》

一士:《报纸评论析类》

王小隐:《新闻事业浅论》

吴秋尘:《报业零话》

昭君:《苏俄新闻事业》

胡政之(讲),王笑西(记):《中国新闻事业》

鲍振青:《余之中国新闻事业观》(后)

天庐生:《天庐谈报(二〇至七〇)》

武越:《校对为神圣的工作》

《最后消息:新闻学刊移沪出版》

第六期目录

畏垒:《新闻纸之本质与任务》

周孝庵:《新闻学上之精编主义》

吴定九:《新闻事业经营法》

鲍振青:《欧美新闻教育状况》

黄钟:《新闻记者之养成及待遇》

徐一士:《书评概说》

汪怡:《最新速记学绪论》

戈公振:《纪德国报纸博览会》

黄天鹏:《新闻周刊弁言》

林慰君:《府君白水先生传》

航庐:《铁窗风味》

新史氏:《新闻界之自由运动》

第七期目录

报公:《中国报业经营状况》

徐彬彬:《无冠帝王罪己诏》

张静庐:《新闻记者生活》

王伯衡:《中国之西字报》

黄天鹏:《女子与报业》

王小隐:《题未定(下)》

吴定九:《报馆编辑部之组织法》

王基鸿:《四川新闻界》

昭君:《印刷术进化谈》

新史氏:《新闻界近百年大事记》

肃朗如:《上海新闻学会宴朋记》

臣记者:《黄帝狩申起居注》

第八期目录

黄天鹏:《双周纪言》

戴季陶:《关于新闻事业之经营及编辑之我见》

汪英宾:《美国新闻事业发达原因》

赵君豪:《新闻丛话》

吴定九:《各国报馆编辑部之组织概要》

王伯衡:《中国西字报》

徐霄汉:《广告文编辑法》

张帆:《北方新闻一瞥》

天庐生:《黄钟集序》

王伯雷:《中国之造纸事业》

臣记者:《黄帝狩申起居注》

新史氏:《新闻界抗争一邮费经过》

第6-8期插图世界最古之报纸八种。世界各国报馆之外观与内容十帧。申报二万号纪念摄景及其他名贵摄影多种。

第一期增刊目录

天庐:《篇首小言》

胡国伟:《新闻界:国际拉丁报界大会》

胡国伟:《新闻界:万国报界展览会》

黄粱梦(识),苇:《无冠天子南巡记》

亚梦:《上海新闻事业(天庐通讯之一)》

《岭东报界见闻杂述:天庐通讯之二(未完)》

《尺素书:戈公着席:前奉手教》

航庐:《新闻短简:(一)》

第三期增刊目录

《别来无恙》

新史:《刊徽图解》

黄叶:《二卷首语》

天朋:《日洲观报记弁言》

情僧:《天庐谭报赘辞》

夫卢:《青天白日之旧都报界余墨》

夏奇峯:《奇峯笺》

黄钟:《叶书》

报迷:《零闻:上海新闻记者联合会近将刊行会刊一种》

五、《报学月刊》1—4 期内容要目

《报学月刊》的内容涉及通论、新闻、广告、教育、法律、速记、邮电、图照、印刷、造纸、调查、序言、杂著、史料、传记、编后、插图、补白共计 18 个类别。第一—四期主要内容有:

第一期
插图:世界最古报纸之一
英京泰晤士报馆之巨观
报界空前盛典(申报二万号纪念日欢宴图)
李照(昭)实女士
张继英女士
天朋:《报学弁言》
戈公振:《世界报业大观》
徐宝璜:《新闻事业之将来》
赵叔雍:《新闻事业与新闻政策》
陈畏垒:《新闻纸之本质与任务》
戴季陶:《关于新闻事业经营和编辑的所见》
汪英宾:《美国新闻事业发达之原因》
李昭实:《新世界与新闻界》
鲍振青:《欧美新闻教育概况》
张继英:《大学新闻学系之组织》
周瘦鹃:《我与报纸副刊》
汪怡:《国语速记与新闻记录》
徐彬彬:《无冠皇帝罪己诏》
吴贯因:《远生纪忌祭文》
夏奇峰:《新闻讲话》
张君励:《最新实验新闻学序》
新史氏:《中国报界近百年大事记》
天庐:《编辑后记》

第二期
插图:泰晤士报北岩爵士遗影
报馆之内容(一)朝日新闻编辑部(二)朝日新闻营业部(三)朝日新闻印刷部

徐宝璜:《新闻纸与社会之需要》
吴凯声:《新闻纸违法记载之责任问题》
徐霄汉:《广告学》
吴定九:《新闻事业经营法概要》
王小隐:《中国新闻界之进步观》
邵力子:《舆论与社会》
徐一士:《书评概说》
戈公振:《新闻教育之目的》
黄一天:《印刷艺术之进化谈》
张一苇:《华北新闻界》
严慎予:《党应确定新闻政策》
毛壮侯:《日本大阪每日新闻之沿革》
王伯雷:《中国造纸事业》
胡仲持:《北岩爵士别传(鲁意思阿文女士作)》
黄粱梦:《报故录》
天庐:《编辑后记》

第三期

插图:二十年前之笔墨官司·民呼日报于右任案之写真——红豆馆主赠并识

新闻学刊出版执照——黄粱梦题记
顾昂若:《新闻原理(约翰生著)》
周孝庵:《报纸革命运动》
春明:《报馆编辑部之组织》
戈公振:《世界新闻事业现状》
黄粱梦:《报纸副刊之今昔观》
阙名:《新闻之标题》
徐霄汉:《广告学(续)》
荔枝:《粤东新闻事业》
鲍振青:《国际新闻杂话》

第四期

插图:上海新闻记者东北观察团女真茶舞大会图
报界空前盛典之二——申报二万号纪念摄影
汪英宾:《释报》

顾昂若:《新闻原理(约翰生著)》
孙恩霖:《新闻采访概述》
瞿先用:《刑法上善意评论之责任》
谢东发:《法国报界之党派色彩》
张竹平:《日本的新闻事业》
报迷:《中国报界两极观蠡》
张友鸾:《新闻与图照》
佚名:《电传照相与新闻事业》
王一庵:《最新速记学绪论》
赵叔雍:《新闻学刊全集序言》
天涯:《美国新闻记者团东游感想》
新史氏:《上海新闻记者东北观察团纪略》
布衣:《中国旧式造纸法》
胡仲持:《北岩爵士别传(鲁意思阿文女士作)》
黄梁梦:《新闻年纪》
情僧:《报屑录》
天庐:《卷末杂记》

主要参考文献

一、报刊资料类

[1] 重庆各报联合版(1939.5.6.—1939.8.12.),上海图书馆缩微胶卷。
[2] 申报(1928—1929),上海图书馆缩微胶卷。
[3] 时事新报(1930—1939),上海图书馆缩微胶卷。
[4] 新闻学刊(1927—1928)第 1—5 期、新闻学刊增刊第 1、3 期,晚清和民国期刊全文数据库。
[5] 报学月刊(1929)第 1—4 期,上海图书馆缩微胶卷。
[6] 南风(1945、1949),大成老旧刊全文数据库。

二、著述类

[1] [美]阿瑟·丹图.叙述与认识[M].周建漳,译.上海:上海译文出版社,2007.
[2] 蔡铭泽.中国国民党党报历史研究 1927—1949[M].北京:团结出版社,1998.
[3] 陈力丹.解析中国新闻传播学[M].北京:人民日报出版社,2015.
[4] 陈力菲.传播史上的结构和变革[M].南京:江苏文艺出版社,2001.
[5] 戴元光.中国传播思想史[M].上海:上海交通大学出版社,2005.
[6] 邓京力.历史评价的理论与实践[M].北京:人民出版社,2009.
[7] 丁淦林,商娜红.聚焦与扫描:20 世纪中国新闻学与传播学研究[M].北京:新华出版社,2005.
[8] 董广安.穆青新闻思想与新闻实践[M].郑州:郑州大学出版社,2008.
[9] 杜绍文.新闻政策[M].上海:复旦大学新闻学会,1931.
[10] 杜绍文.中国报人之路[M].金华:浙江省战时新闻学会,1939.
[11] [英]E. H. 卡尔.历史是什么[M].陈恒,译.北京:商务印书馆,2009.
[12] 方延明.新闻与文化研究[M].北京:社会科学文献出版社,2007.
[13] [美]弗兹纳涅茨基.知识人的社会角色[M].郏斌祥,译.南京:译林出版社,2012.
[14] 戈公振.中国报学史[M].上海:商务印书馆,1927.
[15] 郭箴一.上海报纸改革论[M].上海:复旦大学新闻学会,1931.

[16] 胡太春. 中国近代新闻思想史[M]. 太原:山西人民出版社,1987.

[17] 黄粱梦(黄天鹏). 新闻记者外史[M]. 上海:光华书局,1931.

[18] 黄天鹏. 新闻文学概论[M]. 上海:光华书局,1930.

[19] 黄天鹏. 新世纪函授学社新闻学科讲义[M]. 上海:新世纪函授学社,具体出版时间不详.

[20] 黄天鹏. 中国新闻事业[M]. 上海:联合书店,1930.

[21] 黄天鹏. 新闻学入门[M]. 上海:光华书局,1933.

[22] 黄天鹏. 新闻学概要[M]. 上海:中华书局,1934.

[23] 黄天鹏. 新闻学名论集[M]. 上海:联合书店,1929.

[24] 黄天鹏. 新闻学名论集(第二版)[M]. 上海:联合书店,1930.

[25] 黄天鹏. 新闻学论文集[M]. 上海:光华书局,1930.

[26] 黄天鹏. 新闻学刊全集[M]. 上海:上海书店,1930.

[27] 黄天鹏. 新闻学演讲集[M]. 上海:现代书局,1931.

[28] 黄天鹏. 天庐论丛——黄天鹏先生执教四十年纪念文集[M]. 台北:黎明文化事业股份有限公司,1981.

[29] 黄天鹏. 报学丛刊[M]. 上海:光华书局,1930.

[30] 黄天鹏. 黄梁集[M]. 上海:光华书局,1933.

[31] [美]雷克斯·马丁. 历史解释:重演和实践推断[M]. 王晓红,译. 北京:北京出版社,2005.

[32] 李春雷,任惠. 媒介与学术——以20世纪二三十年代为视角[M]. 天津:天津古籍出版社,2007.

[33] 李频. 大众期刊运作[M]. 北京:中国大百科全书出版社,2003.

[34] 李日. 大时代的旁观者——章士钊新闻理论与实践研究[M]. 长沙:国防科技大学出版社,2009.

[35] 李秀云. 留学生与中国新闻学[M]. 天津:南开大学出版社,2009.

[36] 李秀云. 中国现代新闻思想史[M]. 北京:中国社会科学出版社,2007.

[37] 李秀云. 中国新闻学术史 1834—1949[M]. 北京:新华出版社,2004.

[38] 李瞻. 中国新闻史[M]. 台北:台湾学生书局,1979.

[39] 李瞻. 新闻学[M]. 台北:三民书局,1969.

[40] 刘生章. 中式新闻学——论林里的新闻作品[M]. 济南:山东文艺出版社,1998.

[41] 楼榕娇. 新闻文学概论[M]. 台北:台湾学生书局,1979.

[42] [德]马克斯·舍勒. 知识社会学问题[M]. 艾彦,译. 南京:译林出版社,2012.

[43] 马艺. 中国新闻传播史论[M]. 北京:新华出版社,2007.

[44] 聂世琦. 新闻记者[M]. 上海:光华书局,1933.

[45] 任白涛. 应用新闻学[M]. 上海:亚东图书馆,1929.

[46] 任白涛. 综合新闻学[M]. 上海:上海书店,1941.

[47] 任白涛.抗战期间的新闻宣传[M].广州:新闻研究社,1938.

[48] 单波.20世纪中国新闻学与传播学·应用新闻学卷[M].上海:复旦大学出版社,2001.

[49] 邵飘萍.新闻学总论[M].北京:京报馆,1924.

[50] 邵飘萍.实际应用新闻学[M].北京:京报馆,1923.

[51] 孙隆基.中国文化的深层结构[M].桂林:广西师范大学出版社,2004.

[52] 陶良鹤.最新应用新闻学[M].上海:复旦大学新闻学会,1930.

[53] 唐远清.对"新闻无学论"的辨析及反思[M].北京:中国广播电视出版社,2008.

[54] 天庐(黄天鹏).逍遥阁随笔集[M].上海:女子书店,1932.

[55] 天庐(黄天鹏).逍遥夜谈选[M].上海:广益书局,1934.

[56] 天庐(黄天鹏).怎样做一个新闻记者[M].上海:联合书店,1931.

[57] 天庐主人(黄天鹏).天庐谈报[M].上海:光华书局,1930.

[58] 童兵,林涵.20世纪中国新闻学与传播学·理论新闻学卷[M].上海:复旦大学出版社,2001.

[59] 吴廷俊.中国新闻传播史(1978—2008)[M].上海:复旦大学出版社,2011.

[60] 王润泽.北洋政府时期的新闻业及其现代化[M].北京:中国人民大学出版社,2010.

[61] 王云五.报人·报史·报学[M].台北:台湾商务印书馆,1967.

[62] 闻学峰.胡适办报实践与思想研究[M].北京:中国社会科学出版社,2011.

[63] 谢鼎新.中国当代新闻学研究的演变——学术环境与思路的考察[M].北京:中国传媒大学出版社,2007.

[64] 徐宝璜.新闻学[M].北京:北京大学出版社,1919.

[65] 徐宝璜.新闻学纲要[M].上海:联合书店,1930.

[66] 徐培汀.中国新闻传播学说史[M].重庆:重庆出版社,1994.

[67] 徐培汀.20世纪中国新闻学与传播学·新闻史学史卷[M].上海:复旦大学出版社,2001.

[68] 徐培汀.中国新闻传播学说史1949—2005[M].重庆:重庆出版社,2006.

[69] 曾虚白.中国新闻史[M].台北:三民书局,1966.

[70] 张育仁.重庆抗战新闻与文化传播史[M].重庆:重庆出版社,2009.

[71] 张振亭.中国新时期新闻传播学术史研究[M].南昌:江西人民出版社,2009.

[72] 张振亭.专业化与大众化:黄天鹏新闻思想与实践研究[M].南昌:江西人民出版社,2014.

[73] 赵万里.科学的社会建构:科学知识社会学的理论与实践[M].天津:天津人民出版社,2002.

[74] 郑保卫.中国共产党新闻思想史[M].福州:福建人民出版社,2005.

[75] 郑保卫.中国共产党领导人新闻实践与新闻思想研究[M].北京:中国人民大学

出版社,2011.

[76] 郑保卫. 新时期中国新闻学学科建设 30 年[M]. 北京:经济日报出版社,2008.

[77] 郑保卫. 论新闻学学科地位及发展[M]. 北京:中国传媒大学出版社,2010.

[78] 郑保卫. 新闻教学与学术研究(2011 年刊)[M]. 北京:光明日报出版社,2012.

[79] 周建漳. 历史及其理解和解释[M]. 北京:社会科学文献出版社,2005.

[80] 朱传誉. 中国新闻事业研究论集[M]. 台北:台湾商务印书馆股份有限公司,1988.

[81] 黄羨章. 潮汕民国人物评传[M]. 广州:广东人民出版社,2008.

[82] 光华编辑部. 文艺创作讲座(第 1 卷)[M]. 上海:大光书局,1935.

[83] 王文彬. 报人之路[M]. 上海:三江书店,1938.

[84] 中国国民党中央委员会党史委员会编. 革命人物志(第 23 集)[M]. 台北:中央文物供应社,1983.

[85] 方晓红. 新闻春秋(第 12 辑)[M]. 南京:南京师范大学出版社,2010.

[86] [日]杉村广太郎. 新闻概论[M]. 王文萱,译. 上海:上海联合书店,1930.

[87] [日]后藤武男. 新闻纸研究[M]. 俞康德,译. 上海:光华书局,1930.

三、报刊论文类

[1] 蔡惠福,顾黎. 关于中国特色新闻传播学术话语体系自主建构的几点思考[J]. 新闻大学,2013(1).

[2] 陈秉京. 新闻界知名人士黄天鹏[J]. 广东文史通讯,1989(6).

[3] 陈力丹. 论中国新闻学的启蒙和创立[J]. 现代传播,1996(3).

[4] 黄寿年. 忆叔父黄天鹏[J]. 晋宁文史,1987(1).

[5] 黄寿年. 三十年代的新闻学者黄天鹏[J]. 晋宁文史,1988(2).

[6] 黄天鹏. 悼徐伯轩先生[J]. 记者周报,1930(6).

[7] 黄天鹏. 报纸采用注音符号问题[J]. 记者周报,1930(11).

[8] 黄天鹏. 新闻学乎?报学乎?[J]. 记者周报,1930(18-19).

[9] 黄天鹏. 五十年来画报之变迁[J]. 良友,1930(49).

[10] 黄天鹏. 我从事新闻运动的经过[J]. 读书月刊,1931(2).

[11] 黄天鹏. 寒窗的回忆[J]. 读书月刊,1931(3).

[12] 黄天鹏. 新闻记者生活的回顾[J]. 读书月刊,1931(6).

[13] 黄天鹏. 新闻记者之教育[J]. 新学生,1931(5).

[14] 黄天鹏. 袁殊来访记:文艺新闻创刊闲话[J]. 文艺新闻,1931(3).

[15] 黄天鹏,袁殊,张航庐. 故新闻学大师:九江先生周年祭辞[J]. 文艺新闻,1931(6).

[16] 黄天鹏. 新时代的新闻记者[J]. 上海潮声,1932(1).

[17] 黄天鹏. 五十年来之画报[J]. 时代,1934(12).

[18] 黄天鹏. 战时报纸管制意见[J]. 新闻战线,1939(9).

[19] 黄天鹏.报业实际问题:战时报纸管制意见[J].新闻战线,1943(9-10).

[20] 黄天鹏.记徐宝璜先生[J].新闻学报,1940(3).

[21] 黄天鹏.中国报纸发刊联合版的试验[J].时代精神,1940(4).

[22] 黄天鹏.四十年来中国新闻学之演进[J].中国新闻学会年刊,1942(1).

[23] 李春雷.20世纪二三十年代中国新闻学学科的建立[J].河北大学学报(哲学社会科学版),2007(1).

[24] 李金铨.新闻史研究:"问题"与"理论"[J].国际新闻界,2009(4).

[25] 李清河,时潇锐.不同社会形态下新闻传播理念与实践的差异——基于普利策与穆青从业经历比较研究[J].当代传播,2012(5).

[26] 李秀云.黄天鹏对中国新闻学术研究的贡献[J].新闻大学,2003(3).

[27] 李秀云.黄天鹏:中国新闻学术史观的第一阐释者[J].新闻知识,2006(11).

[28] 李秀云.黄天鹏缘何走上新闻之路[J].新闻采编,2008(2).

[29] 李彬.中国新闻史研究的一点再反思[J].山西大学学报(哲学社会科学版),2012(3).

[30] 刘百忠.著名新闻学者黄天鹏——简介其一生为我国的新闻及宪政事业奉献[J].广东文献季刊,2005(4).

[31] 刘泱育.新闻史人物评价的三大规律及其深层次原因——以对胡政之的评价为例[J].今传媒,2010(2).

[32] 马星野.黄天鹏先生的精神[J].中外杂志,1982(2).

[33] 秋尘.记名记者黄天鹏[N].北洋画报,1931-8-5.

[34] 增扬.中国新闻学人黄天鹏先生访问记(附照片)[J].星期文艺,1931(4).

[35] 陶涤亚.黄天鹏著中国新闻事业[J].图书评论,1933(3).

[36] 新史氏(黄天鹏).旧报新钞[N].新华日报,1945-8-19.

[37] 新史氏(黄天鹏).读报杂掇:日报是现实的摄影[J].台湾训练,1948(10).

[38] 杨保军.我国新闻理论研究的宏观走向[J].当代传播,2011(2).

[39] 张振亭,陈玮.专业化与大众化:黄天鹏新闻思想及实践初探[J].南昌大学学报(哲学社会科学版),2012(5).

[40] 张静.中国知识界与第三届太平洋国交讨论会[J].近代史研究,2004(1).

四、学位论文类

[1] 陈玮.黄天鹏新闻思想与实践研究[D].南昌:南昌大学,2013.

[2] 陈志强.胡政之新闻职业观及其实践研究[D].武汉:华中科技大学,2010.

[3] 关梅.论胡道静的新闻实践和新闻学研究[D].南京:南京师范大学,2013.

[4] 郭恩强.重塑新闻共同体:新记《大公报》职业意识研究[D].上海:复旦大学,2012.

[5] 黄旦."耳目"与"喉舌"的历史性转换:中国百年新闻思想主潮论[D].上海:复旦大学,1998.

[6] 姜红.现代中国新闻学科建构与学术思想中的科学主义(1918—1949)[D].上海:复旦大学,2006.
[7] 刘祥平.谢六逸新闻思想研究[D].武汉:华中科技大学,2010.
[8] 刘泱育.方汉奇60年新闻史学道路研究[D].南京:南京师范大学,2011.
[9] 龙运荣.大众传媒与民族社会文化变迁[D].武汉:中南民族大学,2011.
[10] 江鸾.黄天鹏与《时事新报·青光》副刊研究[D].南昌:南昌大学,2014.
[11] 王红军.清末民初思想界的黄远生[D].上海:复旦大学,2010.
[12] 王继先.新闻人马星野研究[D].南京:南京师范大学,2015.
[13] 向芬.国民党新闻传播制度研究[D].北京:中国社会科学院研究生院,2009.
[14] 向菊梅.重庆各报联合版研究[D].天津:天津师范大学,2013.
[15] 许莹.办报干政的另一种探索——汪康年报刊思想与实践研究[D].武汉:华中科技大学,2010.
[16] 阳海洪.探索中国新闻史研究新范式[D].武汉:华中科技大学,2008.
[17] 杨朕宇.《新闻报》广告与近代上海休闲生活的建构(1927—1937)[D].上海:复旦大学,2009.
[18] 张立勤.1927—1937年民营报业经营研究[D].复旦大学,2012.
[19] 赵智敏.改革开放30年中国新闻学之演进(1978—200)[D].复旦大学,2009.
[20] 周婷婷.中国新闻教育的初曙[D].复旦大学,2008.

后　记

　　时光荏苒，白驹过隙。转眼之间，我从南京师范大学博士毕业已经两年有余。其间，关于黄天鹏的研究又有新的成果出现，如张振亭的专著《专业化与大众化：黄天鹏新闻思想与实践研究》已经出版。另外，值得欣喜的是，我与黄天鹏的后人黄佩韦先生和黄佩珊女士取得了联系，并且听说黄佩韦先生正打算向台湾"教育部"申请设立黄天鹏新闻学术期刊奖，黄佩珊女士也正在着手为父亲写传记。相信再过几年，我们对黄天鹏会有更多的认识和了解。

　　本书是在博士论文的基础上修改、增补而成的。在写作的过程中，我得到了诸多师长和朋友的关心与帮助。首先，要感谢我的博导倪延年教授。刚进入倪门时，心中充塞着对于学术研究的惶惑，并由此深感不安。倪老师对此总是给予热情的鼓励，循循善诱而从不苛责。对于论文选题，倪老师一方面给予极大自由，一方面给予细心指导，令我在一片资料汪洋中找到研究方向。开题报告通过多次修改，终于完成并通过开题答辩，其间凝结着倪老师的许多心血和付出。论文写成后，倪老师又总是以极高效率反馈意见，修改甚为详细，使我不敢懈怠。他还鼓励和支持我积极参加各种学术活动，以开阔学术视野，扩大学术交流空间。这也为我的论文与专著写作以及资料收集提供了有利条件。

　　其次，感谢南京师范大学新闻与传播学院方晓红教授、顾理平教授、张晓锋教授、于德山教授、俞香顺教授、李培林教授等在学业上给予我的鼓励和帮助。感谢中国人民大学方汉奇教授、北京大学卓南生教授和程曼丽教授、华中科技大学吴廷俊教授、台湾政治大学彭家发教授以及华中师范大学高海波教授、南昌大学张振亭副教授等。他们在本书的选题、写作和资料收集等方面都曾给予了热情指导或无私帮助，让我少走了很多弯路。当得知我在进行黄天鹏研究后，高海波教授竟将多年来自己收集的所有关于黄天鹏的资料全部拷贝给我。后来每有最新发现，他也都会及时告之，令我无比的欣喜和感激！

　　人们常说："兄弟情同手足。"其实，同门、同学之间又何尝不是"情同手足"呢？三年读博的生活依然历历在目。同门刘泱育、吴翔、关梅、王继先，还有同学潘元金、曾来海、徐尚青都给予我诸多关照和帮助。有了他们,那三年的学习生活才增添了诸多乐趣,少了些单调和乏味。

还要感谢北京大学新闻学研究会新闻史论师资特训班第四届的同学们,那段美好的学习时光已成为我记忆中的"珍藏版"。当年的"指点江山,激扬文字"仿佛还是那么真实。共同的追求使我们相聚在一起,在未来的道路上,我们还将相伴同行!

此外,也要感谢黄佩韦先生和黄佩珊女士,他们提供了很多黄天鹏在台湾的生活经历和细节。南京师范大学出版社于丽丽编辑为该书的出版事宜忙前忙后,在此,一并表示由衷的谢意。最要感谢的,还有我的家人,他们从不给我增添一分压力,却给我无微不至的关心和爱护。

无论过去、现在还是将来,这一切都是我最大的收获和不断前行的动力。

如今,本项研究得到作为国家社科基金重点项目"中华民国新闻史研究"的资助和并纳入《南京师范大学民国新闻史研究所丛书》(第一辑)出版,我在深感荣幸的同时也颇有压力。

由于时间和史料的限制,本书对于黄天鹏研究还有很多不足,比如黄天鹏留学日本的情况、黄天鹏在《时事新报》的十年历程、《新闻学刊》第6—8期的具体出版经过等,这些方面掌握的一手资料还比较少。希望今后有更多的学者在相关研究方面能够进行不断的补充和完善,对于不妥之处,也敬请方家多多批评、指正。

曹爱民

2017年12月5日于杭州云滨湾